“十三五”职业教育规划教材

汽车类专业立体化数字资源配套教材

汽车保险与理赔

河北龙鼎科技有限公司 组织编写

锁 辉 主编

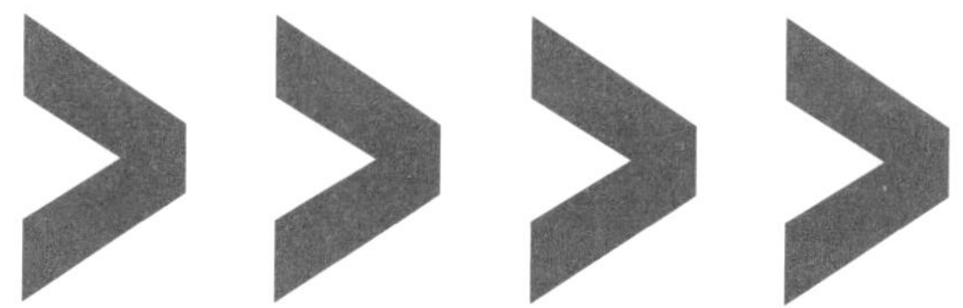

·北京·

内容简介

本书以保险政策和示范条款作为编写依据，内容上力图将保险公司的业务活动与学生的学习活动紧密结合，本着实用、够用的原则，讲述了机动车保险与理赔的基本理论和机动车保险理赔流程中各环节的主要内容、操作流程以及完成各流程所需要具备的知识和技能，具体包括风险与保险、机动车保险产品、机动车保险投保与承保、机动车保险理赔、机动车保险查勘技术、机动车保险定损技术、机动车保险人伤理赔、赔款理算、机动车保险欺诈的识别与预防等。全书按照导入案例、案例启示、学习内容、任务实施和思考题与练习等部分编写，文字上通俗易懂。

本书既适用于高职高专院校、中等职业学校汽车类相关专业作为教材使用，也适合于4S店和保险公司员工岗前培训使用。

图书在版编目（CIP）数据

汽车保险与理赔/河北龙鼎科技有限公司组织编写；锁辉主编.—北京：化学工业出版社，2021.3（2023.3重印）
“十三五”职业教育规划教材　汽车类专业立体化数字资源配套教材
ISBN 978-7-122-35426-6

Ⅰ.①汽…　Ⅱ.①河…②锁…Ⅲ.①汽车保险—理赔—中国—高等职业教育—教材　Ⅳ.①F842.634

中国版本图书馆CIP数据核字（2019）第234870号

责任编辑：韩庆利　　文字编辑：李　曦
责任校对：宋　夏　　装帧设计：史利平

出版发行：化学工业出版社（北京市东城区青年湖南街13号　邮政编码100011）
印　　装：三河市延风印装有限公司
787mm×1092mm　1/16　印张$13^3/_4$　字数347千字　2023年3月北京第1版第3次印刷

购书咨询：010-64518888　　售后服务：010-64518899
网　　址：http://www.cip.com.cn
凡购买本书，如有缺损质量问题，本社销售中心负责调换。

定　　价：45.00元

近些年，汽车保险行业发展很快，保险公司对车险人才知识和技能的要求不断更新。而且随着我国机动车保有量和投保率的不断提高，商业车险的业务规模也在稳步扩大，对汽车保险教育也提出了新的要求。因此，我们编写了本书。

本书以机动车保险最新政策为依据，结合机动车保险公司的真实工作场景，选取机动车保险与理赔岗位必须够用的知识，以任务引领教学法为编写思路，具有以下特点：

（1）教材的编写内容上将机动车保险行业研究成果作为依据，同时注意将机动车保险与理赔的整个流程进行完整简明的阐述，从而提高教学实效性。

（2）本书突出实用性，介绍了保险的最新应用，理论实践并重，使学生能快速适应机动车保险职业要求。

本书由锁辉担任主编，具体分工是：任务 1 和任务 7 由锁罗曼编写，其他由锁辉编写，最后由锁辉统稿。本书由河北龙鼎科技有限公司组织编写。

由于编者经验和水平有限，本书的内容难以覆盖全国各地机动车保险的实际情况，如有不足和疏漏之处，恳请读者批评指正。

编　者

目录
CONTENTS

任务 3 机动车保险投保与承保 50

任务 4 机动车保险理赔 68

风险与保险

[导入案例1-1] 

温青青是刚毕业的一个女大学生，刚拿到驾照，想买辆汽车上下班代步。但顾虑用车过程中的风险，请你为她指点一下如何应对用车风险。

[导入案例1-2]

李还清是石家庄某高校的体育教师，年龄42岁，驾龄5年，最近淘汰了旧富康汽车换了辆新车，想除上下班代步外，利用节假日带家人自驾周边游。去年他的旧车只购买了交强险，这次对新车他想买商业险，但对自己应规避的风险不太清楚。

思考 

1. 学习车险知识能为客户解决哪些问题？
2. 怎样认识不同用车人用车过程中面临的风险？

案例启示 

1. 学习车险要从认识风险开始。
2. 只有自己掌握了保险知识才能为客户提供优质的保险服务。

学习目标及要求

了解风险的含义、特征；了解汽车所有人面临的风险及影响因素；理解保险的基本原则；了解风险管理的概念及汽车所有人风险管理；掌握客户风险的识别方法，引导客户进行正确的风险管理。

学 习 内 容

1.1 风险与风险管理

1.1.1 风险含义

1.1.1.1 风险的定义

风险是指在某一个特定时间段里，人们所期望达到的目标与实际出现的结果之间产生的距离。保险研究的风险包含三重含义。一是客观存在。无论人们是否意识到，它都存在。二是风险的发生必然会对人身及财产构成威胁，并造成损害。风险应该是引起损失的事件，没有给人们带来损失的事件不属于风险。三是风险引起的损失具有不确定性，风险是一种随机现象。不确定性包括事件是否发生的不确定性、事件发生时间的不确定性、事件发生状况和结果的不确定性。

1.1.1.2 风险的要素

风险的构成要素包括风险因素、风险事故和风险损失。

（1）风险因素

风险因素是指在风险事故发生时，引起或促使风险事故发生，以及增加事故损失可能性的条件。风险因素可以分为以下三类。

① 实质风险因素。它是有形因素，是能直接影响事物物理功能的因素，是标的本身所具有的足以引起或增加损失机会和加重损失程度的客观原因与条件，比如车辆的制造材料与设计结构、转向和制动性能等。由实质风险引起的损失大多属于保险责任。

② 心理风险因素。它是一种无形因素，与人的心理状态有关，是指人们主观上的疏忽、过失，或者存在依赖保险的心理，以致引起风险事故发生的原因或条件，如错误估计刹车距离会导致追尾事故发生，开车时打电话增加了发生碰撞事故的可能等。

③ 道德风险因素。它是指与人的品德修养有关的无形因素，即由于恶意行为或不诚实、不正直或不轨企图，促使风险事故发生，引起社会财富损毁和人身伤亡的原因或条件，或在事故发生时出于某种目的不努力施救，甚至扩大损失程度等，如人为制造的“交通事故”、人为破坏车上设备后索赔等。

（2）风险事故

风险事故也称风险事件，是指风险成为现实，造成人身伤亡或财产损失的偶发事故，是造成损失的直接原因。只有风险事故的发生，才能导致损失。例如，汽车行车制动失灵酿成车祸，导致车毁人亡，其中行车制动失灵是风险因素，车祸是风险事故。如果仅有制动失灵但没发生车祸，就不会造成人员伤亡和车辆损失。

某一事件，如果是造成损失的直接原因，它就是风险事故，但在其他条件下，它可能是造成损失的间接原因。比如，冰雹导致路滑引起车祸，造成他车被撞坏，这时冰雹是风险因素，车祸是风险事故；若冰雹直接砸伤车辆，则它是风险事故。

（3）风险损失

风险损失是指某种事件的发生，给人们造成物质财富的减少和精神上的痛苦。保险所指的损失是指风险事故引起的损失，是指非故意的、非计划的和非预期的可以用货币单位衡量的经济价值减少。例如，汽车投入使用后的“折旧”虽然有经济价值减少，但是可预见的，所以不能称为风险损失。保险实务中，风险损失包括直接损失和间接损失。前者指风险事故直接造成的有形损失，即物质损失；后者是由直接损失进一步引发或带来的无形损失，包括额外费用损失、收入损失和责任损失等。

（4）风险因素、风险事故和风险损失三者之间的关系

风险因素、风险事故和风险损失三者之间存在因果关系，即风险因素引发风险事故，而风险事故导致风险损失。它们构成风险时的关系如图 1-1 所示。

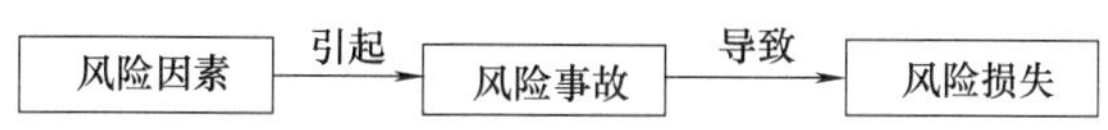

图 1-1 风险组成要素之间的因果关系

1.1.2 风险的特征

风险的特征是风险本质及其发生规律的表现。正确认识风险特征有助于加强风险管理，减少风险损失。风险的特征主要表现在以下几个方面。

（1）客观性

风险是客观存在的，不以人的意志为转移。人们只能在一定的时间和空间内改变风险存在和发生的条件，只能采取风险管理方法降低风险发生的频率和风险发生后的损失程度。从总体上说，风险不可能完全排除。风险的存在正是保险活动或保险制度存在的必要条件。

（2）损失性

风险的构成要素包括风险因素、风险事故和风险损失。风险因素是风险事故发生的潜在原因，风险事故是导致风险损失的直接原因。可以说风险因素诱发风险事故，风险事故产生风险损失，因此风险必然会带来损失。这与人们的利益密切相关。经济上的损失可以用货币进行衡量。而保险并不是保证风险不发生，而是保证消除风险发生的后果，即对损失进行经济补偿。

（3）不确定性

风险的不确定性主要表现在：空间上的不确定性、时间上的不确定性、风险发生的原因和损失程度的不确定性。例如交通事故每年每月都会发生，但人们却无法预知何地发生，也无法预知何时发生，同样，也无法预知交通事故的损失程度以及发生交通事故是否会造成财产损失或人身伤亡。

（4）可测性

虽然个别风险的发生是偶然的、不可预知的，但通过对大量风险的观察会发现，风险往往呈现出明显的规律性。根据以往的大量资料，利用概率论和数理统计的方法可测算风险事故发生的概率及其损失程度，并且可构造出损失分布的模型，作为风险估测的基础。

（5）发展性

人类在创造和发展物质资料生产的同时，也创造和发展了风险。风险会因时间、空间因

素的发展变化而变化，尤其是当代高新技术的开发与应用，使风险的发展性更为突出。以汽车的产生和发展为例，交通事故被公认为时刻发生的“现代战争”。风险的发展为保险的发展创造了更为广阔的发展空间。

1.1.3 可保风险

保险所承担的风险简称可保风险。可保风险是个相对的概念，是由保险市场的供需关系决定的，即投保人对保险商品有需求、保险人对保险商品供给附有条件。保险人对承保的风险是有选择的。可保风险必须具备以下条件。

① 风险所产生的损失必须是可以用货币来计量的。凡是不能用货币计量其损失的风险都是不可保的。但对人的保险例外。

② 风险必须是意外的。保险人承保的风险必须是有发生可能性的，同时又必须是意外的和不可预知的。在实际业务中，对一些必然发生的风险损失（如自然损耗的必然损失），经保险人同意，在收取适当保险费用后，也可特约承保。而且，保险人也可承保第三人的故意行为或不法行为所引起的风险损失。例如，机动车保险中的盗抢险，保险人承担的赔偿责任就是由于盗贼的故意行为所造成的风险损失。

③ 风险必须是大量标的均有遭受损失的可能性。保险不是赌博，也不是投机，它是以大数定律作为保险人建立稳固的保险基金的数理基础，只有一个标的或少量标的所具有的风险，是不具备这种基础的。保险人收取保险费，要与他承担的赔偿责任相适应。保险费过高，被保险人承担不起；保险费过低，保险人无法经营。

④ 风险不能使大多数的保险标的同时遭受损失。要求损失的发生具有分散性。因为保险的目的，是以多数人支付的小额保费，赔付少数人遭遇的大额损失。如果大多数保险标的同时遭受重大损失，则保险人通过向投保人收取保险费所建立起的保险资金根本无法抵消损失。

⑤ 风险产生的损失要有确定的概率分布。这是进行保费计算的首要前提。计算保费时，保险人对客观存在的损失分布要能做出正确的判断。保险人在经营中采用的风险事故发生率只是真实概率的一个近似估计，是靠经验数据统计、计算得出的。因此，正确选取经验数据对于保险人确定保费至关重要。

⑥ 风险产生的损失是可以确定和测量的。在保险合同中，对保险责任、保险期限等都做了明确规定，只有在保险期限内发生的、保险责任范围内的损失，保险人才负责赔偿，且赔偿额以实际损失金额为限。

以上 6 个可保风险条件是相互联系、相互制约的，确认可保风险时，必须综合考虑，全面评估，以免发生承保失误。

1.1.4 风险管理

风险管理的产生源于社会经济发展的需要。它不仅在风险发生以前，积极地避免或减少风险事件形成的机会，避免或减少损失的发生，而且在风险发生以后，从经济上对损失及时实施补偿，努力使损失标的恢复到损失前的状态，从而保障经济组织稳定运营和社会稳定。因此，风险管理对社会经济发展起着积极的作用。

1.1.4.1 风险管理的含义和程序

所谓风险管理，是指各经济单位当事人在对其生产、生活中的风险进行识别、估测和评

价的基础上，优化组合各种风险管理技术，对风险实施有效的控制，妥善处理风险所致的结果，以期以最小的支出实现最大的安全保障的一种科学管理方法。风险管理的基本程序分为风险识别、风险估测与评价、选择风险管理技术和评价风险管理成果四个环节。

1.1.4.2 风险管理方法

风险管理方法又称风险管理技术。人们在同各种自然灾害、风险事件的抗争中，不断总结经验教训，创造出不少预防与处理风险的办法，归纳起来主要有规避风险、预防风险、分散风险和转移风险四类。

（1）规避风险

规避风险是指回避风险发生的可能性，即决策中直接设法避免风险事件的发生。例如，某路段因洪水冲毁了部分桥梁与路基，为了安全起见，过往车辆可以选择其他路线绕道通行。绕道通行虽然增加了运行费用和时间，但达到了避免风险发生的目的，这种规避风险的处理方法比较简单，但风险处理方式很有效。但容易给人们生活与工作带来新的不便或困难。因此，规避的方法是消极的，有一定局限性。

（2）预防风险

预防风险是指风险事故发生之前，为了消除或减少可能引起损失的各种因素而采取的处理风险的具体措施，其目的在于通过消除或减少风险因素而减低损失发生的概率。

（3）分散风险

分散风险是指联合存在同类风险的众多单位，建立风险分摊机制。当风险损失发生时，由众人共同承担，实现分散风险、分摊损失的目的。

（4）转移风险

转移风险是指通过一定的方式，将风险由一个主体转移给另一个主体。转移风险与规避风险实质性的差别在于：规避风险是回避产生风险的行为或环境，转移风险是将可能的风险损失转移给他人承担。

现代机动车保险业务实际上就是运用了分散和转移风险的方法，组织众多的单位和个人参保，将这些单位和个人的风险转移给保险公司。保险公司再通过收取保险费与损失补偿的办法，进而分摊损失达到分散风险的目的。所以，保险作为风险转移的方式之一，有很多优越之处，是进行风险管理最有效的方法之一。

1.2 机动车保险认知

1.2.1 机动车保险的含义

1983 年我国将“汽车保险”更名为“机动车辆保险”，使其具有更广泛的适用性，但世界上许多国家至今仍沿用汽车保险的名称。机动车保险是以汽车本身及相关利益为保险标的的一种不定值财产保险。

汽车在使用过程中遭受自然灾害风险和意外事故的概率较大，特别是在第三者责任事故中，损失赔偿一般是难以通过自我补偿的，通过机动车保险将面临的风险及损失进行分散和转移，以最大限度地降低风险。机动车保险是一种有效转嫁方式。车主以缴纳保费为条件，将自己可能遭受的风险全部或部分转嫁给保险公司，发生责任范围内的风险事故时可获得赔偿。随着我国社会经济的发展，汽车保有量逐日骤增，机动车保险已经成为现代社会处理风险的一种重要手段，是风险转嫁中一种重要、有效的技术，是一种不可缺少的经济补偿制度。

机动车保险的基本职能主要是分散风险和补偿损失，是机动车保险本质的体现。随着机动车保险的发展，机动车保险又派生出新的职能，即积蓄基金和管理风险职能。

1.2.2 影响机动车保险风险的因素

机动车保险风险主要取决于车辆自身风险、地理环境风险、社会环境风险和驾驶人员风险四个方面。

1.2.2.1 车辆自身风险

（1）厂牌型号

统计显示，不同生产厂家的汽车在安全性能上具有差异，这与车型设计开发技术经验有关，一般认为美国、西北欧的车型在安全性上强于日系车，韩国和我国自主品牌目前差些。合资车的安全性因引入国的车型技术不同而有较大差异，不同厂牌车型的零整比相差数倍。在费率厘定及承保条件方面，这些都是重要影响因素。

（2）车辆种类

不同车辆的用途不同，使用中面临的风险差异很大。如客车座位数影响到每次事故的总损失，即座位数越多事故损失越大，货车吨位影响与此类似；专用车因其用途不同风险差异很大；摩托车和拖拉机都是风险较大的车型。

（3）排气量

排气量直接影响机动车的动力性，如轿车的排气量越大速度越快，意味着事故损失程度也就越大，也意味着风险越高，特别在我国交通压力很大的情况下，发生因超速引发的事故明显多。

（4）车龄

车龄直接影响汽车的车况，车龄越大，车辆的各部分的磨损与老化程度越高，重要总成的性能下降，漏油、漏气、漏电的情况发生机会增多，导致自燃的概率增大。

（5）行驶区域

车辆行驶范围不同，不同地区的交通规则、地形、地貌特征不同，特别是在不同地区造成损失承担的赔偿责任差异很大，因此，整体来说，随着行驶地域的扩大，风险程度积累越大。即省（市）内行驶风险＜国内行驶风险＜出入境内外风险。

（6）使用性质

车辆的使用性质可简单分为非营业、营业两大类。由于营业车辆的长时间运转，如出租车一个月的行驶里程相当于家庭自用车的一年，就使相同的车辆随不同的使用性质产生较大的风险差异，加上车辆磨损率营业车辆要比非营业车辆高，所以营业车辆的事故率高、赔付率高。目前国内在机动车保险费率的制定上，机动车的使用性质是最重要的因子。

1.2.2.2 地理环境风险

机动车是流动的标的，地理环境对车辆运行具有相当大的影响。主要的地理环境因素包

括气候、地形、地貌、路面状况等。

（1）气候

我国地形类型及山脉走向多样，因而气温降水的组合多种多样，形成了多种多样的气候。中国东南沿海常常受到热带风暴的侵袭。北方秋科季节寒潮可造成低温、大风、沙暴、霜冻等灾害。主要灾害性天气有旱灾、洪灾、寒潮、台风等。雨水多的地区车辆被水淹的事故较多，尤其是沿海地区。北方降雪多，容易发生道路交通事故。

（2）地形、地貌

我国跨纬度较广，地势高低不同，造成我国地形地貌差异非常大。平原地区地势平缓、视野开阔，行车比较安全，单次事故损失小。山地地势高低不平、道路曲折，容易导致恶性交通事故。

（3）路面状况

路面状况好、线型设计合理的地段，车辆的事故率则相对要低一些，道路条件差影响驾驶员对车的操控的地段，车辆事故率则明显要高。

1.2.2.3 社会环境风险

（1）法制环境

保险企业是一种经营风险的企业，车辆保险是一种高事故率、高频度补偿的保险业务，同时事故的原因、补偿的对象及补偿的依据均有相当大的差异。在这种情况下，如果法制比较健全，在事故发生后，责任的鉴定、补偿的处理就会有法可依，从而使保险人与被保险人的利益均受到比较全面的保障。否则便会产生很多法律纠纷，为社会带来许多不良影响。

（2）治安情况

车辆保险中盗抢风险对保险人和被保险人影响很大，而这一风险同社会治安状况联系最为密切。社会治安状况好的地方，盗抢、抢劫或抢夺的发生率就会低。

此外，社会环境风险还受监管情况、行业自律情况、人文环境等的影响。

1.2.2.4 驾驶人员风险

（1）年龄与性别

相关研究数据表明，机动车保险的风险同驾驶员的年龄有直接的关系，总体来看，24岁以下年轻人因为年轻气盛，争强好胜，喜欢高速驾驶，容易出现恶性交通事故；而年龄太大的人因为应急力较差，反应不敏捷，事故率也很高；中年人交通事故肇事率相对较低。另外，女性驾驶员的肇事率及重大事故率明显低于男性驾驶员，这主要是女性较男性行事谨慎，绝大多数女性不爱冒险，驾车格外小心。

（2）驾驶经验、职业、婚姻状况

驾龄越长，驾驶人对道路交通规则越熟悉，技术越娴熟，处理紧急情况的能力越强。职业、婚姻因素会影响驾驶员的情绪和心理状态。白领职业及已婚的驾驶员情绪稳定，行车中出险概率相对单身、未婚者要低。

（3）索赔记录、品行

索赔记录最能反映被保险人的风险程度。国外的研究表明，被保险人过去的索赔记录是对他们未来索赔次数的最优预测变量。依据被保险人过去的索赔记录来确定续期保费，能更客观地评估被保险人的风险，使投保人支付的保费与其实际风险大小相对应。

1.2.3 机动车保险的特征和作用

1.2.3.1 机动车保险的特征

机动车保险主要具有以下几个特征。

（1）参保对象的广泛性

随着我国汽车保有量逐日递增，汽车逐渐成为人们出行不可缺少的交通工具。企业和个人更加广泛地拥有汽车。汽车用户的广泛性，必然产生差异性。不同类型的企业，不同类型的家庭，不同的个人爱好，不同的性别、年龄、性格，不同的风险倾向都会导致不同参保主体之间较大的风险差异。

（2）保险标的的差异性

保险标的自身的差异，影响着机动车保险的差异，例如，厂牌车型、车辆种类、汽车排量、车龄、行驶区域、汽车使用性质、汽车价格等因素上的差异，导致汽车用户遇到的风险不一样，这些都会影响车主的投保行为。

（3）保险标的的流动性

机动车属于财产中的动产，是通过移动来完成工作的，这就决定了机动车保险标的具有一定的流动性，直接影响其面临的风险及风险种类。保险标的的流动性，使其风险概率增大，这也给保险公司的“验标承保”工作与事故发生后的查勘和理赔工作带来了难度。

（4）机动车保险出险率较高

机动车保险相对于其他财产保险而言，出险率比较高，影响其风险因素主要包括车辆本身风险、驾驶人员风险、地理环境风险和社会环境风险等。

1.2.3.2 机动车保险的作用

自1980年国内保险业务恢复以来，汽车保险业务已经取得了长足的进步，尤其是伴随着汽车进入百姓的日常生活，汽车保险正逐步成为与人们生活密切相关的经济活动，其重要性和社会性也正逐步突现，作用愈加明显。

（1）促进汽车工业的发展，扩大了对汽车的需求

从当前经济发展情况看，汽车工业已成为我国经济健康、稳定发展的重要动力之一。汽车产业政策在国家产业政策中的地位越来越重要，汽车产业政策要产生社会效益和经济效益，要成为中国经济发展的原动力，离不开汽车保险与之配套服务。汽车保险业务自身的发展对于汽车工业的发展起到了有力的推动作用，汽车保险的出现，消除了企业与个人对使用汽车过程中可能出现的风险的担心，一定程度上提高了消费者购买汽车的欲望，扩大了对汽车的需求。

（2）稳定了社会公共秩序

随着我国经济的发展和人民生活水平的提高，汽车作为重要的生产运输和代步的工具，成为社会经济及人民生活中不可缺少的一部分，其作用越来越重要。汽车作为一种保险标的，虽然单位保险金不是很高，但数量多而且分散，车辆所有者既有党政部门，也有工商企业和个人。车辆所有者为了转嫁使用汽车带来的风险，愿意支付一定的保险费投保。在汽车出险后，从保险公司获得经济补偿。由此可以看出，开展汽车保险既有利于社会稳定，又有利于保障保险合同当事人的合法权益。

（3）促进了汽车安全性能的提高

在汽车保险业务中，经营管理与汽车维修行业及其价格水平密切相关。原因是在汽车保

险的经营成本中，事故车辆的维修费用是其中重要的组成部分，同时车辆的维修质量在一定程度上体现了汽车保险产品的质量。保险公司出于有效控制经营成本和风险的需要，除了加强自身的经营业务管理外，必然会加大事故车辆修复工作的管理，一定程度上提高了汽车维修质量管理的水平。同时，汽车保险的保险人从自身和社会效益的角度出发，联合汽车生产厂家、汽车维修企业开展汽车事故原因的统计分析，研究汽车安全设计新技术，并为此投入大量的人力和财力，从而促进了汽车安全性能方面的提高。

（4）汽车保险业务在财产保险中占有重要的地位

当前，大多数发达国家的汽车保险业务在整个财产保险业务中占有十分重要的地位。美国汽车保险保费占财产保险总保费的45%左右，占全部保费的20%左右。亚洲地区的日本和我国台湾地区汽车保险的保费占整个财产保险总保费的比例更是高达58%左右。

1.2.4 保险的原则

保险的基本原则是保险立法的依据，又是保险活动中必须遵循的准则。其是通过保险法的具体规定来实现的，机动车保险经营过程中，要遵循如下基本原则。

（1）保险与防灾减损相结合的原则

保险从根本上说，是一种风险管理制度，目的是通过风险管理来防止或减少危险事故，把风险事故造成的损失降低到最低限度，由此产生了保险与防灾减损相结合的原则。

保险与防灾相结合的原则主要适用于保险事故发生前的事先预防。根据这一原则，保险方应对承保的风险责任进行管理，其具体内容包括调查和分析保险标的的风险情况，据此向投保方提出合理建议，促使投保方采取防范措施，并进行监督检查；向投保方提供必要的技术支持，共同完善防范措施和设备；对不同的投保方采取差别费率制，以促使其加强对风险事故的管理，即对事故少、信誉好的投保方给予降低保费的优惠，相反，则提高保费等。遵循这一原则，投保方应该主动维护保险标的的安全，履行所有人、管理人应尽的义务；同时，按照保险合同的规定，履行风险增加的通知义务。

保险与减损相结合的原则主要适用于保险事故发生后的事后减损。根据这一原则，如果发生保险事故，投保方应尽最大努力积极抢险，避免事故损失扩大，并保护出险现场，及时向保险人报案；而保险方则通过承担施救及其他合理费用来履行义务。

（2）保险利益原则

保险利益是指投保人对保险标的具有的法律上承认的利益。投保人对保险标的应当具有保险利益，否则保险就可能成为一种赌博，丧失其补偿经济损失、给予经济帮助的功能，其保险合同无效。是否具有保险利益，是判断保险合同有效或无效的根本依据，缺乏保险利益要件的保险合同自然不发生法律效力。

财产保险的保险标的是财产及其相关利益，其保险利益是指投保人对保险标的具有法律上承认的经济利益。财产保险的保险利益应当具备三个要素：必须是法律认可并予以保护的合法利益；必须是经济上的利益；必须是确定的经济利益。

对于财产保险，投保人应当在投保时对保险标的具有保险利益；合同成立后，被保险人可能因保险标的的买卖、转让、赠与、继承等情况而变更，因此保险事故发生时，被保险人应当对保险标的具有保险利益，投保人是否具有保险利益已经无关紧要。

机动车保险的经营过程中，较为常见和突出的涉及可保利益的问题是被保险人与车辆所有人不相符的问题，即车辆买卖过程中，由于没有对保单项下的被保险人进行及时有效的变

更，导致其与转让了的车辆所有人不吻合。一旦车辆发生损失，原车辆所有人不再具有车辆的可保利益，而导致在其名下的保单失效，而车辆新的所有人由于不是保险合同中的被保险人，当然也不能向保险人索赔。

（3）最大诚信原则

任何一项民事活动，各方当事人都应遵循诚信原则。诚信原则是世界各国立法对民事、商事活动的基本要求。《中华人民共和国保险法》（以下简称《保险法》）第五条规定："保险活动当事人行使权利、履行义务应当遵循诚实信用原则。"但是，在保险合同关系中对当事人诚信的要求比一般民事活动更严格，要求当事人具有"最大诚信"。保险合同是最大诚信合同。

最大诚信的含义是指当事人真诚地向对方充分而准确地告知有关保险的所有重要事实，不允许存在任何虚假、欺骗、隐瞒行为。而且不仅在保险合同订立时要遵守此项原则，在整个合同有效期间和履行合同过程中也都要求当事人具有"最大诚信"。最大诚信原则的含义可表述为：保险合同当事人订立合同及在合同有效期内，应依法向对方提供足以影响对方做出订约与履约决定的全部实质性重要事实，同时信守合同订立的约定与承诺。否则，受到损害的一方，按民事立法规定可以此为由宣布合同无效，或解除合同，或不履行合同约定的义务或责任，甚至对因此而受到的损害还可要求对方予以赔偿。最大诚信原则是合同双方当事人都必须遵循的基本原则，其表现为以下几个方面。

① 履行如实告知义务。告知是指合同订立前、订立时及在合同有效期内，要求当事人实事求是、尽自己所知、毫无保留地向对方所做的口头或书面陈述。具体而言，是投保人对已知或应知的与风险和标的有关的实质性重要事实向保险人做口头或书面的申报；保险人也应将对投保人利害相关的重要条款内容据实告知投保人。

所谓实质性重要事实是指那些影响保险双方当事人做出是否签约、签约条件、是否继续履约、如何履约的每一项事实。对保险人而言，是指那些影响谨慎的保险人承保决策的每一项事实；对于投保人而言，则是指那些会影响善意的投保人做出投保决定的事实，如有关保险条款、费率以及其他条件等。

② 履行保证义务。保证是指投保人或被保险人对在保险期限内的特定事项，包括作为和不作为，向保险人所做的担保或承诺，保证在保险期间遵守作为和不作为的某些规则，或保证某一事项的真实性，因此这也是最大诚信原则对投保人的要求。保证分为明示保证和默示保证。

明示保证是在保险单中订明的保证。明示保证作为一种保证条款，必须写入保险合同或写入与保险合同一起的其他文件内，如批单等。明示保证通常用文字来表示，以文字的规定为依据。明示保证又可分为确认保证和承诺保证。确认保证事项涉及过去与现在，它是投保人或被保险人对过去或现在某一特定事实存在或不存在的保证。例如，某人确认他从未得过重病，意指在此事项认定以前与认定时他从未得过重病，但并不涉及今后他是否会患重病。承诺保证是指投保人对将来某一特定事项的作为或不作为，其保证事项涉及现在与将来，但不包括过去。例如，某人承诺今后驾车不再违反交通规则，意为他保证从现在开始驾车不再违反交通规则，但在此之前他驾车是否违反交通规则就不予追究了。

默示保证则是指一些重要保证并未在保险条款中出现，但却普遍存在或为社会认可的某些行为规范准则。与明示保证不同，默示保证不通过文字来说明，而是根据有关的法律、惯例及行业习惯来决定。虽然没有文字规定，但是被保险人应按照习惯保证作为或不作为。因

此，默示保证与明示保证具有同等的法律效力，对被保险人具有同等的约束力。例如，因被保险人没有关闭门窗而招致的失窃，保险人不承担保险责任。

③ 弃权和禁止反言。弃权是指保险合同当事人放弃自己在合同中可以主张的某项权利，通常是指保险人放弃合同解除权与抗辩权。构成弃权必须具备两个要件：首先保险人须有弃权的意思表示，这种意思表示可以是明示的，也可是默示的；其次保险人必须知道有权利存在。

禁止反言是指保险人放弃某项权利后，不得再向投保人或被保险人主张这种权利。禁止反言的基本功能是要防止欺诈行为，以维护公平、公正，促成双方当事人之间本应达到的结果；在保险合同中，只要订立合同时，保险人放弃了某种权利，合同成立后便不能反悔。事实上，无论是保险人还是投保人，如果弃权，将来均不得重新主张。但在保险实践中，它主要用于约束保险人。

弃权与禁止反言常因保险代理人而产生。保险代理人出于增加保费收入以获得更多佣金的需要，可能不会认真审核标的的情况，而以保险人的名义对投保人做出承诺并收取保险费。一旦保险合同生效，即使发现投保人违背了保险条款，也不得解除合同。因为代理人放弃了本可以拒保或附加条件承保的权利。从保险代理关系看，保险代理人是以保险人的名义从事保险活动的，其在授权范围内的行为所产生的一切后果应由保险人来承担。所以，代理人的弃权行为即视为保险人的弃权行为，保险人不得为此拒绝承担责任。

弃权与禁止反言的限定，不仅可约束保险人的行为，要求保险人为其行为及其代理人的行为负责，同时也维护了被保险人的权益，有利于保险双方权利、义务关系的平衡。

（4）近因原则

所谓近因是指造成保险标的损失的最直接、最有效、起决定作用的原因，而不是指在时间上最接近损失的原因。近因原则是指保险人承担赔偿或给付保险金的条件，造成保险标的损失的近因必须属于保险责任。

只有当保险事故的发生与损失的形成有直接因果关系时，才构成保险人赔付的条件。近因原则是保险理赔过程中必须遵循的重要原则。按照这一原则，只有当被保险人的损失是直接由于保险责任范围内的事故造成的，保险人才能予以赔偿。

近因的认定方法主要有顺序法和逆推法。顺序法是指由原因推断结果的方法。该方法是按照逻辑推理，从第一个事件出发，分析判断下一个事件可能是什么，然后从下一个事件出发分析判断再下一个事件是什么，如此下去，直至分析到损失为止。最初事件发生的原因就是最终损失的近因。逆推法是指从结果推断原因的方法，该方法正好与顺序法相反。

损失与近因存在直接的因果关系，因而，要确定近因，首先要确定损失的因果关系。确定因果关系的基本方法有从原因推断结果和从结果推断原因两种方法。

（5）损害补偿原则

① 损害补偿原则的含义。损害补偿原则是指风险事故发生后，保险人在其责任范围内，对被保险人保险标的遭受的实际损失进行补偿的原则。这一原则是由保险的目的决定的。补偿原则包括两层含义：其一，保险人必须承担其责任范围内的赔偿义务；其二，赔偿金额以补偿保险标的的实际损失额为限，即保险赔偿以恰好能使保险标的恢复到事故损失发生前的状况为限。保险赔偿不能高于实际损失。否则会产生不当得利，给被保险人带来额外的利益，容易诱发道德风险。

需要说明的是，保险人的赔偿额中除了保险标的的实际价值损失之外，还应包括被保险

人花费的施救费用、诉讼费用等。其目的是鼓励被保险人积极抢救保险标的，以减少损失。

② 补偿的限度。在具体赔偿时，应掌握以下三个限度。

a. 以实际损失为限。它是保险补偿最基本的限制条件。当被保险人遭受损失后，不论其保险合同约定的保险金额为多少，其所能获得的保险赔偿以标的的实际损失为限。

b. 以保险金额为限。它是保险人收取保险费的基础和依据，也是其发生赔偿责任的最高限额。因此，保险人的赔偿金额在任何情况下，均不能超过保险金额。

c. 以被保险人对保险标的的保险利益为限。在被保险人的保险利益减少时，应以被保险人实际存在的保险利益为限。发生风险时，一般对被保险人已经丧失的保险利益，保险人将不予赔偿。

③ 补偿原则的派生原则

a. 代位原则。保险代位求偿权又称保险代位权，是指因第三者对保险标的的损害造成保险事故的，保险人自向被保险人赔偿保险金后，依法享有的在赔偿金额范围内代位行使被保险人对第三者请求赔偿的权利。“代位求偿”适用于被保险人投保车损险且发生车损险保险责任范围内的事故，事故责任明确，未得到责任对方的赔偿，保险公司依据保险合同约定先行赔付，并在赔偿金额范围内获得代位求偿的权利，而被保险人应当按照法律规定积极协助保险公司进行追偿。这样就避免了消费者因第三方怠于赔付而引起的损失，更好地保护了消费者的利益。

代位原则包括权利代位和物上代位，权利代位即追偿权的代位，是指在财产保险中，保险标的由于第三者责任导致保险损失，保险人向被保险人支付保险赔款后，依法取得对第三者的索赔权；物上代位是指保险标的遭受保险责任范围内的损失，保险人按保险金额全数赔付后，依法取得该项标的的所有权。

b. 分摊原则。分摊原则是仅适用于财产保险中的重复保险。它是指在同一投保人对同一保险标的、同一保险利益、同一保险事故分别与两个以上保险人订立保险合同的情况下，被保险人所得到的赔偿金，由各保险人采用适当的方法进行按比例分摊。

分摊原则是为了防止发生重复赔偿，造成被保险人不当得利现象的发生。保险分摊常用的方法有比例责任制和责任限额制。比例责任制分摊方式是各保险人按其所承保的保险金额与总保险金额的比例分摊保险赔偿责任。责任限额制分摊方式是以在没有重复保险的情况下，各保险人依其承保的保险金额而应付的赔偿限额与各保险人应负赔偿限额总和的比例承担损失赔偿责任。

比例责任制分摊方式计算公式为：各保险人承担的赔款 = 实际损失金额 × 该保险人承保的保险金额 / 所有保险人承保的保险金额总和

责任限额制分摊方式计算公式为：各保险人承担的赔款 = 实际损失金额 × 该保险人单独承保的赔偿限额 / 所有保险人赔偿限额总和

1.2.5 保险合同

(1) 机动车保险合同的内容

保险合同的内容是投保人方和保险人方之间的权利与义务，用条款的形式写在保险合同中，当保险合同生效后，双方都必须遵守保险合同中的内容。

① 从法律关系要素看，保险合同内容包括四部分：主体部分、权利义务部分、客体部分、其他声明事项部分。

主体部分包括保险人、投保人、被保险人，以及人身保险的受益人的名称和住所；权利义务部分包括保险责任与责任免除等内容；客体部分即保险利益，另有其他声明事项。

② 从条款拟定部分看，保险合同内容包括两部分：基本条款与特约条款。

保险合同的基本条款是保险法规定必须列入的内容，是任何种类的保险合同必不可少的组成部分。根据《保险法》第十八条的规定，保险合同应当包括下列事项：保险人的名称和住所；投保人、被保险人的名称和住所，以及人身保险的受益人的名称和住所；保险标的；保险责任和责任免除；保险期间和保险责任开始时间；保险金额；保险费以及支付办法；保险金额赔偿或者给付办法；违约责任和争议处理；订立合同的年、月、日。

特约条款，《保险法》第二十条规定："投保人和保险人可以协商变更合同内容。变更保险合同的，应当由保险人在保险单或者其他保险凭证上批注或者附贴批单，或者由投保人和保险人订立变更的书面协议。"

（2）保险合同的特征

① 保险合同是有偿合同。保险合同的有偿性主要体现在投保人要取得保险的风险保障，必须支付相应的代价，即保险费；保险人要收取保险费，必须承诺承担保险保障责任。

② 保险合同是保障合同。保险合同的保障主要表现在：保险合同双方当事人一经达成协议，保险合同从约定生效时起到终止的整个期间，投保人的经济利益受到保险人的保障。

③ 保险合同是有条件的双务合同。保险合同的双务性与一般双务合同并不完全相同，即保险人的赔付义务只有在约定的事故发生时才履行，因而是附有条件的双务合同。

④ 保险合同是附和合同。附和合同是指合同内容一般不是由当事人双方共同协商拟定，而是由一方当事人事先拟定，印就格式条款供另一方当事人选择，另一方当事人只能做取与舍的决定，无权拟定合同的条文。

⑤ 保险合同是射幸合同。射幸合同是合同的效果在订约时不能确定的合同，即合同当事人一方并不必然履行给付义务，而只有当合同中约定的条件具备或合同约定的事件发生时才履行。

⑥ 保险合同是最大诚信合同。任何合同的订立，都应以合同当事人的诚信为基础。由于保险经营活动的特殊性，对履行诚信原则的要求更为严格，要求保险双方当事人在订立与履行保险合同的整个过程中都能做到最大化的诚实守信。要求投保人或被保险人自愿地向对方充分而准确地告知有关标的重要事实；要求保险人如实地向投保人说明保险合同条款内容等。

（3）机动车保险合同的订立、效力和变更

① 机动车保险合同的订立。机动车保险合同的订立是指被保险人与保险公司就机动车保险合同的内容进行协商，达成一致的过程。机动车保险合同的订立包括要约和承诺两个阶段。

a. 要约。要约亦称"提议"，它是指当事人一方以订立合同为目的而向对方作出意思表示。一个有效的要约应具备三个条件：要约需明确表示订约愿望；要约需具备合同的主要内容；要约在其有效期内对要约人具有约束力。

b. 承诺。又称"接受订约提议"，是承诺人向要约人表示同意与其缔结合同的意思表示。作出承诺的人称为承诺人或受要约人。承诺满足下列条件有效：承诺不能附带任何条件，是无条件的；承诺由受要约人本人或其合法代理人作出；承诺须在要约的有效期内作出。

保险合同的承诺也叫承保，通常由保险人或其代理人作出。若保险人提出反要约的，投保人无条件接受后，投保人即为承诺人，保险合同也随之成立。

② 机动车保险合同的效力。保险合同对双方发生约束力，即合同条款产生法律效力。

a. 保险合同的有效。保险合同的有效是指保险合同是由当事人双方依法订立，并受国家法律保护。

b. 保险合同的无效。无效保险合同是指当事人虽然订立，但不发生法律效力、国家不予保护的保险合同。保险合同被确认无效后，始终无效。按照无效的程度，保险合同的无效可分为全部无效和部分无效。全部无效是指违反国家禁止性规定而被确认无效后，保险合同自始无效；部分无效是指保险合同的部分内容不具有法律效力，合同的其余部分仍然有效。

③ 机动车保险合同的变更

a. 含义。机动车保险合同的变更是指在保险合同的有效期内，投保人和保险人通过协商可以变更合同内容；变更保险合同的，应当由保险人在保险单或者其他保险凭证上批注或者附贴批单，或者由投保人和保险人订立变更的书面协议。

b. 变更的内容。保险人、投保人或被保险人、标的内容、保险责任条款。

c. 变更程序。先由投保人或被保险人提出变更合同的书面申请，然后保险人审核变更要求，作出相应决定。

（4）机动车保险合同的解除

① 概念。保险合同解除是指在保险合同有效期限内，当事人双方协议或者一方依法解除保险合同的行为。

② 解除条件

a. 投保人解除保险合同的条件。保险合同中约定的保险事故肯定不会发生；保险标的的危险程度明显减少或消失；保险标的的价值明显减少。

b. 保险人解除保险合同的条件。投保人违反如实告知义务；投保人故意或者因重大过失未履行法律规定的如实告知义务，足以影响保险人决定是否同意承保或者提高保险费率的，保险人有权解除合同。合同解除权，自保险人知道有解除事由之日起，超过三十日不行使而消灭。自合同成立之日起超过二年的，保险人不得解除合同；发生保险事故的，保险人应当承担赔偿或者给付保险金的责任。

保险人在合同订立时已经知道投保人未如实告知的情况的，保险人不得解除合同；发生保险事故的，保险人应当承担赔偿或者给付保险金的责任。

投保人、被保险人未按照合同约定履行其对保险标的的安全应尽的责任，保险人有权要求增加保险费或者解除合同。

因保险标的的转让导致危险程度增加的，保险人自收到通知之日起三十日内，可以按照合同约定增加保险费或者解除合同。保险人解除合同的，应当将已收取的保险费，按照合同约定扣除自保险责任开始之日起至合同解除之日止应收的部分后，退还投保人。

被保险人或受益人在未发生保险事故的情况下，谎称发生了保险事故，向保险人提出赔偿或给付保险金请求的，保险人有权解除保险合同，并不退还保险费。

投保人、被保险人故意制造保险事故的，保险人有权解除合同，不承担赔偿或者给付保

险金的责任，除《保险法》第六十五条第一款另有规定外，也不退还保险费。

（5）保险合同的争议处理

① 和解。是指无第三方参加的情况下，由合同当事人双方在互谅互让的基础上，就争议内容进行协商，寻求一致意见达成协议的办法。

② 调解。是指在第三方主持下，合同当事人双方依据自愿合法的原则，在明辨是非、分清责任的基础上达成协议，从而解决纠纷的方法。

③ 仲裁。是指双方当事人在发生争议之前或者发生争议之后，达成协议，把争议事项交给仲裁机关，由仲裁机关进行裁决，从而解决争议的法律制度。

④ 诉讼。如果当事人双方对保险合同有争议，也可以直接通过诉讼方式，请求法院作出判决。

1.3 机动车保险的经营与监管

1.3.1 机动车保险公司经营概况

进入21世纪以来，中国汽车工业增长迅猛，已成为汽车产销大国。作为汽车保险产业链的源头，我国汽车工业的蓬勃发展预示着汽车保险和汽车保险产业链相关主体都将获得更加广阔的发展空间。机动车保险在财险中的地位举足轻重，约占70%，其发展速度直接影响保险公司的经营状况，乃至整个保险市场的运行。2017年我国汽车保险保费收入突破7000亿元大关，到2020年时整个车险市场规模将达到1万亿元。

2015年以来，我国的机动车保险费率改革进入快车道，2018年进入到费改的第三阶段，重点是改变过去由政府主管部门统一制定费率的模式，引入了渠道系数和自主核保系数，降低优质客户的保费。

1.3.2 机动车保险监管

我国的机动车保险监管部门是中国银行保险监督管理委员会，为国务院直属事业单位。监管的目的是保证机动车保险管理制度的有效实施，提高机动车保险业务管理水平，促进保险市场健康发展。其主要内容包括以下几个方面。

（1）条款费率的管理

针对经营车险的公司制定相关文件，要求各财产保险公司按制度执行和申报车险条款费率，严禁擅自变更车险条款费率。

监管机构规定，财产保险公司应当严格执行车险产品手续费（佣金）标准明示报告制度，并据实列支。公司应在向保监会报备的车险产品精算报告中，根据实际情况真实填报手续费（佣金）支付比例；并在经营中严格遵循、不得突破向监管部门报备的手续费（佣金）支付标准。要求各公司应保证在新的车险产品费率运行时能够将手续费（佣金）分解到每份

车险保单。

（2）保险单证管理

监督各财产保险公司加强对机动车辆保险单证的管理，建立并严格执行单证印制、发送、存放、领用、核销、盘点等制度。如选择印刷单位的事后报告制度、单证样本和编号的事后报告制度、建立监制单证登记制度、作废单证的管理。

（3）监督条款、费率、单证格式的社会公布和机动车辆保险管理制度的宣传

要求财产保险公司应将机动车辆保险条款、费率及费率说明、保险单证的样式、保监会提示消费者购买机动车辆保险注意事项的公告，在所有营业场所以及代理机构张贴，并在公司网站公布，提醒消费者注意。不能误导消费者或诋毁其他保险公司。

（4）信息统计与分析

督促财产保险公司完善机动车辆保险的信息化建设，加强机动车辆保险业务的信息统计工作。要求公司将机动车辆保险的所有数据纳入计算机系统管理，计算机系统的数据库信息应向中国保监会和各地保监办开放，具体要求包括：分角色管理控制系统；条款、费率中涉及的重大风险因素的分类统计汇总；按保单、指定时间段、指定区域提取数据，包括批改情况、收费情况、赔款情况等；按保单发生年、赔款发生年以及会计年度统计有关信息；数据应能转换为Excel表或中国保监会指定的其他数据库类型；业务数据与财务数据对接，能够自动核对保单的收费及财务入账情况，能够自动生成业务统计和财务报表；及时报送“机动车辆保险监管季报表”和“机动车辆保险监管年报表”。

（5）监管数据真实性

① 保险公司要加强对保费收入真实性的管理，严禁以撕单、埋单、坐扣保费、鸳鸯单等形式进行账外经营套取资金；要严格按照会计制度和财务制度的要求确认保费收入，不得在账外核算应收保费，严禁保费收入不入账和跨核算期甩账。

② 加强对代理人和代理手续费的管理。代理手续费只限于向具有合法资格的保险代理人支付，不得向其他人支付，应以转账形式支付单位代理手续费。

③ 各项准备金的提取应按有关规定足额、及时提取，严禁任意提取准备金。

④ 加强机动车辆保险理赔管理，不得在赔款支出项目中列支与理赔无关的费用，严禁编造假赔案。

⑤ 规范财务管理。财产保险公司不得从保费收入中直接抵扣手续费、退费或返还等形式违规展业，要规范参与政府采购保险竞标行为，不得采取扩大保险责任、降低费率、支付高额返还、变相退费等违规手段参与政府采购保险竞标活动。

⑥ 按规定核算机动车辆保险经营费用，合理确定综合性费用的分配原则。合理支付手续费（佣金），防止变相降低车险费率。

⑦ 对公司内控制度建设监督，严肃查处各种违法、违规行为。提高保险公司合法合规经营意识。

⑧ 不得在赔款支出项目中列支与理赔无关的费用，严禁以编造假赔案或虚增赔案损失等形式套取资金。建立核保、核赔关键岗位责任追究制度。对于滥用费率因素打折、利用赔款套取资金等扰乱市场行为而没有发挥管理职责的关键岗位人员，保险公司应追究相关责任人的责任。

1.4 任务实施——机动车使用风险分析

高京京是刚参加工作不久的大学毕业生，在石家庄某研究所见习。2018 年初在家人资助下购买了一辆长城腾翼 C30 轿车用于上下班代步，他也考虑在周末带女朋友出去兜风。驾照是上学期间取得的，没有太多实际驾驶经验。如果你是保险营销员，在为他制订保险计划前如何认识他用车中存在的风险，请按表 1-1 的程序对机动车保险风险的因素进行分析。

表 1-1 风险分析任务表

环节	对应任务	具体程序
1	车辆自身风险	确定车辆的厂牌型号，是否属于高风险车型
		确定车辆种类，是客车、货车？
		确定车辆的车龄
		确定车辆的使用性质，是属于家庭自用、企业、营运？
		确定车辆后期行驶区域，省内还是国内
2	地理环境风险	确认车辆行驶区域的气候特点
		确认车辆行驶区域的地形、地貌
		确认车辆行驶区域的路面状况
3	社会环境风险	了解车辆行驶区域的法制环境
		了解车辆行驶区域的治安情况
4	驾驶人员风险	确认驾驶人员的年龄
		确认驾驶人员的性别
		确认驾驶人员的驾驶经验、职业、婚姻状况
		确认驾驶人员的肇事记录、品行

任务要点与总结

本次任务中，应先进行风险的发现，找出风险因素，通过小组讨论大家达成共识后再做风险事故的发生概率分析。汽车的风险分析能够加深大家对风险的理解。它为后面的风险评价提供基础，以确定风险是否需要处理以及最适当的应对策略和方法。通过对不同用车人和不同用车环境的分析，发现导致风险的原因和风险源、风险后果及其发生的可能性。识别影响后果和可能性的因素很有必要，这是汽车保险从业人员的基本技能。

风险分析涉及对风险事件潜在后果及相关概率的估计，以便确定风险等级。由于相关信息不够全面、缺乏数据、人为因素影响等，本次任务只做定性分析，可通过“高、中、低”这样的表述来界定风险事件的后果、可能性及风险等级。

思考题 

1. 什么是风险？风险具有哪些特征？
2. 可保风险有哪些特征？
3. 保险的基本原则有哪些？

4. 汽车所有人面临哪些风险？其影响因素有哪些？

练习

一、填空题

1. 风险因素可分为______、______、______。
2. 风险的基本要素包括______、______和______。
3. 保险的基本职能是：______和______。
4. 导致损失的直接原因是______；导致损失的间接原因则是______。

二、判断题

1. 纯粹风险所导致的结果有三种，即损失、无损失和盈利。（　　）
2. 在保险人向投保人签发保单或其他保险凭证后，保险合同即告成立并生效。（　　）
3. 某一风险的发生具有必然性。（　　）
4. 财产保险的标的是各种物质财产及有关的利益。（　　）
5. 没有保险利益就不存在保险关系。（　　）
6. 投保人是指对保险标的具有保险利益，向保险人申请订立保险合同，并负有交付保险费义务的人。（　　）
7. 代位追偿是指由于第三者责任导致发生保险事故造成保险标的损失，保险人按照合同的约定履行保险赔偿义务后，依法取得对第三者的追偿权。（　　）

三、单项选择题

1. 责任免除是指保险人依照法律或合同规定，不承担保险责任的范围，是对保险责任的（　　）。

A. 界定　　B. 限制　　C. 确定　　D. 扩大

2. 保险作为一种风险管理的方法属于（　　）。

A. 转移风险　　B. 规避风险　　C. 控制风险　　D. 自留风险

3. 对于损失概率低、损失程度大的风险应该采用（　　）的风险管理方法。

A. 保险　　B. 自留风险　　C. 避免风险　　D. 减少风险

4. 保险的基本特性是保险的（　　）。

A. 经济性　　B. 互助性　　C. 法律性　　D. 科学性

5. 保险合同特有的原则是（　　）。

A. 最大诚信原则　　B. 保险利益原则　　C. 公平互利原则　　D. 守法原则

6. 被保险人的代表是（　　）。

A. 投保人　　B. 保险代理人　　C. 保险人　　D. 保险经纪人

7. 郑某投保了人身意外伤害保险，在回家的路上被汽车轻微擦伤送往医院，在其住院治疗期间心肌梗死。在这一死亡事故中的近因是（　　）。

A. 被汽车撞倒　　B. 心肌梗死

C. 被汽车撞倒和心肌梗死共同作用　　D. 被汽车撞倒导致的心肌梗死

8. 暴风吹倒了一紧靠仓库的电线杆，使得电线短路引起火花，引燃了房屋，导致库存财产的损失。根据近因原则，库存财产损失的近因是（　　）。

A. 电线杆倒塌　　B. 电线短路　　C. 暴风　　D. 房屋起火

9. 保险作为风险管理的一种方法，其基本功能是（　　）。

A. 分散风险，排除损失　　B. 排除风险，提高效益

C. 消除风险，消化损失　　D. 分散风险，消化损失

10. 与保险公司签订保险合同，并按照合同支付保险费的人被称为（　　）。

A. 被保险人　　B. 投保人　　C. 受益人　　D. 代理人

11. 按照我国《保险法》的规定，投保人履行如实告知义务遵循的原则是（　　）。

A. 无限告知原则　　B. 部分告知原则

C. 全部告知原则　　D. 询问告知原则

12. 按照我国《保险法》的规定，保险合同中关于保险人责任免除条款的生效条件（　　）。

A. 保险人在事故发生时向投保人告知该条款

B. 保险人在订立合同时必须向投保人明确说明该条款

C. 保险人在保险合同中明确写明该条款

D. 该条款应得到保险监管部门的批准

13. 代位追偿权利产生的最主要的条件为导致保险事故发生的责任对方是（　　）。

A. 被保险人　　B. 第三者　　C. 保险人　　D. 投保人

14. 在运用近因原则时，保险人认定近因的关键因素是（　　）。

A. 保险人与投保人的关系　　B. 保险人与保险代理人的关系

C. 保险人与保险风险的关系　　D. 风险因素与造成损失之间的关系

15. 投保人和保险人约定权利义务关系的书面协议是（　　）。

A. 保险承诺　　B. 投保协议　　C. 保险合同　　D. 保险通知

四、多项选择题

1. 下列有关风险的陈述正确的是（　　）。

A. 风险是指某种损失发生的可能性

B. 风险的存在与客观环境及一定的时空条件有关

C. 风险是风险因素、风险事故与风险损失的统一体

D. 没有人类的活动，也就不存在风险

E. 风险是不可以转移的

2. 下列事件中，属于投机风险的是（　　）。

A. 车祸　　B. 疾病

C. 赌博　　D. 股票买卖

E. 试制新产品

3. 下列有关保险的陈述正确的是（　　）。

A. 保险是风险处理的传统有效的措施　　B. 保险是分摊意外事故损失的一种财务安排

C. 保险体现的是一种民事法律关系　　D. 保险不具有商品属性

E. 保险的基本职能包括分摊损失与防灾防损

4. 属于保险中介人的是（　　）。

A. 保险监理人　　B. 保险理赔人

C. 保险代理人　　D. 保险公估人

E. 保险经纪人

5. 损失补偿原则的实施要点有（　　）。

A 以实际损失为限　　B. 以保险金额为限

C. 以保险标的净值为限　　D. 以可保险利益为限

E. 以保险期限为限

6. 关于近因原则的表述正确的是（　　）。

A. 近因是造成保险标的损失最直接、最有效、起决定作用的原因

B. 近因是空间上离损失最近的原因

C. 近因是时间上离损失最近的原因

D. 近因原则是在保险理赔过程中必须遵循的原则

E. 只有当被保险人的损失直接由近因造成的，保险人才给予赔偿

7. 保险合同的书面形式包括（　　）。

A. 保险单　　B. 暂保单

C. 保险凭证　　D. 经保险人签章的投保单

E. 批单

8. 控制型风险管理技术主要有（　　）。

A. 预防　　B. 抑制

C. 转移　　D. 分散

E. 避免

9. 可保风险的特性是（　　）。

A. 风险不是投机性的

B. 风险必须具有不确定性

C. 风险必须是少量标的均有遭受损失的可能性

D. 风险可能导致较大损失

E. 风险在合同期内预期的损失是可计算的

10. 保险的特征包括（　　）。

A. 经济性　　B. 互助性

C. 法律性　　D. 科学性

E. 政策性

11. 保险从业人员有（　　）行为尚未涉嫌犯罪的，其所在机构应将其名单上报行业自律组织，予以业内通报批评。

A. 代客户签名　　B. 伪造机构和客户公章、印件

C. 故意滞留客户保险合同　　D. 以上选项都对

12. 保险条款（　　）。

A. 是确定保险合同双方当事人权利、义务和相应法律关系的文件

B. 是权利义务对等关系的体现

C. 是保险人按照最大诚信原则对投保人作出的承诺

D. 是保险产品内在功能和服务项目的具体体现

13. 我国保险业发展的总体目标是：建设一个（　　）的现代保险业。

A. 市场体系完善、服务领域广泛　　B. 经营诚信规范、偿付能力充足

C. 综合竞争力较强　　D. 发展速度、质量和效益相统一

14. 最大诚信原则的基本内容包括（ ）。

A. 告知 B. 保证 C. 通知 D. 弃权与禁止反言

15. 在保险合同的履行中，投保人应履行的义务包括（ ）。

A. 保险事故发生的通知义务 B. 出险施救义务

C. 按期续保义务 D. 提供单证义务

16. 保险监管的目的有（ ）。

A. 保证风险社会化机制的安全可靠性 B. 保证保险市场健康有序竞争

C. 保证保险人具有足够的偿付能力 D. 防止利用保险进行欺诈

17. 保险公司及其工作人员在保险业务活动中不得有下列行为，即（ ）。

A. 欺骗投保人、被保险人或者受益人

B. 对投保人隐瞒与保险合同有关的重要情况

C. 拒不依法履行保险合同约定的赔偿或者给付保险金义务

D. 委托未取得合法资格的机构或者个人从事保险销售活动

机动车保险产品

[导入案例2-1]

黄果果为新买的奥迪 A4 轿车购置了交强险、车损险、商业三者险。一个月后的某日早上，她准备开车上班时发现自己的车子后风挡玻璃不见了，她赶紧仔细检查车内物品，发现前一天放里面的笔记本电脑不见了，故向保险公司和公安机关报案。在理赔中保险公司拒赔，黄女士不理解为什么买了保险车内物品丢失后还得不到赔偿。

[导入案例2-2]

鲁猛老师购置的轿车已使用四年，他居住在老校区的教工宿舍，有停车位且治安良好，到新校区上班走外环路车流通畅道路平坦，他没有驾车出游的习惯。因不懂车险，每次购置保险的方案都是由保险代理人制定，营销人员为得到更多的佣金都给他上“全险”，由于驾车谨慎，四年来只在前两年发生过两次轻微擦碰单方事故，去年没出险，今年买保险时考虑到自己驾驶有了一定经验，决定梳理一下自己的投保险种，但不知如何取舍。

思考

1. 购买了车损险哪些损失能获赔？
2. 怎样才能合理地帮被保险人制定投保方案？

案例启示

1. 为更好地为客户服务，应对保险条款深入理解。
2. 要充分考虑客户的实际情况才能为客户制定全面、合理的投保方案。

学习目标及要求

了解机动车保险的产生和发展历史；了解我国汽车保险的发展历程；掌握现阶段交强险和商业险的费率政策；能正确解读交强险条款；能理解和正确运用示范条款中的主险和附加险。

学 习 内 容

2.1　机动车保险产品综述

2.1.1　机动车保险发展历程

2.1.1.1　机动车保险的产生与发展

19 世纪末，随着汽车在欧洲一些国家的出现与发展，因交通事故而导致的意外伤害、财产损失随之增加。尽管各国都采取了一些管制办法和措施，汽车的使用还是对人们生命、财产安全构成严重威胁，因此引起了一些精明保险人对汽车保险的关注。

1895 年，由英国“法律意外保险公司”签发了世界上最早的机动车保险单，该单是保险费为 10 英镑到 100 英镑的汽车第三者责任保险单，但可以加保汽车火险。到 1913 年，汽车保险已扩大到了 20 多个国家。

1927 年在汽车保险发展史上具有里程碑意义。由美国马萨诸塞州制定的举世闻名的《强制汽车（责任）保险法》的颁布与实施，表明汽车第三者责任保险开始由自愿保险方式向法定强制保险方式转变。此后，汽车第三者责任法定保险很快波及世界各地。许多国家将包括汽车在内的各种机动车辆第三者责任列入强制保险的范围。因此，机动车保险在全球均是具有普遍意义的保险业务。第三者责任法定保险的广泛实施极大地推动了汽车保险普及和发展。车损险和盗窃险、货运险等业务也随之发展起来。汽车保险费率和承保办法也基本实现标准化。

机动车保险的真正发展是在第二次世界大战后，20 世纪 50 年代以来，随着欧、美、日等地区和国家汽车制造业的迅速扩张，机动车辆保险也得到了广泛的发展，并成为各国财产保险中最重要的业务险种。到 20 世纪 70 年代末期，汽车保险已占整个财产险的 50% 以上。

2.1.1.2　我国机动车保险发展历程

（1）萌芽时期

我国的机动车保险业务的发展经历了一个曲折的历程。机动车保险进入我国是在鸦片战争以后，但由于我国保险市场处于外国保险公司的垄断与控制之下，加之旧中国的工业不发达，我国的机动车保险实质上处于萌芽状态，其作用与地位十分有限。

（2）试办时期

中华人民共和国成立以后，创建不久的中国人民保险公司就开办了机动车保险。但

是因宣传不够和认识偏颇，不久就出现对此项保险的争议，有人认为机动车保险以及第三者责任保险对于肇事者予以经济补偿，会导致交通事故的增加，对社会产生负面影响。于是，中国人民保险公司于1955年停止了机动车保险业务。直到20世纪70年代中期，为了满足各国驻华使领馆等外国人拥有的机动车保险的需要，开始办理以涉外业务为主的机动车保险业务。

（3）发展时期

1980年中国人民保险公司逐步全面恢复中断了近25年之久的机动车保险业务，以适应国内企业和单位对于机动车保险的需要，适应公路交通运输业迅速发展、事故日益频繁的客观需要。随着改革开放的不断深入，机动车保险随着汽车的迅速普及而迅猛发展。1983年11月，我国将“汽车保险”更名为“机动车辆保险”，使其具有更广泛的适用性。1985年，我国首次制定了机动车辆保险条款，期间经过多次修改与完善。在此后三十多年的时间里，机动车保险在我国保险市场，尤其是在财产保险市场中始终发挥着重要的作用。与此同时，机动车保险条款、费率及其管理也日益完善，尤其是中国保监会的成立，对于全面规范保险市场，促进机动车保险业务的发展起到了积极的作用。

1999年2月，保监会颁布了深圳市《机动车辆基本险条款》。2000年2月，保监会又颁布了全国性《机动车辆保险条款》，并于7月起开始实施。2002年8月保监会发出了《关于改革机动车辆保险条款费率管理制度的通知》，通知规定：自2003年1月起国内各家经营车险业务的保险公司实施自主性车险条款、费率，2000版机动车辆保险条款、费率不再执行。各保险公司根据车辆类型和客户群体的不同均自主制定、修改和调整机动车辆保险条款费率，保险市场竞争日益激烈。

2004年5月1日起实施的《道路交通安全法》首次提出“建立机动车第三者责任强制保险制度，设立道路交通事故社会救助基金”。2006年3月28日，国务院公布《机动车交通事故责任强制保险条例》（简称《交强险条例》），条例规定自2006年7月1日起实施。2006年6月30日，中国保监会发布《机动车交通事故责任强制保险业务单独核算管理暂行办法》，2007年6月27日，保监会发布《机动车交通事故责任强制保险费率浮动暂行办法》，自7月1日实行。随着配套措施的完善，交强险最终普遍实行。为了规范车险市场竞争，保证保险业健康稳定发展，在中国保险行业协会组织协调下，交强险实行条款、费率、手续费比例和实务“四统一”，商业险实行行业A、B、C条款和费率规章。

2015年开始了第一次费率改革，此次费改强调遵循三项基本原则，即坚持市场化方向、保护保险消费者合法权益、积极稳妥推进。2015年4月29日保监会发布了《中国保监会关于商业车险改革试点地区条款费率适用有关问题的通知》，首先在黑龙江、山东、广西、重庆、陕西和青岛6个保监局所辖地区开始试点，要求各试点全面执行《中国保险行业协会机动车辆商业保险示范条款（2014版）》。试点结果反映那些驾驶习惯好、赔付少的车险客户车险费率得到更多优惠。2016年又继续增加12个地区作为商业车险改革试点，到2016年7月1日全国开始统一执行示范条款。2017年执行了第二次费改，车险最低折扣率将下调至0.3825，部分地区低至0.3375。2018年初开始了第三次费改的试点工作，重点是加强对保险人的监管力度，治理不合理的价格竞争。2020年开始第四次费改，7月9日从银保监会发布《车险改革指定意见稿初稿》开始全社会征求意见，8月23日车险改革示范条款二版发布，9月19日正式实施车险费改新政策。本次费改提高了交强险的赔偿限额，优化交强险道路交通事故费率浮动系数，拓展和优化商车险保障服务，健全商车险条款费率市场化形成机制。

2.1.2　费率模式和费率

2.1.2.1　费率的模式

（1）从车费率模式

从车费率模式是指在确定保险费率的过程中主要以被保险车辆的风险因子作为影响费率确定因素的模式。从车费率模式具有体系简单，易于操作的特点。我国早期采用的机动车保险的费率模式就属于从车费率模式，影响费率的主要因素是被保险车辆有关的风险因子。

现行的机动车保险费率体系中影响费率的主要变量为车辆的使用性质、车辆生产地和车辆的种类：根据车辆的使用性质划分营业性车辆与非营业性车辆；根据车辆的生产地划分进口车辆与国产车辆。

（2）从人费率模式

从人费率模式是指在确定保险费率的过程中主要以被保险车辆驾驶人的风险因子作为影响费率确定因素的模式。目前，大多数国家采用的机动车保险的费率模式均属于从人费率模式，影响费率的主要因素是与被保险车辆驾驶人有关的风险因子，主要有驾驶人的年龄、性格、驾驶年限和安全行驶记录等。

① 根据驾驶人的年龄划分。通常将驾驶人按年龄划分为三组：第一组是初学驾驶，性格不稳定，缺乏责任感的年轻人；第二组是具有一定驾驶经验，生理和心理条件均较为成熟，有家庭和社会责任感的中年人；第三组是与第二组情况基本相同，但年龄较大，所以，反应较为迟钝的老年人。通常认为第一组驾驶人为高风险人群，第三组驾驶人为次高风险人群，第二组驾驶人为低风险人群。至于三组人群的年龄段划分是根据各国的不同情况确定的。

② 根据驾驶人的性格划分：男性与女性。研究表明女性群体的驾驶倾向较为谨慎，为此，相对于男性她们为低风险人群。

③ 根据驾驶人的驾龄划分：驾龄的长短可以从一个侧面反映驾驶人员的驾驶经验，通常认为从初次领证后的 1 ～ 3 年为事故多发期。

④ 根据安全行驶记录划分：安全行驶记录可以反映驾驶人的驾驶心理素质和对待风险的态度，经常发生交通事故的驾驶人可能存在某一方面的缺陷。目前，车辆的安全行驶记录直接影响机动车保险费。

（3）从地域模式

各地域车辆出险的概率不同、物价水平不同、维修人员工资待遇不同，这些都会导致保险的赔付额度不同，所以在厘定保险费率时，必须考虑地理区域因素。目前我国机动车保险以省、直辖市、自治区的行政区域为划分参考。

（4）UBI 模式

近年来，随着互联网应用的迅速普及，车联网技术应运而生，并逐步渗透车险行业。在此背景下，创新型的车联网保险产品——UBI 车险（基于实际使用情况定价的保险）凭借其精准定价、改善驾驶行为、保护环境等众多的优势得到了快速的发展，并在欧美地区开展的如火如荼；随着近几年针对车险费率市场化的多次改革，银保监会将更多保险定价权赋予保险公司，并通过中国保险行业协会发布《机动车保险车联网数据采集规范》，释放研发并推广 UBI 车险的积极信号。各家保险公司、科技公司积极开展 UBI 车险探索。

2.1.2.2　我国的保险费率政策

根据我国国情和汽车保险的现状，由保监会批准制定了全国统一的交强险条款和基础费

率，商业车险条款费率按保险行业协会的相关规定拟订。杜绝频繁调整条款费率损害保险消费者权益。除精算预期与经营实际发生重大偏差等原因外，原则上调整频率不高于半年一次。

（1）交强险费率浮动

交强险费率与道路交通事故相联系浮动，费率浮动因素及比率见表 2-1。交强险最终保险费计算方法是：交强险最终保险费＝交强险基础保险费 ×（1 ＋与道路交通事故相联系的浮动比率）

表 2-1　交强险费率浮动因素及比率

浮动因素	浮动比率				
	方案 A	方案 B	方案 C	方案 D	方案 E
A1, 上一个年度未发生有责任道路交通事故	-30%	-25%	-20%	-15%	-10%
A2, 上两个年度未发生有责任道路交通事故	-40%	-35%	-30%	-25%	-20%
A3, 上三个及以上年度未发生有责任道路交通事故	-50%	-45%	-40%	-35%	-30%
A4, 上一个年度发生一次有责任不涉及死亡的道路交通事故	0%	0%	0%	0%	0%
A5, 上一个年度发生两次及两次以上有责任道路交通事故	10%	10%	10%	10%	10%
A6, 上一个年度发生有责任道路交通死亡事故	30%	30%	30%	30%	30%

注：1. 内蒙古、海南、青海、西藏 4 个地区实行以下费率调整方案 A。

2. 陕西、云南、广西 3 个地区实行以下费率调整方案 B。

3. 甘肃、吉林、山西、黑龙江、新疆 5 个地区实行以下费率调整方案 C。

4. 北京、天津、河北、宁夏 4 个地区实行以下费率调整方案 D。

5. 江苏、浙江、安徽、上海、湖南、湖北、江西、辽宁、河南、福建、重庆、山东、广东、深圳、厦门、四川、贵州、大连、青岛、宁波 20 个地区实行以下费率调整方案 E。

（2）商业车险费率调整系数

费率调整系数是指根据对保险标的的风险判断，对保险基准保费进行上下浮动比率的调整，包括无赔款优待系数、自主定价系数和交通违法系数，费率调整系数＝无赔款优待系数 × 自主定价系数 × 交通违法系数，是保单折扣率的计算依据。费率调整系数适用于机动车综合商业保险、特种车商业保险、单程提车保险，不适用于摩托车和拖拉机商业保险。

① 无赔款优待系数。无赔款优待系数（No-Claim Discount，NCD）是无赔款优待方案根据客户近三年投保及出险情况确定无赔款优待等级和系数，共划分为 10 个等级，系数范围为 0.5-2.0。由中保协定期制定并颁布，并通过平台统一查询使用。保险公司严格按照从平台获取的 NCD 系数值进行费率的浮动，严禁上浮或者下调 NCD 系数值来调整保费。无赔款优待等级系数见表 2-2。无赔款优待等级和系数确定规则如下：

表 2-2　无赔款优待系数全国推广版

等级	NCD 系数值
-4	0.5
-3	0.6
-2	0.7
-1	0.8
0	1
1	1.2
2	1.4
3	1.6
4	1.8
5	2

a. 首年投保（包括新车、过户车等情况首次投保），等级为 0。

b. 非首年投保，考虑最近三年及以上连续投保（不含本年投保）和出险情况进行计算，计算规则：（a）连续四年及以上投保且没有发生赔款，等级为 -4；（b）按照最近三年连续投保年数计算降级数，每连续投保 1 年降 1 级。按照最近三年出险情况计算升级数，每发生 1 次赔款升 1 级。最终等级为升级数减去降级数，最高为 5 级。

② 自主定价系数。各保险公司可在规定范围内向保监会申报自主核保系数费率调整方案，经审批同意后使用。保险公司应加强自主核保系数的开发使用，包括从人因素、从车因素等，实现费率水平与客户风险特征相匹配。目前各地系数稍有差异，第一步将自主定价系数范围确定为 0.65 ～ 1.35，第二步适时完全放开自主定价系数的范围。为更好地保护消费者权益，在综合改革实施初期，对新车的“自主定价系数”上限暂时实行更加严格的约束。

③ 交通违法系数。对已经与交通管理平台对接的地区，可以使用该系数进行费率的浮动，交通违法系数由平台返回保险公司，保险公司据实使用，不得调整。对于平台未与交通管理平台对接的地区，交通违法系数由平台返回保险公司系数值 1.0，保险公司不得调整。目前，上海系数在 0.9-1.1 间浮动；北京地区的系数控制在 1.0-1.15；深圳执行 1.0-1.3，肇事逃逸和醉酒驾车者系数最高；江苏的系数浮动范围达到 0.9-1.3，最高系数适用不按规定安装车辆号牌和醉驾、毒驾。

2.1.3 机动车保险分类

我国现行的保险分强制险和商业险。交强险属于法定强制保险，机动车必须购买交强险才能够上路行驶、年检、上户。商业险由车主自行选择购买，属于自愿保险。我国商业车险现阶段执行统一的《中国保险行业协会机动车综合商业保险示范条款 2020》。商业险又分为 3 种主险、11 种附加险，详见表 2-3。投保人可以选择投保全部险种，也可以选择投保其中部分险种。附加险不能独立投保。附加险条款与主险条款相抵触之处，以附加险条款为准，附加险条款未尽之处，以主险条款为准。保险人依照保险合同的约定，按照承保险种分别承担保险责任。

表 2-3 商业车险险种

主险	附加险
机动车损失保险	附加绝对免赔率特约条款 附加车轮单独损失险 附加新增加设备损失险 附加车身划痕损失险 附加修理期间费用补偿险 附加发动机进水损坏除外特约条款 附加车上货物责任险 附加机动车增值服务特约条款
机动车第三者责任保险	附加绝对免赔率特约条款 附加精神损害抚慰金责任险 附加法定节假日限额翻倍险 附加医保外医疗费用责任险 附加机动车增值服务特约条款
机动车车上人员责任保险	附加绝对免赔率特约条款 附加精神损害抚慰金责任险 附加医保外医疗费用责任险 附加机动车增值服务特约条款

2.2 交强险和机动车交通事故社会救助基金

2.2.1 交强险

交强险是机动车交通事故第三者责任强制保险的简称，是国家或地区基于公共政策的考虑，为维护社会大众的利益，以颁布法律或行政法规的形式实施的机动车责任保险。不管是否愿意，机动车所有人必须按照法规投保。交强险的目的是保障交通事故受害者能得到基本赔偿。

2.2.1.1 国外强制汽车保险

第一次世界大战后汽车的生产和销售量激增，许多平民也开始拥有汽车，但由于汽车价格昂贵，使购车人无力购买汽车保险或用相应财产做担保。当事故发生时不仅自己的损失无法弥补，受害人的损失也无法得到及时有效的赔偿。为改变这种情况，许多国家和地区相继制定了有关法令，强制实行汽车责任保险。

美国的马萨诸塞州是最早把车辆损害视为社会问题的地区，该州认为全体交通参与人都有公路通行权，汽车使用者发生道路交通事故必须具有赔偿能力，为此 1918 年出台了《赔偿能力担保法》，要求驾车者应预先投保汽车责任保险或提供保证金以证明自己具有赔偿能力。1925 年该州起草了《强制汽车保险法》，并于 1927 年正式实施。之后欧洲各国相继推行了本国的交强险，目前，世界绝大多数国家或地区都实行了强制汽车保险制度（见表 2-4）。

表 2-4 主要发达国家交强险制度

国家	制定时间	实施时间	法律名称
美国	1925	1927	强制汽车保险法
英国	1930	1931	道路交通法
日本	1955	1956	机动车损害赔偿保障法
法国	1958	1959	汽车持有人强制责任保险法
德国	1965	1965	汽车持有人强制责任保险法

2.2.1.2 我国交强险发展历程

2004 年 5 月 1 日起实施的《道路交通安全法》首次提出“建立机动车第三者责任强制保险制度，设立道路交通事故社会救助基金”。2006 年 3 月 28 日，国务院发布《交强险条例》，2006 年 6 月 30 日，中国保监会发布《机动车交通事故责任强制保险业务单独核算管理暂行办法》。2007 年 6 月 27 日，保监会发布《机动车交通事故责任强制保险费率浮动暂行办法》，2007 年 7 月 1 日随着配套措施的完善，交强险最终普遍实行。

无论被保险人是否在交通事故中负有责任，保险公司均将按照《交强险条例》以及交强险条款的具体要求在责任限额内予以赔偿。对于维护道路交通通行者人身财产安全、确保道路安全具有重要的作用，同时减少法律纠纷、简化处理程序，确保受害人获得及时有效的赔偿。

2012 年 3 月 30 日公布的《国务院关于修改〈机动车交通事故责任强制保险条例〉的决定》，只对旧条例第五条第一款修改，规定“保险公司经保监会批准，可以从事机动车交通

事故责任强制保险业务”。自 2012 年 5 月 1 日起执行。旧版条例中，允许从事交强险业务的只限于“中资保险公司”。这意味着中国正式向外资保险公司开放交强险市场，中国保险业进入全面开放阶段。

2012 年 12 月 17 日第二次修订，增加一条，作为第四十三条：“挂车不投保机动车交通事故责任强制保险。发生道路交通事故造成人身伤亡、财产损失的，由牵引车投保的保险公司在机动车交通事故责任强制保险责任限额范围内予以赔偿；不足的部分，由牵引车方和挂车方依照法律规定承担赔偿责任。”

2.2.1.3　机动车保险条款简介

（1）机动车保险条款的主要组成

总则：主要介绍保险的制定背景、主要险种、适用范围等。

保险责任：主要列举应当由保险人赔偿损失或给付保险金的责任，不同的机动车保险险种保险责任不同。

责任免除：是指保险合同约定的而在保险责任内予以剔除的损失和事由。保险合同中规定的在某些特定的灾害、事故及损失范围下，保险人不负赔偿损失或给付保险金的责任。不同的机动车保险险种保险责任不同。

免赔率：是指不赔金额与损失金额的比率。免赔率分为相对免赔率与绝对免赔率两种。现行的车辆保险采用的是绝对免赔率，其做法是：保险公司对超出免赔率部分的损失进行赔偿，赔偿金额不包含免赔金额。可见，免赔率以下的部分损失，保险公司是不负责赔偿的。

免赔额：在保险合同中规定的损失在一定限度内保险人不负赔偿责任的额度。保单项下的损失超过规定的免赔额时，保险人承担保额之内的全部损失。

保险金额：是保险人承担赔偿或者给付保险金责任的最高限额。在不同的机动车保险险种中，保险金额的确定方法有所不同。例如，在机动车损失保险、机动车全车盗抢保险中，保险金额要根据被保险车辆的价值来确定；在机动车第三者责任保险、机动车车上人员责任保险中，一般由保险双方当事人在签订保险合同时商定一个最高赔偿限额。

赔偿处理：主要说明发生保险事故时，被保险人或其允许的驾驶人的处理方法、索赔方法、赔款计算方法等。

（2）相关名词解释

① 投保人：与保险人订立保险合同，并按照保险合同负有支付保险费义务的人。

② 保险人：与投保人订立保险合同，并承担赔偿或者给付保险金责任的保险公司。

③ 被保险人：其财产或者人身受保险合同保障，享有保险金请求权的人，机动车保险的被保险人指保险车辆的所有人或具有相关利益的人。

④ 受益人：保险合同中由被保险人或者投保人指定的享有保险金请求权的人。

⑤ 第三者：指因被保险机动车发生意外事故遭受人身伤亡或者财产损失的人，但不包括被保险机动车本车车上人员、被保险人。

⑥ 车上人员：指发生意外事故的瞬间，在被保险机动车车体内或车体上的人员，包括正在上下车的人员。

⑦ 家庭成员：指配偶、子女、父母。被保险人的兄弟姐妹不构成家庭成员。

⑧ 保险标的：作为保险对象的财产及其有关利益或者人的寿命和身体，机动车保险中保险标的是机动车及其相关经济责任。不同的机动车险种保险标的有所不同。

⑨ 保险期间：保险合同载明的保险责任开始到终止的时间。机动车保险期限一般为一年，交强险的保险期间为 1 年，仅有四种情形下投保人可以投保 1 年以内的短期交强险。

一是境外机动车临时入境的。

二是机动车临时上道路行驶的。

三是机动车距规定的报废期限不足 1 年的。

四是保监会规定的其他情形。

短期保险一般按短期月保费费率计算。短期月费率见表 2-5。

表 2-5 短期月费率表

保险期间 / 月	1	2	3	4	5	6
短期月费率（年保险费的百分比）	10%	20%	30%	40%	50%	60%
保险期间 / 月	7	8	9	10	11	12
短期月费率（年保险费的百分比）	70%	80%	85%	90%	95%	100%

2.2.1.4 我国机动车交通事故责任强制保险

（1）定义

交强险全称为“机动车交通事故责任强制保险”，是指由保险公司对被保险机动车发生道路交通事故造成本车人员、被保险人以外的受害人的人身伤亡、财产损失，在责任限额内予以赔偿的强制性责任保险。交强险实行全国统一的保险条款和基础费率，业务总体上遵循“不盈利、不亏损”的原则。

（2）执行交强险制度的意义

交强险制度的实施不仅关系到广大保险消费者的切身利益，关系到保险行业的健康发展，也关系到社会的和谐稳定。交强险制度有利于道路交通事故受害人获得及时的经济赔付和医疗救治；有利于减轻交通事故肇事方的经济负担，化解经济赔偿纠纷；有利于促进驾驶人增强交通安全意识，促进道路交通安全；有利于充分发挥保险的保障功能，维护社会稳定。

（3）交强险执行的相关规定

交强险保单中对保险期间有关投保后次日零时生效的规定，使部分投保人在投保后、保单未正式生效前的时段内得不到交强险的保障。原保监会要求保险公司可在交强险承保工作中采取适当方式，以维护被保险人利益：一是在保单“特别约定”栏中，就保险期间作特别说明，写明或加盖“即时生效”等字样，使保单自出单时立即生效。二是公司系统能够支持打印体覆盖印刷体的，出单时在保单中打印“保险期间自 × 年 × 月 × 日 × 时……”覆盖原“保险期间自 × 年 × 月 × 日零时起……”字样，明确写明保险期间起止的具体时间点。

2.2.1.5 交强险条款主要内容解析

（1）保险责任

《机动车交通事故责任强制保险条款》第八条规定，在中华人民共和国境内（不含港、澳、台地区），被保险人在使用被保险机动车过程中发生交通事故，致使受害人遭受人身伤亡或者财产损失，依法应当由被保险人承担的损害赔偿责任，保险人按照交强险合同的约定负责赔偿。对每次事故赔偿责任和限额见表 2-6。

表 2-6　赔偿责任和限额

责任限额	赔偿限额
被保险机动车在道路交通事故中有责任的赔偿限额	死亡伤残赔偿限额 180000 元人民币 医疗费用赔偿限额 18000 元人民币 财产损失赔偿限额 2000 元人民币
被保险机动车在道路交通事故中无责任的赔偿限额	死亡伤残赔偿限额 18000 元人民币 医疗费用赔偿限额 1800 元人民币 财产损失赔偿限额 100 元人民币

死亡伤残赔偿限额和无责任死亡伤残赔偿限额项下负责赔偿丧葬费、死亡补偿费、受害人亲属办理丧葬事宜支出的交通费用、残疾赔偿金、残疾辅助器具费、护理费、康复费、交通费、被扶养人生活费、住宿费、误工费，被保险人依照法院判决或者调解承担的精神损害抚慰金。

医疗费用赔偿限额和无责任医疗费用赔偿限额项下负责赔偿医药费、诊疗费、住院费、住院伙食补助费，必要的、合理的后续治疗费、整容费、营养费。

（2）垫付与追偿

被保险机动车发生四种情形的交通事故（驾驶人未取得驾驶资格的、驾驶人醉酒的、被保险机动车被盗抢期间肇事的、被保险人故意制造交通事故的），造成受害人受伤需要抢救的，保险人在接到公安机关交通管理部门的书面通知和医疗机构出具的抢救费用清单后，按照国务院卫生主管部门组织制定的交通事故人员创伤临床诊疗指南和国家基本医疗保险标准进行核实。对于符合规定的抢救费用，保险人在医疗费用赔偿限额内垫付。被保险人在交通事故中无责任的，保险人在无责任医疗费用赔偿限额内垫付。对于其他损失和费用，保险人不负责垫付和赔偿。对于垫付的抢救费用，保险人有权向致害人追偿。

（3）责任免除

《机动车交通事故责任强制保险条款》第十条规定，下列损失和费用，交强险不负责赔偿和垫付：

① 因受害人故意造成的交通事故的损失；

② 被保险人所有的财产及被保险机动车上的财产遭受的损失；

③ 被保险机动车发生交通事故，致使受害人停业、停驶、停电、停水、停气、停产、通讯或者网络中断、数据丢失、电压变化等造成的损失以及受害人财产因市场价格变动造成的贬值、修理后因价值降低造成的损失等其他各种间接损失；

④ 因交通事故产生的仲裁或者诉讼费用以及其他相关费用。

（4）投保人、被保险人义务

投保人、被保险人在投保交通事故责任强制保险时，有如下义务。

① 投保人投保时，应当如实填写投保单，向保险人如实告知重要事项，并提供被保险机动车的行驶证和驾驶证复印件。重要事项包括机动车的种类、厂牌型号、识别代码、号牌号码、使用性质和机动车所有人或者管理人的姓名（名称）、性别、年龄、住所、身份证或者驾驶证号码（组织机构代码）、续保前该机动车发生事故的情况以及保监会规定的其他事项。投保人未如实告知重要事项，对保险费计算有影响的，保险人按照保单年度重新核定保险费计收。

② 签订交强险合同时，投保人不得在保险条款和保险费率之外，向保险人提出附加其他条件的要求。

③ 投保人续保的，应当提供被保险机动车上一年度交强险的保险单。但是在实际操作中，所有保险可以在车险信息平台中查询被保险车辆的信息，因此，即使不提供被保险机动车上一年度交强险的保险单，保险公司也会进行交强险的续保。

④ 在保险合同有效期内，被保险机动车因改装、加装、使用性质改变等导致危险程度增加的，被保险人应当及时通知保险人，并办理批改手续。否则，保险人按照保单年度重新核定保险费计收。

⑤ 被保险机动车发生交通事故，被保险人应当及时采取合理、必要的施救和保护措施，并在事故发生后及时通知保险人。

⑥ 发生保险事故后，被保险人应当积极协助保险人进行现场查勘和事故调查。发生与保险赔偿有关的仲裁或者诉讼时，被保险人应当及时书面通知保险人。

（5）赔偿处理

① 被保险机动车发生交通事故的，由被保险人向保险人申请赔偿保险金。被保险人索赔时，应当向保险人提供以下材料：交强险的保险单；被保险人出具的索赔申请书；被保险人和受害人的有效身份证明、被保险机动车行驶证和驾驶人的驾驶证；公安机关交通管理部门出具的事故证明，或者人民法院等机构出具的有关法律文书及其他证明；被保险人根据有关法律法规规定选择自行协商方式处理交通事故的，应当提供依照《交通事故处理程序规定》规定的记录交通事故情况的协议书；受害人财产损失程度证明、人身伤残程度证明、相关医疗证明以及有关损失清单和费用单据；其他与确认保险事故的性质、原因、损失程度等有关的证明和资料。

② 保险事故发生后，保险人按照国家有关法律法规规定的赔偿范围、项目和标准以及交强险合同的约定，并根据国务院卫生主管部门组织制定的交通事故人员创伤临床诊疗指南和国家基本医疗保险标准，在交强险的责任限额内核定人身伤亡的赔偿金额。

③ 因保险事故造成受害人人身伤亡的，未经保险人书面同意，被保险人自行承诺或支付的赔偿金额，保险人在交强险责任限额内有权重新核定。因保险事故损坏的受害人财产需要修理的，被保险人应当在修理前会同保险人检验，协商确定修理或者更换项目、方式和费用。否则，保险人在交强险责任限额内有权重新核定。

④ 被保险机动车发生涉及受害人受伤的交通事故，因抢救受害人需要保险人支付抢救费用的，保险人在接到公安机关交通管理部门的书面通知和医疗机构出具的抢救费用清单后，按照国务院卫生主管部门组织制定的交通事故人员创伤临床诊疗指南和国家基本医疗保险标准进行核实。对于符合规定的抢救费用，保险人在医疗费用赔偿限额内支付。被保险人在交通事故中无责任的，保险人在无责任医疗费用赔偿限额内支付。

（6）合同变更与终止

① 在交强险合同有效期内，被保险机动车所有权发生转移的，投保人应当及时通知保险人，并办理交强险合同变更手续。

② 在下列三种情况下，投保人可以要求解除交强险合同：被保险机动车被依法注销登记的；被保险机动车办理停驶的；被保险机动车经公安机关证实丢失的。交强险合同解除后，投保人应当及时将保险单、保险标志交还保险人；无法交回保险标志的，应当向保险人说明情况，征得保险人同意。

③ 发生《机动车交通事故责任强制保险条例》所列明的投保人、保险人解除交强险合同的情况时，保险人按照日费率收取自保险责任开始之日起至合同解除之日止期间的保险费。

2.2.1.6 交强险保险费的计算

新车交强险保费直接参考表 2-7；续保车辆交强险保费 = 交强险基础保费 ×（1+ 与道路交通事故相联系的浮动），浮动因素及比率见表 2-1；当新车需要异地上牌或者车辆距离报废期不足一年时，需要购买短期机动车保险。保险期限小于 7 日时，交强险保费 = 交强险基础保费 ×7/365，保险期限大于或等于 7 日时，交强险保费 = 交强险基础保费 ×n/365（n 为投保天数）。

表 2-7 交强险基础费率表

车辆大类	序号	车辆明细分类	保费（元）
一、家庭自用车	1	家庭自用机动车 6 座以下	950
	2	家庭自用机动车 6 座及以上	1100
二、非营业客车	3	企业非营业机动车 6 座以下	1000
	4	企业非营业机动车 6 ～ 10 座	1130
	5	企业非营业机动车 10 ～ 20 座	1220
	6	企业非营业机动车 20 座以上	1270
	7	机关非营业机动车 6 座以下	950
	8	机关非营业机动车 6 ～ 10 座	1070
	9	机关非营业机动车 10 ～ 20 座	1140
	10	机关非营业机动车 20 座以上	1320
三、营业客车	11	营业出租租赁 6 座以下	1800
	12	营业出租租赁 6 ～ 10 座	2360
	13	营业出租租赁 10 ～ 20 座	2400
	14	营业出租租赁 20 ～ 36 座	2560
	15	营业出租租赁 36 座以上	3530
	16	营业城市公交 6 ～ 10 座	2250
	17	营业城市公交 10 ～ 20 座	2520
	18	营业城市公交 20 ～ 36 座	3020
	19	营业城市公交 36 座以上	3140
	20	营业公路客运 6 ～ 10 座	2350
	21	营业公路客运 10 ～ 20 座	2620
	22	营业公路客运 20 ～ 36 座	3420
	23	营业公路客运 36 座以上	4690
四、非营业货车	24	非营业货车 2 吨以下	1200
	25	非营业货车 2 ～ 5 吨	1470
	26	非营业货车 5 ～ 10 吨	1650
	27	非营业货车 10 吨以上	2220
五、营业货车	28	营业货车 2 吨以下	1850
	29	营业货车 2 ～ 5 吨	3070
	30	营业货车 5 ～ 10 吨	3450
	31	营业货车 10 吨以上	4480
六、特种车	32	特种车一	3710
	33	特种车二	2430
	34	特种车三	1080
	35	特种车四	3980
七、摩托车	36	摩托车 50CC 及以下	80
	37	摩托车 50CC ～ 250CC（含）	120
	38	摩托车 250CC 以上及侧三轮	400
八、拖拉机	39	兼用型拖拉机 14.7kW 及以下	按保监产险实行地区差别费率
	40	兼用型拖拉机 14.7kW 以上	
	41	运输型拖拉机 14.7kW 及以下	
	42	运输型拖拉机 14.7kW 以上	

2.2.2 交强险财产损失互碰自赔

2.2.2.1 “互碰自赔”的含义

“互碰自赔”就是对事故各方均有责任，各方车辆损失均在交强险有责任财产损失赔偿限额2000元以内，不涉及人员伤亡和车外财产损失的交通事故，由各保险公司在本方机动车交强险有责任财产损失赔偿限额内对本车损失进行赔付。互碰自赔是建立在交通事故快速处理基础上的一种交强险快速理赔方式，主要针对轻微交通事故造成的车辆损失，保险公司之间互不追偿。2009年2月1日起实施，覆盖全国范围。

2.2.2.2 “互碰自赔”处理办法的主要内容

（1）适用条件

同时满足“多车互碰、有交强险、只有车损、不超2000、都有责任、各方同意”，就可以适用“互碰自赔”方式处理：两车或多车互碰，各方均投保交强险；事故仅涉及车辆损失（包括车上财产和车上货物）、不涉及人员伤亡和车外财产损失；各事故方的车辆损失金额均不超过2000元；交通警察认定或当事人根据出险地关于交通事故快速处理的有关规定自行协商确定双方均有责任（包括同等责任、主次责任）；当事人同意采用“互碰自赔”方式处理。

（2）特殊情况

不适用的几种情况：单方肇事事故、任何一方损失金额超过2000元的事故、不符合道路交通事故快速处理范围（涉及人员伤亡或车外财产损失）的事故。

对于“一方全责、一方无责”，不涉及人员伤亡的轻微交通事故，保险行业先期已经推出了“交强险财产损失无责赔付简化处理机制”（无责代赔，即由全责方保险公司对事故双方车辆进行查勘、定损、赔付，对于本应由无责方交强险承担的全责方车损，由全责方保险公司在交强险无责任财产损失赔偿限额内代为赔偿）。“无责代赔”的实行，不仅省去了无责方在没有事故责任的情况下还要向自己保险公司索赔的麻烦，而且也减少了全责方往返无责方保险公司的路途之苦。而“互碰自赔”是在“无责代赔”的基础上，进一步对于双方事故中的各方均有责的事故进一步简化理赔流程和手续的升级版服务模式。

（3）损失金额的确定

如果当事人双方难以判断损失是否在2000元以下怎么办？解决方法如下。

如果事故当事人处理交通事故时不能判断各方损失是否在2000元以下，可以就近共同到任何一方的保险公司，由保险公司进行查勘估损。满足“互碰自赔”条件的，由各方保险公司分别对本方车辆进行定损。不满足“互碰自赔”条件的，应及时通知各方保险公司参与处理。

一方保险公司认定，其他公司无条件认可经一方保险公司查勘后按照“互碰自赔”方式处理的，未参与查勘的另一方保险公司必须无条件认可，不得要求当事人按原有流程处理。

行业集中定损的，共同到就近定损中心查勘定损。出险地建立了交通事故集中定损中心的，当事人共同到就近的定损中心进行查勘、定损，可以方便事故的处理。

（4）注意事项

使用“互碰自赔”需及时报案。发生事故后，要及时向自己的保险公司报案；报案时请注意：要向保险公司说明出险时间、出险地点、事故双方当事人、损失情况、责任划分等情况。

使用“互碰自赔”需遵守出险当地交通事故快速处理的相关规定。应由交通警察处理的要向交通警察报案；自行协商处理交通事故的，应如实、详细填写《机动车交通事故快速处理协议书》，注意记录并核对事故对方的车辆号牌号码、驾驶证号码、联系方式、交强险保险公司、被保险人名称或保单号等信息。

特殊情况及时报警。事故任何一方如果有无证驾驶、酒后驾驶、没有有效交强险等情况的，请及时通知交警处理。

积极防范道德风险。加强对事故真实性的勘查，对于双方自行协商的应尽可能进行现场查勘。利用信息平台等技术手段做好监控。及时上传数据信息。联合公检法等有关部门，加大骗赔案件的处罚力度。做好跟踪分析，及时发现问题，完善制度。

信息共享、比对校验。保险公司将按“互碰自赔”方式处理的案件的相关出险、赔付数据及时上传到行业共享的交强险信息平台。包括双方事故车辆号牌号码、出险时间、出险地点、责任划分、交强险赔款金额等。交强险信息平台对于上传的信息进行比对校验，对于无法比对的数据或比对发现不符的数据会向保险公司进行提示。

查验痕迹、重点复勘。为了保护诚信被保险人的利益，防止不法分子虚构保险事故骗赔，保险公司将加强对事故真实性的勘查，发现痕迹不符或存在疑问的，将对各方车辆进行复勘，核实事故情况。

2.2.3　道路交通事故社会救助基金简介

道路交通事故社会救助基金是指依法筹集用于垫付机动车道路交通事故中受害人人身伤亡的丧葬费用、部分或者全部抢救费用的社会专项基金。救助基金是《道路交通安全法》第十七条规定的一项新制度。这项制度是交强险制度的补充，旨在保证道路交通事故中受害人不能按照交强险制度和侵权人得到赔偿时，可以通过救助基金的救助，获得及时抢救或者适当补偿。建立这项制度，是贯彻科学发展观的重要举措，在制度设计上坚持以人为本的原则，充分体现了国家和社会对公民生命安全和健康的关爱和救助，是一种新型社会保障制度，对于化解社会矛盾、促进和谐社会建设具有十分重要的现实意义和深远的历史意义。

（1）救助基金来源

① 按机动车交通事故责任强制保险的保险费的一定比例提取的资金；

② 地方政府按照保险公司经营交强险缴纳营业税数额给予的财政补助；

③ 对未按照规定投保交强险的机动车的所有人、管理人的罚款；

④ 救助基金孳息；

⑤ 救助基金管理机构依法向机动车道路交通事故责任人追偿的资金；

⑥ 社会捐款；

⑦ 其他资金。

（2）垫付情形

有下列情形之一时，救助基金垫付道路交通事故中受害人人身伤亡的丧葬费用、部分或者全部抢救费用：

① 抢救费用超过交强险责任限额的；

② 肇事机动车未参加交强险的；

③ 机动车肇事后逃逸的。

（3）垫付程序

救助基金垫付抢救费用的基本程序：需要救助基金垫付部分或者全部抢救费用的，公安机关交通管理部门应当在3个工作日内书面通知救助基金管理机构。救助基金管理机构收到公安机关交通管理部门垫付通知和医疗机构垫付尚未结算抢救费用的申请及相关材料后，应当在5个工作日内进行审核，对符合垫付要求的，救助基金管理机构应当将相关费用划入医疗机构账户。需要强调的是，《道路交通安全法》第七十五条规定，医疗机构对交通事故中的受伤人员应当及时抢救，不得因抢救费用未及时支付而拖延救治。

救助基金垫付丧葬费用的基本程序：需要救助基金垫付丧葬费用的，由受害人亲属凭处理该道路交通事故的公安机关交通管理部门出具的《尸体处理通知书》和本人身份证明向救助基金管理机构提出书面垫付申请。救助基金管理机构收到丧葬费用垫付申请和有关证明材料后，对符合垫付要求的，应当在3个工作日内按照有关标准垫付丧葬费用，并书面告知处理该道路交通事故的公安机关交通管理部门。对无主或者无法确认身份的遗体，由公安部门按照有关规定处理。

2.3 机动车商业保险产品

2.3.1 机动车综合商业保险条款解析

机动车商业保险分为主险、附加险。主险包括机动车损失保险、机动车第三者责任保险、机动车车上人员责任保险、机动车全车盗抢保险共四个独立的险种，投保人可以选择投保全部险种，也可以选择投保其中部分险种。对保险责任范围内，且不属于免除保险人责任范围的损失或费用，保险人依照保险合同的约定，按照承保险种分别承担保险责任。附加险不能独立投保。附加险条款与主险条款相抵触之处，以附加险条款为准，附加险条款未尽之处，以主险条款为准。

2.3.1.1 主要名词释义

① 碰撞：指被保险机动车或其符合装载规定的货物与外界固态物体之间发生的、产生撞击痕迹的意外撞击。具体可分为正面碰撞、追尾碰撞、迎头侧面碰撞、斜碰撞。

② 倾覆：指被保险机动车由于自然灾害或意外事故，造成本被保险机动车翻倒，车体触地，失去正常状态和行驶能力，不经施救不能恢复行驶。

③ 坠落：指被保险机动车在行驶中发生意外事故，整车腾空后下落，造成本车损失的情况。非整车腾空，仅由于颠簸造成被保险机动车损失的，不属于坠落。

④ 外界物体倒塌：指被保险机动车自身以外的物体倒下或陷下。

⑤ 自燃：指在没有外界火源的情况下，由于本车电器、线路、供油系统、供气系统等被保险机动车自身原因或所载货物自身原因起火燃烧。

⑥ 火灾：指被保险机动车本身以外的火源引起的、在时间或空间上失去控制的燃烧（即有热、有光、有火焰的剧烈的氧化反应）所造成的灾害。

⑦ 次生灾害：指地震造成工程结构、设施和自然环境破坏而引发的火灾、爆炸、瘟疫、

有毒有害物质污染、海啸、水灾、泥石流、滑坡等灾害。

⑧ 暴风：指风速在 28.5 米 / 秒（相当于 11 级大风）以上的大风。风速以气象部门公布的数据为准。

⑨ 暴雨：指每小时降雨量达 16 毫米以上，或连续 12 小时降雨量达 30 毫米以上，或连续 24 小时降雨量达 50 毫米以上。

⑩ 洪水：指山洪暴发、江河泛滥、潮水上岸及倒灌。但规律性的涨潮、自动灭火设施漏水以及在常年水位以下或地下渗水、水管爆裂不属于洪水责任。

⑪ 玻璃单独破碎：指未发生被保险机动车其他部位的损坏，仅发生被保险机动车前后风挡玻璃和左右车窗玻璃的损坏。

⑫ 车轮单独损坏：指未发生被保险机动车其他部位的损坏，仅发生轮胎、轮辋、轮毂罩的分别单独损坏，或上述三者之中任意二者的共同损坏，或三者的共同损坏。

⑬ 车身划痕损失：指仅发生被保险机动车车身表面油漆的损坏，且无明显碰撞痕迹。

⑭ 新增设备：指被保险机动车出厂时原有设备以外的，另外加装的设备和设施。

⑮ 新车购置价：指保险合同签订地购置与被保险机动车同类型新车的价格，无同类型新车市场销售价格的，由投保人与保险人协商确定。

⑯ 单方肇事事故：指不涉及与第三者有关的损害赔偿的事故，但不包括自然灾害引起的事故。

⑰ 市场公允价值：指熟悉市场情况的买卖双方在公平交易的条件下和自愿的情况下所确定的价格，或无关联的双方在公平交易的条件下一项资产可以被买卖或者一项负债可以被清偿的成交价格。

⑱ 饮酒：指驾驶人饮用含有酒精的饮料，驾驶机动车时血液中的酒精含量大于等于 20 毫克 /100 毫升的。驾驶人血液中的酒精含量大于（等于）20 毫克 /100 毫升、小于 80 毫克 /100 毫升的行为属于饮酒驾车，含量大于（等于）80 毫克 /100 毫升的行为属于醉酒驾车。

⑲ 全部损失：指被保险机动车发生事故后灭失，或者受到严重损坏完全失去原有形体、效用，或者不能再归被保险人所拥有的，为实际全损；或被保险机动车发生事故后，认为实际全损已经不可避免，或者为避免发生实际全损所需支付的费用超过实际价值的，为推定全损。

2.3.1.2　商业险保险费计算方法

商业车险保费＝基准保费 × 费率调整系数

基准保费＝基准纯风险保费 /（1 －附加费用率）

费率调整系数＝无赔款优待系数 × 自主定价系数 × 交通违法系数

基准纯风险保费为投保各主险与附加险基准纯风险保费之和，由中国保险行业协会统一制定、颁布并定期更新。

附加费用率是以保险公司经营费用为基础计算的，包括用于保险公司的业务费用支出、手续费支出、营业税、工资支出及合理的经营利润，由保险公司自主设定唯一值，并严格执行经中国保监会批准的附加费用率，不得上下浮动。目前银保监会限定在 30% 以内。

2.3.2　机动车商业保险主险解析

2.3.2.1　机动车损失保险条款及其解析

车损险指的是对于被保险车辆遭受保险责任范围内的自然灾害或意外事故，造成保险车辆本身损失，保险公司负责赔偿的险种。车损险是对自身车辆的保障，是商业车险中最主要

的险种。

（1）保险责任

① 自然灾害：雷击、暴风、暴雨、洪水、龙卷风、冰雹、台风、热带风暴；地陷、崖崩、滑坡、泥石流、雪崩、冰陷、暴雪、冰凌、沙尘暴；受到被保险机动车所载货物、车上人员意外撞击；载运被保险机动车的渡船遭受自然灾害（只限于驾驶人随船的情形）。

② 意外包括：碰撞、倾覆、坠落、火灾、爆炸、外界物体坠落、倒塌。

③ 必要的、合理的施救费：发生保险事故时，被保险人或其允许的驾驶人为防止或者减少被保险机动车的损失所支付的必要的、合理的施救费用，由保险人承担；施救费用数额在被保险机动车损失赔偿金额以外另行计算，最高不超过保险金额的数额。

（2）责任免除

① 违反国家道路安全法律法规的，保险人不负责赔偿。

事故发生后，被保险人或其允许的驾驶人故意破坏、伪造现场、毁灭证据。

事故发生后，在未依法采取措施的情况下驾驶被保险机动车或者遗弃被保险机动车离开事故现场；饮酒、吸食或注射毒品、服用国家管制的精神药品或者麻醉药品；无驾驶证，驾驶证被依法扣留、暂扣、吊销、注销期间；驾驶与驾驶证载明的准驾车型不相符合的机动车；被扣押、收缴、没收、政府征用期间；在竞赛、测试期间，在营业性场所维修、保养、改装期间；被保险人或其允许的驾驶人故意或重大过失，导致被保险机动车被利用从事犯罪行为。

② 损失不具分散性或可测性的，保险人不负责赔偿。

战争、军事冲突、恐怖活动、暴乱、污染（含放射性污染）、核反应、核辐射。

③ 事故是非正常车辆造成，保险人不负责赔偿。

违反安全装载规定；被保险人或其允许的驾驶人的故意行为。

④ 危险程度显著增加未通知保险人而造成事故的，保险人不负责赔偿。

被保险机动车被转让、改装、加装或改变使用性质等，被保险人、受让人未及时通知保险人，且因转让、改装、加装或改变使用性质等导致被保险机动车危险程度显著增加。

（3）不保损失

属于保险标的的本身原因、自然变化或市场变化的因素，保险人不负责赔偿。

① 因市场价格变动造成的贬值、修理后因价值降低引起的减值损失；

② 自然磨损、朽蚀、腐蚀、故障、本身质量缺陷；

③ 遭受保险责任范围内的损失后，未经必要修理并检验合格继续使用，致使损失扩大的部分；

④ 投保人、被保险人或其允许的驾驶人知道保险事故发生后，故意或者因重大过失未及时通知，致使保险事故的性质、原因、损失程度等难以确定的，保险人对无法确定的部分，不承担赔偿责任，但保险人通过其他途径已经及时知道或者应当及时知道保险事故发生的除外。

（4）需通过附加险获得保障的，保险人不负责赔偿

① 因被保险人违反《机动车综合商业保险示范条款》导致无法确定的损失：因保险事故损坏的被保险机动车，应当尽量修复。修理前被保险人应当会同保险人检验，协商确定修理任务、方式和费用。对未协商确定的，保险人可以重新核定。

② 车轮单独损坏，玻璃单独破碎，无明显碰撞痕迹的车身划痕，以及新增设备的损失。

（5）免赔额

对于投保人与保险人在投保时协商确定绝对免赔额的，保险人在依据合同的约定计算赔款基础上增加每次事故绝对免赔额。

（6）基础风险保费和保险金额

① 基础风险保费。该保费由中国保险行业协会统一制定，实行动态管理，定期颁布更新。当投保时被保险机动车的实际价值等于新车购置价减去折旧金额时，按被保险机动车车辆使用性质、车辆种类、车型名称、车型编码、车辆使用年限所属档次直接查询基准纯风险保费。以表 2-8 为例可以说明机动车损失保险基准纯风险保费的查询方法。

表 2-8 机动车损失保险基准纯风险保费（山东地区）

车辆使用性质	车辆种类	车型名称	车型编码	机动车损失保险基准纯风险保费			
				车辆使用年限			
				1 年以下	1 ～ 2 年	2 ～ 6 年	6 年以上
家庭自用机动车	6 座以下	北京现代 BH7141MY 舒适型	BBJKROUC0001	1054	1005	992	1026
	6 ～ 10 座	五菱 LZW6376NF	BSQDZHUA0114	610	581	575	594
	10 座以上	金杯 SY6543US3BH	BJBDRDUA0237	1082	1032	1019	1053

例如：山东地区一辆车龄为 4 年的“北京现代 BH7141MY 舒适型”投保车辆损失保险，根据山东地区基准纯风险保费表查询该车对应的机动车损失保险基准纯风险保费为 992 元［当投保时被保险机动车的实际价值不等于新车购置价减去折旧金额时，考虑实际价值差异的机动车损失保险基准纯风险保费按下列公式计算：考虑实际价值差异的机动车损失保险基准纯风险保费＝直接查找的机动车损失保险基准纯风险保费 +（协商确定的机动车实际价值－新车购置价减去折旧金额后的机动车实际价值）×0.09%］。

② 保险金额。车损险保险金额按投保时被保险机动车的实际价值确定。实际价值由投保人与保险人根据投保时的新车购置价减去折旧金额后的价格协商确定或其他市场公允价值协商确定。

车损险保险金额 = 新车购置价－折旧金额 = 新车购置价 ×（1 －被保险机动车已使用月数 × 月折旧系数）。其中，折旧金额 = 新车购置价 × 被保险机动车已使用月数 × 月折旧系数。折旧按月计算，不足一个月的部分，不计折旧。最高折旧金额不超过投保时被保险机动车新车购置价的 80%。折旧系数参考表 2-9。

表 2-9 机动车月折旧系数

车辆种类	月折旧系数			
	家庭自用	非营业	营业	
			出租	其他
9 座以下客车	0.60%	0.60%	1.10%	0.90%
10 座以上客车	0.90%	0.90%	1.10%	0.90%
微型载货机动车	/	0.90%	1.10%	1.10%
带拖挂的载货机动车	/	0.90%	1.10%	1.10%
低速货车和三轮机动车	/	1.10%	1.40%	1.40%
其他车辆	/	0.90%	1.10%	0.90%

2.3.2.2 第三者责任保险条款及其解析

（1）保险责任

① 赔偿责任。保险期间内，被保险人或其允许的驾驶人在使用被保险机动车过程中发生意外事故，致使第三者遭受人身伤亡或财产直接损毁，依法应当对第三者承担的损害赔偿责任，且不属于免除保险人责任的范围，保险人依照保险合同的约定，对于超过机动车交通事故责任强制保险各分项赔偿限额的部分负责赔偿。

② 保险人依据被保险机动车一方在事故中所负的事故责任比例，承担相应的赔偿责任。被保险人或被保险机动车一方根据有关法律法规规定选择自行协商或由公安机关交通管理部门处理事故未确定事故责任比例的，按照下列规定确定事故责任比例：

被保险机动车一方负全部事故责任的，事故责任比例为100%；

被保险机动车一方负主要事故责任的，事故责任比例为70%；

被保险机动车一方负同等事故责任的，事故责任比例为50%；

被保险机动车一方负次要事故责任的，事故责任比例为30%。

涉及司法或仲裁程序的，以法院或仲裁机构最终生效的法律文书为准。

（2）责任免除

① 国家道路安全法律法规已有的禁止性规定，保险人不负责赔偿。

事故发生后，被保险人或驾驶人故意破坏、伪造现场、毁灭证据的；事故发生后，在未依法采取措施的情况下驾驶被保险机动车或者遗弃被保险机动车离开事故现场；饮酒、吸食或注射毒品、服用国家管制的精神药品或者麻醉药品；无驾驶证，驾驶证被依法扣留、暂扣、吊销、注销期间；驾驶与驾驶证载明的准驾车型不相符合的机动车。

② 不符合可保风险，或缺少费率计算基础的，保险人不负责赔偿。在保险责任范围内，下列情况造成的人身伤亡、财产损失和费用，保险人均不负责赔偿：战争、军事冲突、恐怖活动、暴乱、污染（含放射性污染）、核反应、核辐射；第三者、被保险人或其允许的驾驶人的故意行为、犯罪行为，第三者与被保险人或其他致害人恶意串通的行为；被保险机动车被转让、改装、加装或改变使用性质等，被保险人、受让人未及时通知保险人，且因转让、改装、加装或改变使用性质等导致被保险机动车危险程度显著增加；非被保险人允许的驾驶人。

③ 其他情形。在竞赛、测试期间，在营业性场所维修、保养、改装期间；全车被盗窃、被抢劫、被抢夺、下落不明期间。

（3）不保损失

被保险机动车发生意外事故，致使任何单位或个人停业、停驶、停电、停水、停气、停产、通讯或网络中断、电压变化、数据丢失造成的损失以及其他各种间接损失；第三者财产因市场价格变动造成的贬值，修理后因价值降低引起的减值损失；被保险人及其家庭成员、被保险人允许的驾驶人及其家庭成员所有、承租、使用、管理、运输或代管的财产的损失，以及本车上财产的损失；被保险人、被保险人允许的驾驶人、本车车上人员的人身伤亡；停车费、保管费、扣车费、罚款、罚金或惩罚性赔款；超出《道路交通事故受伤人员临床诊疗指南》和国家基本医疗保险同类医疗费用标准的费用部分；律师费，未经保险人事先书面同意的诉讼费、仲裁费；投保人、被保险人或其允许的驾驶人知道保险事故发生后，故意或者因重大过失未及时通知，致使保险事故的性质、原因、损失程度等难以确定的，保险人对无法确定的部分，不承担赔偿责任，但保险人通过其他途径已经及时知道或者应当及时知道保险事故发生的除外；因被保险人违反《机动车综合

商业保险示范条款》第三十四条约定，导致无法确定的损失；精神损害抚慰金；应当由机动车交通事故责任强制保险赔偿的损失和费用。

保险事故发生时，被保险机动车未投保机动车交通事故责任强制保险或机动车交通事故责任强制保险合同已经失效的，对于机动车交通事故责任强制保险责任限额以内的损失和费用，保险人不负责赔偿。

（4）保费和保险金额

① 保费的计算。根据被保险机动车车辆使用性质、车辆种类、责任限额按照地区、座位数、责任限额直接查找保费。

② 保险金额。商业三者险的保险金额由投保人和保险人在签订保险合同时协商确定。10 万到 1000 万分多个档次。投保人可以根据当地经济状况和自己的具体情况进行选择。

主车和挂车连接使用时视为一体，发生保险事故时，由主车保险人和挂车保险人按照保险单上载明的机动车第三者责任保险责任限额的比例，在各自的责任限额内承担赔偿责任，但赔偿金额总和以主车的责任限额为限。

2.3.2.3　机动车车上人员责任保险条款及其解析

（1）赔偿责任

保险期间内，被保险人或其允许的驾驶人在使用被保险机动车过程中发生意外事故，致使车上人员遭受人身伤亡，且不属于免除保险人责任的范围，依法应当对车上人员承担的损害赔偿责任，保险人依照保险合同的约定负责赔偿。

（2）责任事故比例赔偿

保险人依据被保险机动车一方在事故中所负的事故责任比例，承担相应的赔偿责任。

被保险人或被保险机动车一方根据有关法律法规规定选择自行协商或由公安机关交通管理部门处理事故未确定事故责任比例的，按照下列规定确定事故责任比例：

被保险机动车一方负全部事故责任的，事故责任比例为 100%；

被保险机动车一方负主要事故责任的，事故责任比例为 70%；

被保险机动车一方负同等事故责任的，事故责任比例为 50%；

被保险机动车一方负次要事故责任的，事故责任比例为 30%。

涉及司法或仲裁程序的，以法院或仲裁机构最终生效的法律文书为准。

（3）责任免除

① 道路安全法律法规已有的禁止性规定，不论任何原因造成的人身伤亡，保险人均不负责赔偿。

事故发生后，被保险人或其允许的驾驶人故意破坏、伪造现场、毁灭证据；事故发生后，在未依法采取措施的情况下驾驶被保险机动车或者遗弃被保险机动车离开事故现场；饮酒、吸食或注射毒品、服用国家管制的精神药品或者麻醉药品；无驾驶证，驾驶证被依法扣留、暂扣、吊销、注销期间；驾驶与驾驶证载明的准驾车型不相符合的机动车；非被保险人允许的驾驶人。

② 非正常使用机动车造成的人身伤亡，保险人均不负责赔偿。

发生保险事故时被保险机动车行驶证、号牌被注销的；在竞赛、测试期间，在营业性场所维修、保养、改装期间；全车被盗窃、被抢劫、被抢夺、下落不明期间。

③ 不符合可保风险，或缺少费率计算基础的，保险人不负责赔偿。

战争、军事冲突、恐怖活动、暴乱、污染（含放射性污染）、核反应、核辐射；被保险机动车被转让、改装、加装或改变使用性质等，被保险人、受让人未及时通知保险人，且因转让、改装、加装或改变使用性质等导致被保险机动车危险程度显著增加；被保险人或驾驶人的故意行为。

④ 属于保险标的的本身原因保险人不负责赔偿。

被保险人及驾驶人以外的其他车上人员的故意行为造成的自身伤亡；车上人员因疾病、分娩、自残、斗殴、自杀、犯罪行为造成的自身伤亡。

（4）不保费用

罚款、罚金或惩罚性赔款；超出《道路交通事故受伤人员临床诊疗指南》和国家基本医疗保险同类医疗费用标准的费用部分；律师费，未经保险人事先书面同意的诉讼费、仲裁费；投保人、被保险人或其允许的驾驶人知道保险事故发生后，故意或者因重大过失未及时通知，致使保险事故的性质、原因、损失程度等难以确定的，保险人对无法确定的部分，不承担赔偿责任，但保险人通过其他途径已经及时知道或者应当及时知道保险事故发生的除外；精神损害抚慰金；应当由机动车交通事故责任强制保险赔付的损失和费用。

（5）保险费用和保险金额

① 保险费用。根据车辆使用性质、车辆种类、驾驶人、乘客查询纯风险费率。

计算公式为：驾驶人基准纯风险保费＝每次事故责任限额 × 纯风险费率

乘客基准：纯风险保费＝每次事故每人责任限额 × 纯风险费率 × 投保乘客座位数

② 保险金额。车上人员险的保险金额由投保人和保险人在投保时协商确定。以每人 1 万元为 1 份，最高每人 50 万元。

投保乘客座位数按照被保险机动车的核定载客数（驾驶人座位除外）确定。

2.3.3 机动车商业保险附加险解析

投保主险后，可根据被保险人风险合理选择附加险。主险与附加险对应关系见表 2-3。

2.3.3.1 附加绝对免赔率特约条款

绝对免赔率为 5%、10%、15%、20%，由投保人和保险人在投保时协商确定，具体以保险单载明为准。

被保险机动车发生主险约定的保险事故，保险人按照主险的约定计算赔款后，扣减本特约条款约定的免赔。即：

主险实际赔款 = 按主险约定计算的赔款 ×（1- 绝对免赔率）

2.3.3.2 车轮单独损失险

投保了机动车损失保险的机动车，可投保本附加险。

（1）保险责任

保险期间内，被保险人或被保险机动车驾驶人在使用被保险机动车过程中，因自然灾害、意外事故，导致被保险机动车未发生其他部位的损失，仅有车轮（含轮胎、轮毂、轮毂罩）单独的直接损失，且不属于免除保险人责任的范围，保险人依照本附加险合同的约定负责赔偿。

（2）责任免除

① 车轮（含轮胎、轮毂、轮毂罩）的自然磨损、朽蚀、腐蚀、故障、本身质量缺陷；

② 未发生全车盗抢，仅车轮单独丢失。

（3）保险金额

保险金额由投保人和保险人在投保时协商确定。

（4）赔偿处理

① 发生保险事故后，保险人依据本条款约定在保险责任范围内承担赔偿责任。赔偿方式由保险人与被保险人协商确定；

② 赔款＝实际修复费用－被保险人已从第三方获得的赔偿金额；

③ 在保险期间内，累计赔款金额达到保险金额，本附加险保险责任终止。

2.3.3.3　发动机进水损坏除外特约条款

投保了机动车损失保险的机动车，可投保本附加险。

保险期间内，投保了本附加险的被保险机动车在使用过程中，因发动机进水后导致的发动机的直接损毁，保险人不负责赔偿。

2.3.3.4　新增加设备损失险

（1）保险责任

保险期间内，投保了新增加设备损失险的被保险机动车因发生机动车损失保险责任范围内的事故，造成车上新增加设备的直接损毁，保险人在保险单载明的本附加险的保险金额内，按照实际损失计算赔偿。

（2）保险金额

保险金额根据新增加设备投保时的实际价值确定。新增加设备的实际价值是指新增加设备的购置价减去折旧金额后的金额。

（3）保费计算

基准纯风险保费＝保险金额 × 机动车损失保险基础纯风险保费 / 机动车损失保险保险金额

2.3.3.5　车身划痕损失险

（1）保险责任

保险期间内，投保了车身划痕损失险的机动车在被保险人或其允许的驾驶人使用过程中，发生无明显碰撞痕迹的车身划痕损失，保险人按照保险合同约定负责赔偿。

（2）责任免除

被保险人及其家庭成员、驾驶人及其家庭成员的故意行为造成的损失；因投保人、被保险人与他人的民事、经济纠纷导致的任何损失；车身表面自然老化、损坏、腐蚀造成的任何损失。

（3）保险金额

保险金额为 2000 元、5000 元、10000 元或 20000 元，由投保人和保险人在投保时协商确定。

（4）保费计算

保费根据车辆使用年限、新车购置价、保险金额所属档次按表 2-10 直接查询。

2.3.3.6　修理期间费用补偿险

（1）保险责任

保险期间内，投保了修理期间费用补偿险的机动车在使用过程中，发生机动车损失保险责任范围内的事故，造成车身损毁，致使被保险机动车停驶，保险人按保险合同约定，在保险金额内向被保险人补偿修理期间费用，作为代步车费用或弥补停驶损失。

表 2-10　车身划痕损失险保费

使用年限	保额（元）	新车购置价（元）		
		30 万以下	30 万～50 万	50 万以上
2 年以下	2000	260.00	380.25	552.50
	5000	370.50	585.00	715.00
	10000	494.00	760.50	975.00
	20000	741.00	1157.00	1462.00
2 年以上	2000	396.50	585.00	715.00
	5000	552.50	877.50	975.00
	10000	845.00	1170.00	1300.00
	20000	1235.00	1690.00	1950.00

（2）责任免除

下列情况下，应当由被保险人自行承担的免赔金额，保险人不负责赔偿：因机动车损失保险责任范围以外的事故而致被保险机动车的损毁或修理；非在保险人认可的修理厂修理时，因车辆修理质量不合要求造成返修；被保险人或驾驶人拖延车辆送修期间。

（3）保险金额

本附加险保险金额 = 补偿天数 × 日补偿金额。补偿天数及日补偿金额由投保人与保险人协商确定并在保险合同中载明，保险期间内约定的补偿天数最高不超过 90 天。

（4）保费计算

基准纯风险保费＝约定的最高赔偿天数 × 约定的最高日责任限额 × 纯风险费率

2.3.3.7　法定节假日限额翻倍险

投保了机动车第三者责任保险的家庭自用汽车，可投保本附加险。

保险期间内，被保险人或其允许的驾驶人在法定节假日期间使用被保险机动车发生机动车第三者责任保险范围内的事故，并经公安部门或保险人查勘确认的，被保险机动车第三者责任保险所适用的责任限额在保险单载明的基础上增加一倍。

2.3.3.8　车上货物责任险

（1）保险责任

保险期间内，发生意外事故致使被保险机动车所载货物遭受直接损毁，依法应由被保险人承担的损害赔偿责任，保险人负责赔偿。

（2）责任免除

偷盗、哄抢、自然损耗、本身缺陷、短少、死亡、腐烂、变质、串味、生锈，动物走失、飞失、货物自身起火燃烧或爆炸造成的货物损失；违法、违章载运造成的损失；因包装、紧固不善，装载、遮盖不当导致的任何损失；车上人员携带的私人物品的损失；保险事故导致的货物减值、运输延迟、营业损失及其他各种间接损失；法律、行政法规禁止运输的货物的损失。

（3）保险金额

保险金额由投保人和保险人在投保时协商确定。

（4）保费计算

基准纯风险保费 ＝ 责任限额 × 纯风险费率

纯风险费率根据营业货车、非营业货车在公司系统中查询。

2.3.3.9　精神损害抚慰金责任险

投保了机动车第三者责任保险或机动车车上人员责任保险的机动车，可投保本附加险。

在投保人仅投保机动车第三者责任保险的基础上附加本附加险时，保险人只负责赔偿第三者的精神损害抚慰金；在投保人仅投保机动车车上人员责任保险的基础上附加本附加险时，保险人只负责赔偿车上人员的精神损害抚慰金。

（1）保险责任

保险期间内，被保险人或其允许的驾驶人在使用被保险机动车的过程中，发生投保的主险约定的保险责任内的事故，造成第三者或车上人员的人身伤亡，受害人据此提出精神损害赔偿请求，保险人依据法院判决及保险合同约定，对应由被保险人或被保险机动车驾驶人支付的精神损害抚慰金，在扣除机动车交通事故责任强制保险应当支付的赔款后，在本保险赔偿限额内负责赔偿。

（2）责任免除

根据被保险人与他人的合同协议，应由他人承担的精神损害抚慰金；未发生交通事故，仅因第三者或本车人员的惊恐而引起的损害；怀孕妇女的流产发生在交通事故发生之日起30 天以外的。

（3）赔偿限额

每次事故赔偿限额由保险人和投保人在投保时协商确定。

（4）赔偿处理

本附加险赔偿金额依据生效法律文书或当事人达成且经保险人认可的赔付协议，在保险单所载明的赔偿限额内计算赔偿。

2.3.3.10　医保外医疗费用责任险

投保了机动车第三者责任保险或机动车车上人员责任保险的机动车，可投保本附加险。

（1）保险责任

保险期间内，被保险人或其允许的驾驶人在使用被保险机动车的过程中，发生主险保险事故，对于被保险人依照中华人民共和国法律（不含港澳台地区法律）应对第三者或车上人员承担的医疗费用，保险人对超出《道路交通事故受伤人员临床诊疗指南》和国家基本医疗保险同类医疗费用标准的部分负责赔偿。

（2）责任免除

下列损失、费用，保险人不负责赔偿：

① 在相同保障的其他保险项下可获得赔偿的部分；

② 所诊治伤情与主险保险事故无关联的医疗、医药费用；

③ 特需医疗类费用。

（3）赔偿限额

赔偿限额由投保人和保险人在投保时协商确定，并在保险单中载明。

（4）赔偿处理

被保险人索赔时，应提供由具备医疗机构执业许可的医院或药品经营许可的药店出具的、足以证明各项费用赔偿金额的相关单据。保险人根据被保险人实际承担的责任，在保险单载明的责任限额内计算赔偿。

2.3.3.11 机动车增值服务特约条款

本特约条款包括道路救援服务特约条款、车辆安全检测特约条款、代为驾驶服务特约条款、代为送检服务特约条款共四个独立的特约条款，投保人可以选择投保全部特约条款，也可以选择投保其中部分特约条款。保险人依照保险合同的约定，按照承保特约条款分别提供增值服务。

（1）道路救援服务特约条款

① 服务范围：保险期间内，被保险机动车在使用过程中发生故障而丧失行驶能力时，保险人或其受托人根据被保险人请求，向被保险人提供如下道路救援服务。

a. 单程 50 公里以内拖车；

b. 送油、送水、送防冻液、搭电；

c. 轮胎充气、更换轮胎；

d. 车辆脱离困境所需的拖拽、吊车。

② 责任免除

a. 根据所在地法律法规、行政管理部门的规定，无法开展相关服务项目的情形；

b. 送油、更换轮胎等服务过程中产生的油料、防冻液、配件、辅料等材料费用；

c. 被保险人或驾驶人的故意行为。

③ 责任限额：保险期间内，保险人提供 2 次免费服务，超出 2 次的，由投保人和保险人在签订保险合同时协商确定，分为 5 次、10 次、15 次、20 次四档。

（2）车辆安全检测特约条款

① 服务范围：保险期间内，为保障车辆安全运行，保险人或其受托人根据被保险人请求，为被保险机动车提供车辆安全 . 检测服务，车辆安全检测项目包括：

a. 发动机检测（机油、空滤、燃油、冷却等）；

b. 变速器检测；

c. 转向系统检测（含车轮定位测试、轮胎动平衡测试）；

d. 底盘检测；

e. 轮胎检测；

f. 汽车玻璃检测；

g. 汽车电子系统检测（全车电控电器系统检测）；

h. 车内环境检测；

i. 蓄电池检测；

j. 车辆综合安全检测。

② 责任免除：

a. 检测中发现的问题部件的更换、维修费用；

b. 洗车、打蜡等常规保养费用；

c. 车辆运输费用。

③ 责任限额：保险期间内，本特约条款的检测项目及服务次数上限由投保人和保险人在签订保险合同时协商确定。

（3）代为驾驶服务特约条款

① 服务范围：保险期间内，保险人或其受托人根据被保险人请求，在被保险人或其允许的驾驶人因饮酒、服用药物等原因无法驾驶或存在重大安全驾驶隐患时提供单程 30 公里

以内的短途代驾服务。

② 责任免除：根据所在地法律法规、行政管理部门的要求，无法开展相关服务项目的情形。

③ 责任限额：保险期间内，本特约条款的服务次数上限由投保人和保险人在签订保险合同时协商确定。

(4) 代为送检服务特约条款

① 服务范围：保险期间内，按照《中华人民共和国道路交通安全法实施条例》，被保险机动车需由机动车安全技术检验机构实施安全技术检验时，根据被保险人请求，由保险人或其受托人代替车辆所有人进行车辆送检。

② 责任免除：

a. 根据所在地法律法规、行政管理部门的要求，无法开展相关服务项目的情形；

b. 车辆检验费用及罚款；

c. 维修费用。

投保了机动车损失保险无法找到第三方特约险后，对于被保险机动车损失应当由第三方负责赔偿，但因无法找到第三方而增加的由被保险人自行承担的免赔金额，保险人负责赔偿。

基准纯风险保费 = 机动车损失保险基准纯风险保费 × 费率

2.3.3.12　指定修理厂险

投保了指定修理厂险后，机动车损失保险事故发生后，被保险人可选择到指定修理厂进行车辆修理。

基准纯风险保费 = 机动车损失保险基准纯风险保费 × 费率

根据国产或进口车，对机动车损失保险基准纯风险保费进行相应的调整。

2.4　任务实施——保费计算

高宝立大学毕业后应聘了一家会计师事务所的职位，为上下班方便，2020 年 10 月购买了一辆价值 11 万元的 5 座家庭自用轿车，他计划购买交强险、车损险、商业三者险（50 万）、车上人员责任险、划痕险。请通过正规的保险公司网站进行试算，或选择比价网站计算保费。

任务要点与总结

选择有资质的公司网站，建议到保险公司网站或专业的互联网保险公司，如开心保网、众安车险、安心车险、泰康在线进行试算。第三方网络车险平台已成长为互联网车险领域最重要的流量入口之一，数据显示，2017 年前 5 个月，保险公司通过互联网共实现 129.47 亿元车险保费收入，其中 26.94 亿元都来自第三方网络平台，占比 20.81%。车险平台创业者的初衷，大多是想以“比价”模式让消费者能够在多家保险公司中选出最便宜的价格。但在激烈的市场竞争下，有的公司通过平台补贴、返利吸引客户，这是一种不正当竞争，对车险的市场健康发展不利，应坚决反对。建议选择正规的平台如车车车险、最惠保、OK 车险、车保通等。

思考题 

1. 我国汽车保险的费率模式存在哪些问题？
2. 示范条款的实施对汽车保险市场的发展有何意义？

练习 

一、填空题

1. 我国交强险是从____________开始实施的。
2. 上一个年度未发生有责任交通事故的交强险费率下调________。

二、判断题

1.《交强险条例》第二十四条规定，机动车肇事后逃逸的，由保险公司垫付受害人人身伤亡的丧葬费用、部分或者全部抢救费用。（　　）

2. 因交通事故产生的仲裁或者诉讼费用，保险公司应该在交强险范围内赔偿。（　　）

3. 交强险条款规定，对于有证据证明被保险人故意造成的交通事故的损失，保险人可以拒绝垫付抢救费用。（　　）

4. 依据《机动车第三者责任保险条款》的规定，对被保险人依照法院判决或者调解承担的精神损害抚慰金保险公司应承担赔偿责任。（　　）

5. 交强险酒后驾驶可以垫付医疗费用。（　　）

三、单项选择题

1. 家庭自用机动车 6 座以下交强险基础保险费为（　　）元。

A. 850　　B. 950　　C. 1000　　D. 1050

2. 保险车辆在发生保险事故时，为了减少事故损失，被保险人对保险车辆采取施救、保护措施支出了合理的费用，这些费用由（　　）承担。

A. 保险人　　B. 被保险人　　C. 投保人　　D. 受益人

3. 下列哪种情况，投保人不可以要求解除交强险合同？（　　）

A. 被保险机动车被依法注销登记的　　B. 被保险机动车办理停驶的

C. 被保险机动车经公安机关证实丢失的　　D. 被保险人不想继续投保的

4. 在财产保险合同中，因第三者对保险标的的损害而造成保险事故的，保险人自向被保险人赔偿保险金之日起，在（　　）范围内代位行使被保险人对第三者请求赔偿的权利。

A. 损失金额　　B. 赔偿金额　　C. 保费金额　　D. 最低金额

5. 合理的施救、保护费用的一次最高赔偿金额为（　　）。

A. 保险车辆的市场价值　　B. 保险车辆的投保金额

C. 保险车辆的保险价值　　D. 保险车辆的保险金额

6. 在我国，（　　）不属于机动车辆损失险的保险责任。

A. 碰撞责任　　B. 非碰撞责任

C. 合理的施救费用和保护费用　　D. 车上人员责任

7. 在一年保险期限内，发生所有权转移的保险车辆，在续保时（　　）"无赔款优待"。

A. 不给予　　B. 自然给予

C. 经前任车主同意可给予　　　　　　D. 转手不超过 1 次可给予

8. 以下（　　）不在交强险医疗费用赔偿限额项下赔偿。

A. 住院伙食补助费　B. 护理费　　　C. 后续治疗费　　　　D. 医药费

9.《道路交通安全法实施条例》规定，投保机动车第三者责任强制保险的机动车发生交通事故，因抢救受伤人员需要保险公司垫付抢救费用的，由（　　）通知保险公司。

A. 被保险人　　　　　　　　　　　B. 公安机关交通管理部门

C. 救治医院　　　　　　　　　　　D. 第三者家属

10. 下列不属于交强险死亡伤残赔偿项目的是（　　）。

A. 死亡补偿费　　B. 康复费　　　C. 护理费　　　　　D. 营养费

11. 下列不属于交强险责任免除的是（　　）。

A. 因交通事故产生的诉讼费用

B. 受害人故意造成的交通事故的损失

C. 精神损害赔偿

D. 被保险人所有的财产及被保险机动车上的财产遭受的损失

机动车保险投保与承保

[导入案例3-1] 

客户黄尚性格豪爽，为人热情大方，大学毕业后在石家庄某医药公司工作两年，未婚，业务需要经常出差和喝酒。他很喜欢汽车，在校期间就取得了驾照，通过家庭资助花 7 万元买了单位的一辆旧轿车代步和省内出差用。现预购买交强险、车损险、商业三者险 50 万元，待核保通过。

车辆基本情况：国产上海大众帕萨特 1.8T，自动变速器，黑色五座，车龄 4 年，已行驶 125000 公里，车辆 4S 店保养，车况正常。

[导入案例3-2]

A 公司有一部 16 座的中型客车在当地的保险公司投保了交强险、车损险和第三者责任险。保险期间将车辆出租给了 B 公司使用，租期一年。A 公司这种情况是否需要通知保险公司办理批改手续？如果没有办理，B 公司承租车辆后，如出现事故损失由谁负责？

思考 

1. 核保中应重点考虑哪些问题？
2. 对改变使用性质的车辆应如何处置？

案例启示 

1. 核保工作是保险业务中的重要环节，对公司的经营影响很大。
2. 只有熟悉保险的原则才能做好特殊案件的处理。

学习目标及要求

了解机动车保险的投保原则；能针对不同客户制定合理的投保方案；掌握承保各个环

节的具体业务操作规程；能正确填写投保阶段的各种表格。

学 习 内 容

3.1 机动车保险投保

3.1.1 机动车保险投保的原则

机动车使用中的风险损失不是都能通过对风险的避免、预防、分散、抑制以及风险自留解决的，机动车保险是通过保险转嫁方式将风险损失转移的有效方法，是现代社会处理风险的一种非常重要的手段，是风险转嫁中一种最重要、最有效的技术，是不可缺少的经济补偿制度。机动车保险投保应注意以下原则。

（1）选合适的保险产品

目前，各保险公司根据保险行业协会的示范条款经营的商业车险险种有 3 个主险和 11 个附加险，投保人选择的空间不是很大。在进行投保时要兼顾经济实用的原则，根据自身风险保障的需求以及同类产品在价格上的差异性，选择性价比最佳保险产品进行投保。保险险种的组合要合理，也可在选择时先列出需通过保险转嫁的各种风险，然后请保险人提供合适的承保方案组合，确定适合自身保险需求的保险产品。同时，投保时要根据自己的风险承受能力确认是否足额投保，因为保险法规定“保险金额低于保险价值的，除合同另有约定外，保险人按照保险金额与保险价值的比例承担赔偿责任”，如不足额投保，发生保险事故后，按比例进行赔付。

（2）投信誉良好的保险人

可选我国境内开办机动车辆保险业务的保险公司投保，也可向经保监会批准的有权经营车险业务的外资保险公司分支机构进行投保。保险公司作为经营风险企业，其自身的诚信和服务质量，对投保人或被保险人来说是至关重要的。投保人要想得到可靠的经济补偿和保险服务，应该坚持信誉第一、服务便捷的原则，选择资产雄厚、经营稳健、信誉好、服务体系完善、偿付能力充足的保险公司投保，不能只看价格。另外，各公司的增值服务也要仔细究。

（3）找合适的渠道

目前，车险的销售渠道很多。不同渠道各有优势，投保人应结合自己的情况细心选择。如果自己对车险有较充分的了解，就选择电话或网上投保，可以去保险公司网站，也可通过一些第三方网站来比价选有价格优势的产品；如果了解不深，可以到保险公司门市或通过保险代理人投保，这样可以通过专业人员的指导选择合适的产品。

3.1.2 投保渠道

3.1.2.1 传统投保渠道

传统购买车险大致包括以下几种途径：4S 店代理投保、电话投保、保险代理机构投保、保险公司营业厅投保等，各投保渠道有其优点和缺点。

① 4S 店代理投保。车主通过经销商购买车辆后，可直接在店内投保，非常方便。同时，部分 4S 店为吸引车主投保，还会提供一些附加服务，缺点是保费浮动较大，投保人享受到的费率折扣有限，适合对价格不敏感的车主，新车车主较为多选。

② 电话投保。省去代理环节中间成本，直接让利。为车主提供管家式服务。缺点是随着电话车险在市场的发展，一些不法分子冒充保险销售人员对车主进行诈骗，所以车主在接听电话的时候一定要留心，认准各保险公司公示的标准号码。

③ 保险代理机构投保。通过保险代理机构投保的费用一般都高于直销渠道。保险中介代理人可以帮助车主选择保险公司，制定投保方案，确定险种组合，投保人比较省事，代理人还可以帮助完成后续的一些服务。缺点是费率折扣不透明，有些代理人为拿到更多的佣金会推荐一些不必要购买的险种。

④ 保险公司营业厅投保。避免被一些非法中介误导和欺骗，缺点是车主需要亲自上门办理业务，时间、交通成本较高，是最“原始”的投保方法，适合不怕麻烦、求谨慎的车主。

3.1.2.2 互联网投保

传统的车险销售方式，销售成本要占到保费的 40%，使用互联网对车险的销售进行改革是降低成本的有效途径。我国的互联网保险营销渠道正在朝着多元化方向发展，主要有官网直销、专业互联网保险公司、第三方电子商务平台、专业中介代理、网络兼业代理和移动互联网营销六种。专业互联网保险公司已经出现，在盈利实现周期上与传统保险相比已有突破，互联网保险销售渠道所获得的保费也在逐年上升，互联网保险销售渠道中出现了更加简单的保险产品，核保简单化，保险条款简洁。互联网保险对提高我国保险深度与保险密度有着积极的促进作用。

（1）保险公司网站

2016 年众多传统保险公司相继推出各自的互联网 + 车险，客户在保险公司投保界面输入车辆行驶的城市、车辆基本信息和个人信息即可进行报价，保险人会根据车辆情况使用科学算法为客户推荐最佳投保方案，帮您精准进行报价。也可根据自身需要自由定制险种方案，支付环境严格加密，支持 10 余种支付方式，100 多家银行。

（2）使用保险代理公司 APP 投保

保险代理人利用手机 APP 应用，可以直接在线销售所在地的多家公司的车险产品，可以多家公司比价，还可同时销售财险、旅游险、意外险等畅销短期险，也能实现寿险查费等功能。另外认证会员可拥有个性门店，可直接将门店与产品分享给朋友与微信等朋友圈中，方便快捷，而且推广费率高，返佣结算快，可做到销售无边界、客户无边界。目前有三十多家代理公司推出了自己的 APP。

（3）第三方平台

第三方网络保险平台是指保险公司依托有成熟技术的第三方提供的网站平台进行保险产品的销售。第三方可以是保险中介和兼业代理行业网站。由第三方建设的电子商务平台是为多个买方和多个卖方提供信息和交易等服务的电子场所。它的特点是专业化、具有很强的服务功能、具有“公用性”和“公平性”。第三方网络保险平台的出现迎合了中国网民的消费习惯，提供个性化服务，这成为第三方服务平台最大的发展优势。进入网络时代，中国保险电子商务市场越来越活跃，市场已经从导入期进入快速发展期。

2017 年前 5 个月，通过第三方网络平台实现累计保费收入 62.14 亿元，占比 31.98%。

互联网第三方平台已成为车险领域重要的流量入口之一。

在互联网对社会的渗透不断深入的背景下，保险行业整个产业链包括产品、定价、推广、销售、理赔、服务等各个环节都需要与互联网时代消费者的需求实现对接。通过互联网做比价、撮合，用户可以找到性价比高的保险产品。互联网车险的核心价值是通过打造完整的服务闭环，提升服务效率，创造更大价值，这应该成为其商业模式优化的路径选择。如何利用大数据使车险以差异化的服务培养用户黏性，是下一步发展需要思考的问题。

3.1.3　投保方案

（1）拟定投保方案的原则

机动车保险的主险、附加险众多，车主购买哪些险种最合适没有标准答案，关键是车主在购买机动车保险时应了解自身的风险，结合自身的风险承受能力和经济能力来选择机动车保险，适合自己需求的险种组合才是最好的。一般在拟定机动车保险的投保方案时，可以遵守以下原则。

交强险必须投保。交强险属于强制保险，因此，所有车辆必须投保。

车损险足额投保。在车险事故中，车辆自身受损的比例是相当大的，因此车主投保车损险，最好根据车辆的实际价值足额投保。如果不足额投保，当车辆发生损失时，保险公司按照比例进行赔付；如果超额投保，当车辆发生损失时，保险公司也不会多赔付。

三者险要买够。三者险的保险金额可以根据车主的经济状况及当地经济发达程度而定，经济发达地区车辆维修费用，人员受伤后的治疗费用，人员死亡后的丧葬费用、赔偿费用都较高，因此可以选择较高的保险金额。

车上人员责任险根据自身情况而定。有的车辆使用者可能已经购买了相关的保险，如意外险，就可以考虑少买或者不买车上人员责任险。

附加险按需购买。附加险保险责任相对较少，车主可以根据自身经济状况、车辆状况及使用情况进行选择，例如发动机进水损坏除外特约条款，对于南方降雨较多的地区，车主根据情况考虑是否投保。

（2）几种常见的投保方案

① 低保方案

险种组合：交强险或交强险 +30 万元的商业三者险

适用对象：经济条件不好的车主；认为自己驾驶技术过硬，不会发生交通事故的车主；只是想上牌或者通过年检的车主。

优点：费用低。

缺点：一旦发生有责任的交通事故，自己一方的车辆损失、受伤人员治疗费用需要自行承担，对方的损失如果在赔偿范围内，能够得到保险公司的赔偿，超出赔偿限额也需要自己承担。

② 基本保障方案

险种组合：交强险 + 车损险 + 三者险（50 万～ 100 万）+ 车上人员责任险

适用对象：对车辆风险有认识，愿意为自己和第三方寻求基本保障，但是经济实力一般的车主。

优点：费用较低，自己的车、人，第三者都得到了基本保障，性价比高。

缺点：对于常见机动车磕碰事故，损失能够由保险公司承担，一旦发生超出以上保险责任外的事故，如车轮单独损失、车辆被划，则需要自己承担部分甚至全部损失。

③ 优化保障方案

险种组合：交强险 + 车损险 + 三者险（50 万～ 100 万）+ 车上人员责任险 + 车轮单独损失险 + 划痕险

适用对象：经济较宽裕、保障需求比较全面的车主。

优点：保障相对更加全面，一般常见事故都能得到保险的赔偿。

缺点：费用相对较高。

④ 全面保障方案

险种组合：交强险 + 商业险三个主险 + 各种适合购买的附加险

适用对象：经济充裕的车主或企事业单位车辆。

优点：几乎与机动车有关的常见事故损失都能得到赔偿。

缺点：费用较高，某些险种出现的概率非常小。

3.2 机动车保险产品承保

承保是保险人与投保人签订保险合同的过程。一个完整的承保流程由六个环节组成，即展业→投保→核保→签发单证（缮制及签单）→批改→续保。如图 3-1 所示，其中核心环节是投保→核保→签发单证（缮制及签单）。

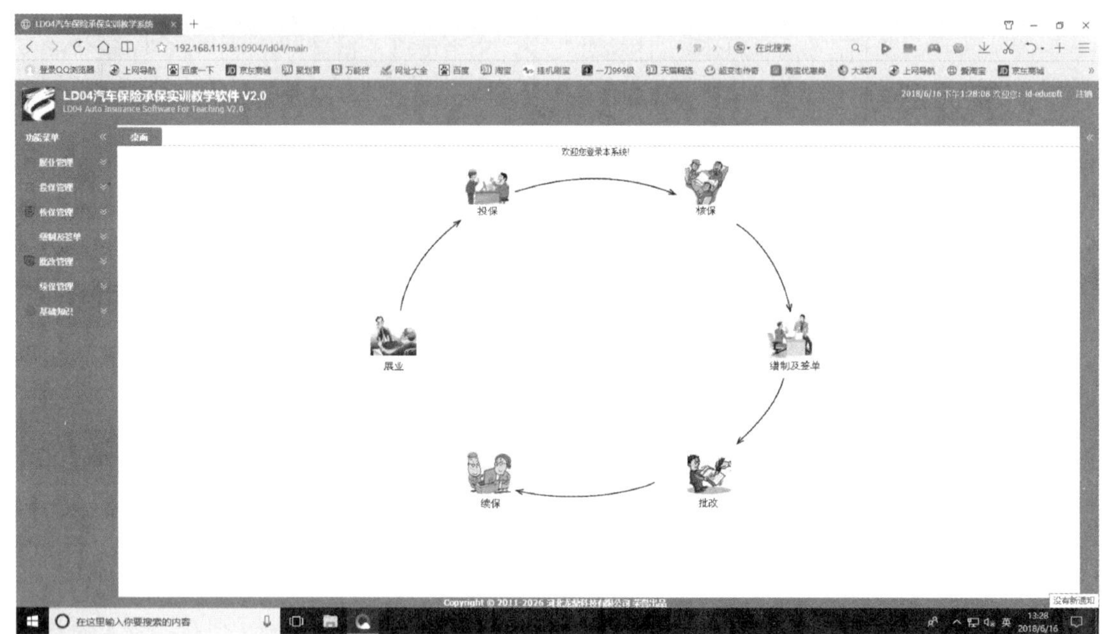

图 3-1　承保流程

3.2.1　展业

保险展业是保险公司进行市场营销的重要环节，通过广告宣传、召开座谈会、电台播放和报刊登载保险知识系列讲座、印发宣传资料等形式宣传保险、介绍保险商品的服务。展业可以是保险公司员工，也可以是中介机构的代理人或经纪人。展业直接影响保险人的业务经营量。汽车保险展业主要是三个活动：展业准备、保险宣传、拟订投保方案。

（1）展业准备

不同渠道的展业人员接触的用户不同，展业的方法不同，但每个展业人员都要了解《保险法》《合同法》和保险公司的相关规定；掌握车辆知识，如结构、常见风险、预防方法等；掌握车险的知识；调查掌握自己面对的具体市场情况，了解客户需求；了解竞争对手；根据自己的能力制订可行的展业计划和目标。

展业人员建立准客户的数据档案，内容包括客户的车辆用途、车辆状况、驾驶员素质、车辆管理部门、以往投保情况等，但要遵守职业道德，保护客户的隐私。

（2）保险宣传

目前，我国民众的保险意识还不强，车险使用中风险的认识不够，特别对保险条款和保险服务了解不多。这就要求车险经营相关人员做好宣传工作，形式可以多样，特别利用好网络和移动设备，有的放矢地宣传保险。

保险宣传的内容是多方面的，可以通过公益广告投放提高大众的保险意识，同时提高公司形象。也可以宣传公司的服务优势、保险产品、承保政策。

（3）拟订投保方案

由于投保人所面临的风险概率、风险程度不同，因而对保险的需求也各不相同，这需要展业人员为投保人设计最佳的投保方案。提供完善的保险方案也是保险人加大保险产品内涵，提高保险公司服务水平的重要标志。投保要根据车辆的情况和驾驶技术综合衡量来选择适当险种组合。保险方案的主要内容包括：保险人情况介绍；投保标的风险评估；保险方案的总体建议；保险条款以及解释；保险金额和赔偿限额的确定；免赔额以及适用情况；赔偿处理的程序以及要求；服务体系以及承诺；相关附件（条款）。

3.2.2　投保单

投保单是汽车保险合同的组成部分，是投保人申请保险的一种书面形式。通常由保险人提供，由投保人填明订立保险单所需要的项目。投保单一经保险人正式接受，则收取保费、出具保险单和保险凭证，保险合同即告成立，表 3-1 是 ×× 财产保险股份有限公司机动车保险投保单。

（1）投保单的作用

投保单属于保险合同的要约，是由投保人向保险人提出的投保申请。格式统一，由保险人事先准备。投保人须如实填写，保险人据此决定是否承保、以何种条件和何种费率承保。投保单虽不是合同正式的文本，但一经保险人接受，即成为保险合同的组成部分。根据保险法，投保单填写的内容不实或故意欺瞒、欺诈，将影响保险合同的效力。

（2）投保单的填写

投保人应确保填写的资料完整、内容真实。否则，即使订立了保险合同，如果查证有故意隐瞒的事实，保险人亦有权解除合同，应注意如下各点。

表 3-1　××财产保险股份有限公司机动车保险投保单

欢迎您到××财产保险股份有限公司投保！在您填写本投保单前请先详细阅读《机动车交通事故责任强制保险条款》及我公司的机动车辆保险条款，阅读条款时请您特别注意各个条款中的保险责任、责任免除、投保人业务、被保险人义务等内容并听取保险人就条款（包括责任免除条款）所作的说明。您在充分理解条款后，再填写本投保单各项内容（请在需要选择的项目前的“□”内画“√”表示）。为了合理确定投保机动车的保险费，并保证您获得充足的保障，请您认真填写每个项目，确保内容的真实可靠。您填写的内容我公司将为您保密。本投保单所填写的内容如有变动，请及时到我公司办理变更手续。

投保人	投保人名称/姓名				投保机动车数	辆
	联系人姓名		固定电话		移动电话	
	投保人住所				邮政编码	□□□□□□
被保险人	□自然人姓名：		身份证号码		□□□□□□□□□□□□□□□□□□	
	□法人或其他组织名称：				组织机构代码	
	被保险人单位性质	□党政机关、团体　□事业单位　□军队（武警）□使（领）馆　□个体、私营企业　□其他企业　□其他				
	联系人姓名		固定电话		移动电话	
	被保险人住所				邮政编码	□□□□□□
	被保险人与车辆的关系	□所有　□使用　□管理			车主	
	号牌号码		号牌底色	□蓝□黑□黄□白□白蓝□其他		
	厂牌型号		发动机号			
	VIN 码				车架号	
	核定载客	人	核定载质量	kg	排量/功率	L/kW
	初次登记日期	年　月	已使用年限	年	年平均行驶里程	公里
	车身颜色	□黑色□白色□红色□灰色□蓝色□黄色□绿色□紫色□粉色□棕色□其他颜色				
	机动车种类	□客车　□货车　□客货两用车　□挂车　□摩托车（不含三轮）□侧三轮　□农用拖拉机　□运输拖拉机　□低速载货汽车□特种车□请填写用途______				
	机动车使用性质	□家庭自用　□非营业用（不含家庭自用）　□出租/租赁　□城市公交　□公路客运　□旅游客运　□营业性货运				
	上年是否在本公司投保商业机动车保险			□是　□否		
	行驶区域	□省内行驶　□固定行驶路线　具体路线：______________				
	是否为未还清贷款的车辆	□是　□否		车损险与车身划痕险选择专修厂		□是　□否
	上年赔款次数	□交强险赔款次数___次　□商业机动车保险赔款次数___次				
	上年度交通违法行为	□有　□无				
投保主险条款名称						
指定驾驶人	姓名	驾驶证号码			初次领证日期	
驾驶人 1		□□□□□□□□□□□□□□□□□□			__年__月__日	
驾驶人 2		□□□□□□□□□□□□□□□□□□			__年__月__日	
保险期间		___年__月__日零时起至___年__月__日 24 时止				

第 1 页　　共 2 页

续表

投保险种		保险金额 / 责任限额（元）	保险费（元）	备注
□机动车交通事故责任强制保险				
□机动车损失险：新车购置价____元				
□商业第三者责任险				
□车上人员责任险	投保人数____人	/ 人		
	投保人数____人	/ 人		
□盗抢险				
□附加玻璃单独破碎险	□国产玻璃			
	□进口玻璃			
□附加停驶损失险：日赔偿金额__元 ×__天				
□附加自燃损失险				
□附加火灾、爆炸、自燃损失险				
□附加车身划痕损失险		元		
□附加新增加设备损失险				
□附加车上货物责任险				
□附加不计免赔特约条款	□机动车损失险			
	□第三者责任险			
□附加可选免赔额特约条款		免赔金额：		
保险费合计（人民币大写）		（¥:　　　元）		

特别约定	

保险合同争议解决方式选择	□诉讼　□提交__________________仲裁委员会仲裁

本保险合同由保险条款、投保单、保险单、批单和特别约定组成。

投保人声明：保险人已将投保险种对应的保险条款（包括责任免除部分）向本人作了明确说明，本人已充分理解，上述所填写的内容均属实，同意以此投保单作为订立保险合同的依据。

投保人签名 / 签章：

____年___月___日

验车验证情况	□已验车　□已验证　　年___月___日___时___分		
初审情况	业务来源：□直接业务　□个人代理 □专业代理　□兼业代理 □经纪人　□网上 / 电话业务 代理（经纪）人名称： 上年度是否在本公司承保：□是　□否 业务员签字：____年____月____日	复核意见	复核人签字：__年__月__日

注：阴影部分内容由保险公司人员填写

第 2 页　　共 2 页

① 投保单应当载明机动车的种类、厂牌型号、识别代码、号牌号码、使用性质、投保机动车所有人或者管理人的姓名（名称）、性别、年龄、住所、身份证或者驾驶证号码（组织机构代码），以及续保前投保机动车有无交通安全违法和事故记录等影响费率水平的事项。

② 在投保单上签字或加盖公章。

③ 要求投保人提供的资料复印件附贴于投保单背面。

④ 明确保险期间的起期，保险期间开始前保险人不承担赔偿责任。

3.2.3 核保业务

（1）核保的定义

核保即确定是否承保、承保条件、费率档次的过程。核保可防止逆选择，排除经营中的道德风险，是确保业务质量，实现经营目标，确保持续发展的前提。保险中介力量的不断增强，对于扩大业务起到积极作用，但保险中介组织价值取向不同于保险公司，通过核保可对保险中介组织的业务加强有效管控。

（2）核保机构设置模式

① 分级设置模式。公司根据内部机构设置情况、人员配备情况、开展业务需要、业务技术要求等设立数级核保组织。如设立三级核保组织：省分公司、地市分公司（营业部）、县支公司（营业部）。

② 个案分派模式。根据投保金额、投保类型、车辆新旧程度或递交投保申请的代理人分派个案，核保师可根据自己的专长专门从事某一类型的个案，有利于提高效率。

③ 核保中心模式。省级分公司设立一个核保中心，通过网络实行远程核保。所有经营机构均可得到核保中心的技术支持，最大限度地实现技术和优势共享；核保中心还对各机构的经营行为进行有效管控。随着网络技术的发展，核保中心已成为保险公司核保的一个重要模式。

（3）核保人员的等级和权限

核保人员一般分三个等级。等级不同，权限不同。

① 一级核保人员。主要负责审核特殊风险业务，包括高价值车辆的核保、特殊车型业务的核保、车队业务的核保、投保人特别要求业务的核保等下级核保人员无力核保的业务。同时，还应及时解决其管辖范围内出现的有关核保技术方面的问题，如果自己无法解决应及时向上级核保部门反映。

② 二级核保人员。主要负责审核非标准业务，包括不属于三级核保人员范围的非标准业务，即在核保手册中没有明确指示核保条件的业务，主要是指在日常工作中可能出现的承保条件方面的问题，如保险金额、赔偿限额、免赔额等有特殊要求的业务。

③ 三级核保人员。主要负责对常规业务的核保，即按照核保手册的有关规定对投保单的各个要素进行形式上的审核，亦称投保单核保。

（4）核保手册

核保手册即核保指南，是用书面文件明确核保原则、方针、政策、条款和费率的解释、保险金额确定、可能遇到的问题及处理方法、核保程序和权限等，是核保工作的主要依据。通过核保手册，核保人员能按统一标准和程序进行核保，可实现核保工作的标准化、规范化和程序化。

（5）核保的主要内容

① 投保人资格。审核投保人对保险标的是否拥有保险利益，主要是通过核对行驶证的

查验来完成。

② 投保人或被保险人的基本情况。针对车队业务，通过了解企业的性质、安保状况、经营方式、主要运输线路等，分析投保人或被保险人对车辆管理的技术状况，及时发现其可能存在的经营风险，采取必要的措施降低和控制风险。

③ 投保人或被保险人的信誉。这是核保工作的重点之一。对以往车险损失和赔付情况进行分析，以避免道德风险事故的发生。

④ 保险标的。不能只对行驶证查验，对保险车辆应尽可能采用“验车承保”的方式，检验车辆的使用和管理情况，购置车辆的相关凭证，拓印车架号码，对于一些稀有和高价值车辆还应当建立车辆档案。

⑤ 保险金额。保险金额的确定涉及保险公司及被保险人的利益，如车损和盗抢险尽量要求投保人按投保时的车辆实际价值投，对投保人要求按照低于实际价值投保的，要将理赔时可能出现的问题进行说明和解释；商业三者险投保金额符合本地情况；特殊情况对于投保人说明后果并要求其对于自己的要求进行确认，同时在保险单的批注栏上明确。

⑥ 保险费。核保人员对于保险费的审核主要分为费率适用的审核和计算的审核。

⑦ 附加条款。审核附加险与主险的对应关系是否正确。大部分保险方案为解决个性问题，会在投主险后增加附加险，在对附加条款的适用问题上应当注意对风险的特别评估和分析，因这些附加险可能意味着高风险，应谨慎接受或制定承保条件。

3.2.4　签发单证

核保人员通过审核投保单，如同意承保，系统会生成保险单号，即可收费后出单。交强险和商业险应分别出具。

（1）交强险单证

交强险单证由银保监会监制，样式全国统一。除摩托车和农用拖拉机可使用定额保险单外，其他投保车辆必须使用交强险保险单。单据分正本和副本，正本由投保人或被保险人留存，副本包括业务留存联、财务留存联和公安交管部门留存联。交强险公安留存联在公安部门进行车辆登记、检验时交公安交管部门留存。机动车交通事故责任强制保险单式样如表3-2所示。

为方便交管部门检查，对具有风挡玻璃的车辆发放内置型交强险标志（见图3-2），要求粘贴在玻璃右上角，不粘贴标志的交警可对该车处50～200元的罚款（推行电子保单的地区已取消此项要求）。不具有风挡玻璃的投保车辆可使用便携式交强险标志（见图3-3）。

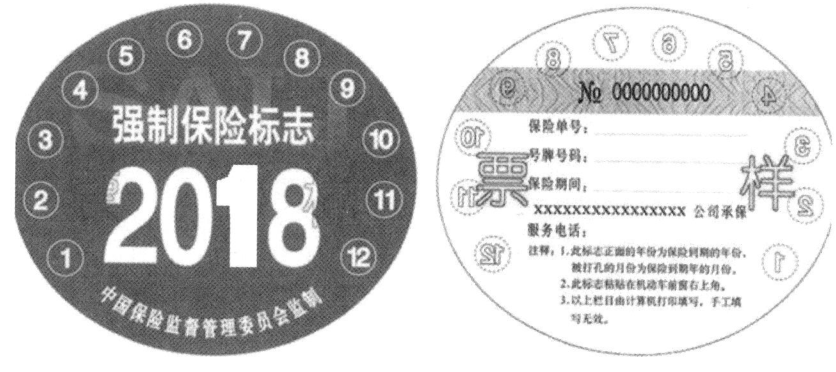

图 3-2　内置型交强险标志

表 3-2　机动车交通事故责任强制保险单

保险单号：

被保险人							
被保险人身份证号码（组织机构代码）							
地址						联系电话	
被保险机动车	号牌号码		机动车种类			使用性质	
	发动机号		识别代码（车架号）				
	厂牌型号		核定载客		人	核定载质量	千克
	排量		功率			登记日期	
责任限额	死亡伤残赔偿限额		180000 元		无责死亡伤残赔偿限额		18000 元
	医疗费用赔偿限额		18000 元		无责医疗费用赔偿限额		1800 元
	财产损失赔偿限额		2000 元		无责财产损失赔偿限额		100 元
与道路交通安全违法行为和道路交通事故相联系的浮动比率　　　%							
保险费合计（人民币大写）：　　（¥：　元）其中救助基金（%）¥：　元							
保险期间自　年　月　日零时起至　年　月　日 24 时止							
保险合同争议解决方式							
代收车船税	整备质量			纳税人识别号			
	当年应缴	¥：　元	往年补缴	¥：　元	滞纳金	¥：　元	
	合计（人民币大写）：　　（¥：　元）						
	完税凭证号（减免税证明号）			开具税务机关			
特别约定							
重要提示	1. 请详细阅读保险条款，特别是责任免除和投保人、被保险人义务。 2. 收到本保险单后，请立即核对，如有不符合或疏漏，请及时通知保险人并办理变更或补充手续。 3. 保险费应一次性交清，请您及时核对保险单和发票（收据），如有不符，请及时与保险人联系。 4. 保险人应如实告知对保险费计算有影响的或被保险机动车因改装、加装、改变使用性质等导致危险程度增加的重要事项，并及时通知保险人办理批改手续。 5. 被保险人应当在交通事故发生后及时通知保险人。						
保险人	公司名称： 公司地址： 邮政编码：　服务电话：　签单日期：　（保险人签章）						

核保：　　　　制单：　　　　经办：

票 强制保险标志 样
2018
中国保险监督管理委员会监制

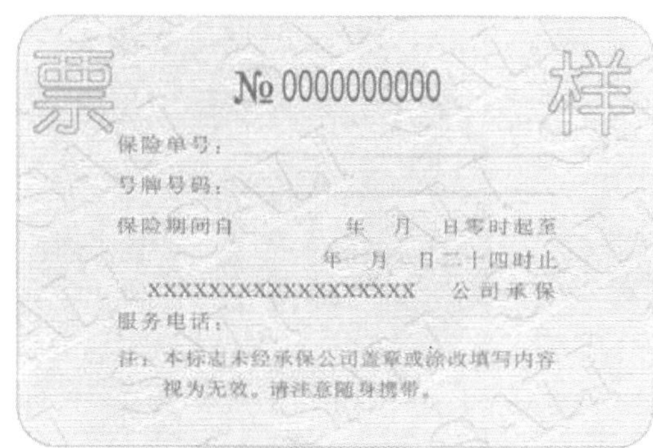

图 3-3　便携式交强险标志

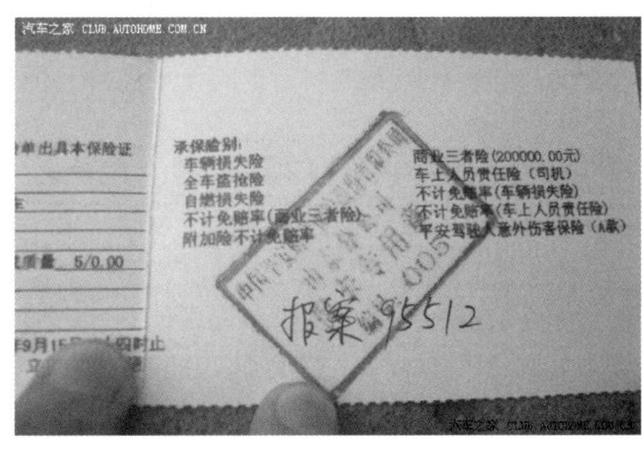

图3-4　保险卡

（2）商业险保险单

商业险保险单由正本和副本组成，正本由投保人或被保险人保存，是被保险人向保险人索赔时的法律依据，副本分业务留存联和财务留存联。表3-3是××财产保险股份有限公司商业险保险单。有些公司还为客户准备了保险卡（见图3-4），方便客户出险后向保险公司报案。

（3）电子保单

为给广大人民群众提供更加便捷、高效的保险服务，进一步创新保险服务方式，推进消费者服务体验全面提升，车辆保险电子保单（简称“电子保单”）已开始在全国多地

表3-3　××财产保险股份有限公司商业险保险单

保险单号：

鉴于投保人已向保险人提出投保申请，并同意按约定交付保险费，保险人依照承保险种及其对应条款和特别约定承担赔偿责任。

<table>
<tr><td colspan="2">被保险人</td><td colspan="6"></td></tr>
<tr><td rowspan="5">保险车辆情况</td><td>号牌号码</td><td></td><td>厂牌型号</td><td colspan="4"></td></tr>
<tr><td>VIN码</td><td></td><td>车架号</td><td></td><td>机动车种类</td><td colspan="2"></td></tr>
<tr><td>发动机号</td><td colspan="2"></td><td>核定载客　人</td><td>核定载质量　kg</td><td colspan="2">已使用年限　年</td></tr>
<tr><td>初次登记日期</td><td></td><td colspan="2">年平均行驶里程　千米</td><td>使用性质</td><td colspan="2"></td></tr>
<tr><td>行驶区域</td><td colspan="3"></td><td>新车购置价</td><td colspan="2">元</td></tr>
<tr><td colspan="3">承保险种</td><td colspan="2">费率浮动（±）</td><td colspan="2">保险金额/责任限额（元）</td><td>保险费（元）</td></tr>
<tr><td colspan="3"></td><td colspan="2"></td><td colspan="2"></td><td></td></tr>
<tr><td colspan="3"></td><td colspan="2"></td><td colspan="2"></td><td></td></tr>
<tr><td colspan="3"></td><td colspan="2"></td><td colspan="2"></td><td></td></tr>
<tr><td colspan="3"></td><td colspan="2"></td><td colspan="2"></td><td></td></tr>
<tr><td colspan="3"></td><td colspan="2"></td><td colspan="2"></td><td></td></tr>
<tr><td colspan="3"></td><td colspan="2"></td><td colspan="2"></td><td></td></tr>
<tr><td colspan="8">保险费合计（人民币大写）：　　（¥：　元）</td></tr>
<tr><td colspan="8">保险期间自　年　月　日零时起至　年　月　日24时止</td></tr>
<tr><td>特别约定</td><td colspan="7"></td></tr>
<tr><td colspan="8">保险合同争议解决方式</td></tr>
<tr><td>重要提示</td><td colspan="7">1. 本保险合同由保险条款、保险单、投保单、批单和特别约定组成。
2. 收到本保险单、承保险种对应的保险条款后，请立即核对，如有不符合或疏漏，请在48小时内通知保险人并办理变更或补充手续；超过48小时未通知的，视为投保人无异议。
3. 请详细阅读承保险种对应的保险条款，特别是责任免除和投保人、被保险人义务。
4. 被保险机动车因改装、加装、改变使用性质等导致危险程度增加以及转卖、转让、增送他人的，应书面通知保险人并办理变更手续。
5. 被保险人应当在交通事故发生后及时通知保险人。</td></tr>
<tr><td>保险人</td><td colspan="7">公司名称：　公司地址：
联系电话：　网址：
邮政编码：　签单日期：　（保险人签章）</td></tr>
</table>

核保：　　制单：　　经办：

推行。车险电子保单是由保险公司向车险消费者签发的以数据电文形式存在的证明车险合同关系的电子文件。数据电文形式签订的保险单与纸质保单具有同等效力，也同纸质保单一样符合相关监管规定。开车上路车内没贴交强险标志也不会被罚。

车主投保后，将收到保险公司通过短信、电子邮件等方式发送的投保信息和电子保单，车主也可在所投保公司的官方网站查询、下载电子保单。保险公司同时开具电子发票，单位车辆可凭下载、打印的电子发票报销，目前电子保单设定为 PDF 格式文件。

推行电子保单具有创新、便民、高效、安全等特点，也为消费者提供了许多便利。主要包括：电子化保单借助移动互联技术，让保险消费者可不受时间和空间限制，随时、随地、随心快速完成车险的投保；在理赔环节，消费者在保险公司办理理赔手续时，不再需要出具纸质保险单证，简化理赔流程，实现“数据多跑腿，客户少跑路”的服务体验，提高理赔效率；公安机关交通管理部门在路面值勤执法中，凭车主提供的交强险电子保单信息查验投保情况，对出示电子保单信息的，不得以未放置保险标志为由扣留车辆和处罚；在办理机动车注册登记和年审时，车主凭交强险电子保单信息即可办理。

消费者可通过以下 5 种方式查询、获取车险电子保单。

方式一：短信链接。保险公司生成车险电子保单后，出单系统将自动向消费者预留的手机号码发送信息，消费者可点击短信中的简介查询及下载车险电子保单。

方式二：邮箱直接下载。出单成功后，相关电子信息会直接发送到客户预留邮箱，然后对照邮件提示完成内容下载。

方式三：承保公司官网。登录保险公司官网查询、下载车险电子保单。

方式四：中保信官网及官微。关注登录中国保信官网、微信公众号“中国保信电子化服务平台”，点击下方菜单中的“公共查验”——“手工查验”——“保单下载”，即可查询下载您的电子保单。

方式五：承保公司 APP 等。有条件的保险公司，也可提供移动终端、微信等多种形式查询、下载服务，消费者也可到承保公司营业场所或致电客服电话查询。获取纸质凭证可下载后自行打印。

消费者通过以上 5 种方式查询、下载、打印车险电子发票，也可在税务机关网站查询验证发票信息。

3.2.5 续保、批改和退保

（1）续保

续保是车辆保险合同到期前，投保人向保险人提出申请，要求延长该保险合同的期限，保险人根据投保人当时的实际情况，对原合同条件进行必要的修改，继续对投保人签约承保的行为。续保对保险人而言可稳定业务量，减少展业工作量和费用；对投保人而言可得到连续不断的保险，还可得到保费的优惠。

① 续保制度。保险人要建立续保通知制度、续保检查制度、续保核算制度，建立和完善续保档案。对要求续保的问题客户，要查清问题原因。特殊情况下可增加特约条款，促使被保险人采取预防问题发生的措施。

② 续保应注意的问题。即时对保险及标的进行再次审核，以避免保险期间中断。如果保险标的的危险程度有增加或减少时，应对保险费率做出相应调整。保险金额应在考虑通货膨胀和生活费用指数的变化基础上适当调整。因续保时是按未到期前未发生保险事故的情况

计算保费的，所以要通过特别约定来提示用户上次的保险到期前如果发生保险事故，保险人有权调整保费。

（2）批改和批单

批改是当被保险人提出变更保险单内容的书面文件，或者保险人对危险程度显著变化等特殊客户的保费或其他条件有必要修改时，经协商确认后，对原约定提出补充或变更的行为。批单是批改意见经审核同意后向投保人另出一种凭证，注明保险人对保险单的补充或更改内容。

批单应粘贴在保险单上，并加盖骑缝章，作为保险单的一部分。批单是保险人与被保险人变更保险合同的证明文件，批改后，保险人应按批改后的内容承担相应责任。

我国《机动车辆保险条款》规定，在保险合同有效期内，保险车辆转卖、转让、赠送他人、变更用途或增加危险程度，被保险人应当事先书面通知保险人并申请办理批改。

机动车保险单也注明“本保险单所载明事项如有变更，被保险人应立即向本公司办理批改手续，否则，如有任何意外发生，本公司不负赔偿责任”的字样，以提醒被保险人注意。

（3）保单现金价值和退保

保单现金价值是指保险契约在发生解约或退保时可以返还的金额。在长期保险契约中保险公司为履行契约责任，通常需要提存一定数额的责任准备金，当被保险人于保险有效期内因故要求解约或退保时，保险公司按规定，将提存的责任准备金减去解约和扣除后的余额退还给被保险人，这部分金额即为保单的现金价值。

退保是指在保险合同没有完全履行时，经投保人和被保险人申请，保险人同意，解除双方由合同确定的法律关系，保险人按照《保险法》及合同的约定退还保险单的现金价值。在保险期内投保人可申请退保。退保时被保险人应递交退保申请书，说明退保原因和从什么时间开始退保，签上字或盖上章。保险公司审核后出具退保批单，批单上注明退保时间以及应退保费金额，同时收回机动车保险单，被保险人就可领取应退保险费。

（4）退保所需单证

出现退保，证明退保原因的文件包括：因车辆报废而退，需提供报废证明；因车辆转卖他人而退保，需提供过户证明；因重复保险而退保，需提供相互重复的两份保险单。

3.3 任务实施——投保单填写

投保单的填写过程是确定投保人，判断其资格，看其对保险标的是否具有保险利益的过程，是确定缴费义务人、被保险人的过程。如填写错误会给后期的理赔带来麻烦，所以应认真对待，投保单填写界面如图3-5所示。

（1）投保人与被保险人的信息

投保人与被保险人是单位的，填写单位全称，应与公章一致；是个人的，填写姓名，姓名与身份证一致；地址填自然人生活的居所或法人的主要办事机构所在地；汽车属性分党政机关车辆、事业单位车辆、军队（武警）车辆、使（领）馆车辆、个人或私营企业车辆、其企业车辆、其他车辆。

图 3-5　投保单填写

（2）投保车辆信息

通过填写车辆的厂牌型号、发动机号、车架号和 VIN 码确定车辆的唯一性；被保险人与车辆的关系勾选所有、管理和使用；车辆的其他信息主要包括车辆使用性质、车辆种类、座位 / 吨位、车龄等信息，要与行驶证一致。上年是否在本公司投保商业车险，用于判定投保人能否享受无赔款优待及优待比例；行驶区域根据实际运行情况选择，如是固定路线要具体指明；对贷款买车的用户，因涉及理赔处理的赔款问题，要注明贷款方的机构名称。

（3）驾驶人信息

保险人会根据是否约定驾驶员和约定数量确定费率优惠系数，如果约定了驾驶员，非约定驾驶员驾车会增加一定的免赔率。驾驶员信息可根据驾驶证信息填写。

（4）保险期间

保险期限一般为一年，费率表中的费率是按一年期限的；不足一年的投保按月费率计收保费，不足一月的按一个月计收。

（5）投保险种信息

根据保险方案确定的险种，经客户确认和核保审核结果填写，须按程序中的公式计算保费，注明保险金额或责任限额。计算中特别注意选择正确的费率优惠系数及适用险种。

（6）特别约定

对制式合同未尽事项，投保人和保险人商议后，可在特别约定栏注明。主要包括：不足额投保的说明；新增设备的说明；未取得正式牌照前的出险理赔处理说明等。

（7）其他事项

投保单还要确定合同发生争议的处理方式；投保人对投保单内容的确认声明；投保人本人的签章；需要验车的要附上照片。

任务要点与总结

机动车投保要选择合适的保险人，选择合适的投保渠道和保险方案，使自己的风险和保险相匹配。

机动车承保流程包括六个环节，即展业、投保、核保、签发单证、批改、续保。保险的展业是保险人向客户宣传公司、宣传产品和服务的过程，是保险营销的重要环节，展业人员制定合理的投保方案既反映了个人素质，也是公司服务质量的体现。投保是投保人向保险人表达保险购买意向的行为，包括了解保险条款和填写投保单。核保是保险人对每一笔业务的风险进行识别和控制，选择优质业务的过程。签单是保险人向客户出具保险单和保险标志、保险卡、发票的过程。批改是签单后对保险合同的内容修改、补充和增删所进行的一系列作业。续保是原保险合同即将期满时，投保人向保险人提出继续投保的申请行为。

思考题

1. 怎样才能作好展业工作，为投保人制定合理的投保方案？
2. 车险核保的重点应放在哪些方面？

练习

一、填空题

1. 核保机构设置模式一般有______、______、______三种类型。
2. 完整的承保流程包括六个环节，其中核心环节是______、______、______。
3. 保险人向投保人签发出具的单证包括______、______、______、______。

二、判断题

1. 强制汽车责任保险费率实行“奖优惩劣”。（　　）
2. 投保人对保险标的必须具有保险利益。（　　）
3. 车轮单独损失险作为附加险的一种，投保之前应先投保主险的车辆损失险。（　　）
4. 保险合同的成立就意味着保险合同的生效。（　　）
5. 保险金额是指保险人承担赔偿或者给付保险金责任的最高限额。（　　）
6. 交强险合同中的受害人是指因被保险机动车发生交通事故遭受人身伤亡和财产损失的人，以及被保险机动车本车上的人员和被保险人。（　　）
7. 在保险期限内，保险车辆违规改装、加装导致保险车辆危险程度增加的，发生了保险事故后，保险人也应该承担赔偿责任。（　　）

三、单项选择题

1. 汽车保险投保单中（　　）。

A. 投保人与被保险人名称必须一致

B. 投保人对保险标的必须具有保险利益

C. 投保人与被保险人为单位的，名称填写简称

D. 以上答案都正确

2. 保险公司不能接受以下哪个车辆的投保？（　　）

A. 有过多次出险记录　　B. 外地牌照的车

C. 非营业的货车　　D. 吊车

3. 关于保险展业，以下说法正确的是（　　）。

A. 保险展业是指保险公司进行市场营销的过程，即向客户提供保险商品的服务

B. 保险展业是保险业务经营中的第一步

C. 展业工作做得如何，直接影响保险人的业务经营量

D. 以上答案都正确

4. 汽车保险投保单为保险合同的要件之一。一般包括（　　）。

A. 投保人、被保险人和驾驶员情况　　B. 保险汽车情况

C. 投保险种和期限、特别约定　　D. 以上答案都正确

5. 汽车保险投保单中一般规定的汽车情况包括（　　）。

A. 号牌号码、厂牌型号、发动机号、车架号、VIN 码

B. 车辆种类、座位 / 吨位、车辆颜色、初次登记年月

C. 汽车的使用性质与行驶区域

D. 以上答案都正确

6. 下列有关保险核保的阐述正确的是（　　）。

A. 保险核保指保险人对风险进行辨认、评估、定价，并确认保单条件，以选择保户进行承保的一种行为

B. 核保目的在于发展与维持有利润的保险业务

C. 核保是保险经营过程中保险公司保证承揽业务质量的重要环节

D. 以上答案都正确

7. 批改作业所签发的书面证明称为（　　）。

A. 投保单　　B. 保险单　　C. 保险凭证　　D. 批单

8. 以下业务需要办理批改手续的是（　　）。

A. 保险车辆在保险有效期内赠送他人　　B. 变更使用性质

C. 调整保险金额　　D. 以上答案都正确

9. 常见的核保机构设置模式包括（　　）。

A. 分级设置模式　　B. 个案分派模式

C. 核保中心模式　　D. 以上答案都正确

10.《机动车交通事故责任强制保险条例》规定上道路行驶的机动车必须放置保险标志，否则公安机关交通管理部门应当扣留机动车，并可处（　　）。

A. 警告或者 20 元以上 200 元以下罚款

B. 50 元以上 200 元以下罚款

C. 50 元以上 500 元以下罚款

D. 吊销驾驶证

11. 下列有关计算机智能核保的描述不正确的是（　　）。

A. 智能化计算机的发展和应用，使得计算机已经可以胜任对标准业务的核保

B. 应用计算机技术可以大大缓解人工核保的工作压力，提高效率和准确性

C. 计算机智能核保可有效减少在核保过程中可能出现的人为的负面因素

D. 计算机智能核保将取代人工核保

12. 下列哪种情况下，车主可买短期交强险？（　　）

A. 境外机动车临时入境的

B. 机动车临时上路行驶的
C. 机动车距规定的报废期限不足 1 年的
D. 以上答案都正确
13. 查验标的车辆时，应重点检查的有（　　）。
A. 未按期续保车辆
B. 投保三责后，又加保车损的车辆
C. 接近报废车辆
D. 以上答案都正确

机动车保险理赔

［导入案例］ 

吴先生于2020年11月的某日驾车在石家庄正定县与一辆无牌照老年代步车相撞，造成双方车辆外观受损。当时吴先生着急去机场接人，因此，在确认无需赔付对方损失后，离开了事故现场，第二天上午才报案。保险公司对事故研究后，以案情信息不明为由，拒绝了吴先生的理赔请求。后吴先生申请调解。调解过程中，保险公司方表示：接到报案以后，公司对事故车辆迅速进行查勘定损工作，发现车辆损失较大，且通过向客户吴先生了解，事故发生时未报交警处理，也不能提供三者车的信息，所以公司拒赔。

在本案中，按吴先生所述因有急事，加之三者方确认无需让其赔偿，故此未能及时报案，从主观上并未构成故意隐瞒情况。但未及时报警，也没事故现场的照片、三者的信息等能证明案件真实性的材料，导致保险公司无法对事故的真实性以及本次事故损失进行确定。

思考 

1. 你认为保险公司拒赔的依据是什么？
2. 如果打官司保险公司会胜诉吗？

案例启示 

在日常生活中，道路上每天都会发生交通事故。在发生交通事故后，对于当事人无法确定双方责任的事故，应及时通知交警；特别是对持有保险合同的当事人，更应按照合同的约定，及时向保险公司进行报案。

学习目标及要求

熟悉理赔的基本流程；了解车险理赔的原则和特点；掌握报案记录的相关内容，能初步完成接报案单据填写；理解调度的概念；了解查勘和定损的主要工作内容；了解核损与理算的基本要求；掌握核赔操作细则与技术要求；了解新技术在理赔中的应用。

学习内容

4.1 机动车保险理赔认知

机动车保险理赔，是指保险合同所约定的事故发生后，保险人接到报案后，履行合同承诺，按规定对其损失进行补偿的行为。理赔工作中除保险条款的一般规定外，还要按相关法规规定、法院判决和有关行业权威部门的鉴定处理，有时还要援用过去的惯例等事实酌情处置。通过理赔，被保险人的利益才能切实得到保障，保险意义得以体现，保险的承保质量得到检验，企业的信誉也得到提升，因此，理赔工作质量对双方都有重要影响。

4.1.1 车险理赔的原则

车险理赔涉及保险人和被保险人的切身利益。保险人在工作过程中必须树立为保户服务的指导思想，坚持实事求是原则，要重合同，守信用，依法办事。要提供优质的理赔服务，在整个流程中就要坚决贯彻“主动、迅速、准确、合理”的理赔原则，这是保险理赔人员在长期的工作实践中总结出的经验。

主动：就是要求保险理赔人员对出险的案件，要积极、主动地进行调查、了解和勘查现场，掌握出险情况，进行事故分析确定保险责任。

迅速：就是要求保险理赔人员查勘、定损处理迅速、不拖沓，抓紧赔案处理，对赔案要核得准，赔款计算案卷缮制快，复核、审批快，使被保险人及时得到赔款。

准确：就是要求从查勘、定损以至赔款计算，都要做到准确无误，不错赔、不滥赔、不惜赔。

合理：就是要求在理赔工作过程中，要本着实事求是的精神，坚持按条款办事。在许多情况下，要结合具体案情准确定性，尤其是在对事故车辆进行定损过程中，要合理确定事故车辆维修方案。

4.1.2 车险理赔的特点

车险理赔业务与其他保险相比有显著的特点。相关工作人员必须有清醒和系统的认识，这是做好工作的前提和关键。主要特点如下。

（1）参与者多、业务量大

我国机动车保有量已突破 3 亿辆，其中私人用车超过 70%。这些车主文化层次、保险意识差异很大，对交通事故处理和车辆修理了解很少。在目前各公司的理赔工作的自动化程度还不高的情况下，针对不同档次的车、不同行业的人、不同的使用目的、不同保险品种，需要处理的理赔业务量很大。

（2）损失幅度小，但事故率高

车险事故中的大部分个案损失金额不大，但相对于其他交通工具事故率较高。即使事故损失不大，但涉及对被保险人的服务质量问题，保险人也应同样重视。为此保险经营中要投

入的精力和费用大，推高了保险公司的运营成本。

（3）标的流动性大

机动车不同于一般财产，其功能特点就是有相当大的流动性。这决定了车辆事故的发生地点和时间不确定，要求保险公司必须有全天候的服务运营体系支持理赔服务。

（4）道德风险普遍

机动车保险是财产保险业务中道德风险的“重灾区”。车险的信息不对称问题尤其突出，加上条款的不完善、经营管理中存在漏洞，给了不法之徒可乘之机，欺诈案件时有发生。

4.1.3 车险理赔的一般流程

不同的车险事故的理赔程序会有一些差别，理赔服务主要流程见表4-1。

表4-1 理赔服务主要流程

顺序	环节	服务内容
1	受理案件和调度	接受被保险人报案，记录案情，查核保单信息，通知调度和立案
2	现场查勘	组织施救，调查取证，分析事故原因，查明真相，认定保险责任，协调事故处理，提交查勘报告
3	损失确定	根据现场查勘损失记录和保险合同规定确定车辆损失、人身伤亡费用、其他财产损失等
4	赔款理算	核定和计算应向被保险人赔付的金额，缮制赔款计算书
5	核赔	控制理赔质量，按条款和规定审核出险原因、损失情况；核定保险责任；核定损失；核定赔款计算
6	赔付结案	核定审批金额，支付赔款，清分单据，整理案卷

4.2 报案受理和调度派工

4.2.1 报案受理

报案受理是整个理赔流程的第一个环节，该环节处理的好坏直接会影响后续的理赔工作能否顺利进行。《保险法》第二十一条规定：“投保人、被保险人或者受益人知道保险事故发生后，应当及时通知保险人。故意或者因重大过失未及时通知，致使保险事故的性质、原因、损失程度等难以确定的，保险人对无法确定的部分，不承担赔偿或者给付保险金的责任，但保险人通过其他途径已经及时知道或者应当及时知道保险事故发生的除外。”

报案方式可采用向经营单位或业务人员及保险公司的代理人报案，也可向保险公司的理赔部门或客户服务中心报案。客户车辆发生交通事故后通常会通过电话报案，最方便的是拨打各保险公司提供的全国统一的报案电话，如中国人保：95518，中国平安：95512，太平洋保险：95500。使用移动互联网，通过保险人提供的APP程序等方式报案将是发展趋势。

保险事故发生之后，有 48 小时（不可抗力除外）的报案时限。“及时”报案可防止事故现场被破坏、物证灭失、保险责任无法确定。特别是规定时限降低道德风险。机动车辆保险条款规定，发生事故之后，除了有人伤的及时报警，在采取保护、施救措施的同时，被保险人应及时通知保险公司，向保险人说明真相。否则可能因超过时限无法证明事故的真实性遭保险公司拒赔。

接电话

4.2.2 受理报案的流程

保险公司座席人员在接到客户报案后，应及时询问案情，对属本公司的客户，出险时间、出险险别在保险范围内的有效保单，填写“机动车辆保险出险通知书”（见表 4-2），该通知书要求查勘人员带到现场由报案人签字确认。

表 4-2 机动车辆保险出险通知书

机动车辆保险出险通知书

赔案编号：________

<table>
<tr><td>被保险人</td><td colspan="3"></td></tr>
<tr><td>保险单证</td><td></td><td>保险车辆</td><td></td></tr>
<tr><td>保险期限</td><td></td><td>出险日期</td><td></td></tr>
<tr><td>出险地点</td><td></td><td>事故证明部门</td><td></td></tr>
<tr><td colspan="4">出险情况、施救经过：</td></tr>
<tr><td colspan="4">损失清单</td></tr>
<tr><td>内　　容</td><td colspan="2">损失金额</td><td>单证数量</td></tr>
<tr><td>本方车损</td><td colspan="2"></td><td></td></tr>
<tr><td>施救费</td><td colspan="2"></td><td></td></tr>
<tr><td>对方物损</td><td colspan="2"></td><td></td></tr>
<tr><td>对方人伤</td><td colspan="2"></td><td></td></tr>
<tr><td></td><td colspan="2"></td><td></td></tr>
<tr><td></td><td colspan="2"></td><td></td></tr>
<tr><td>合　　计</td><td colspan="2"></td><td></td></tr>
<tr><td colspan="4">兹保证以上信息完全真实，如有虚假愿承担全部责任直至放弃保单权利。</td></tr>
<tr><td colspan="4">赔款方式：（请选择）　接赔单位（须与被保险人一致）：
1 现金（限私人保户）　开户银行：
2 转账　银行账号：
3 支票　被保险人：　（签章）
4 委托转账
联系人：　电话：　年　月　日</td></tr>
</table>

注意：在保险车辆修复或交通事故处理结案之日起 10 天内，请向本公司提交单证材料。

核对车牌

查询保单

（1）询问记录案情信息

① 基本信息。基本信息包括：报案人姓名、报案人联系电话、报案人手机号码；联系人姓名、联系人电话、联系人手机号码；报案日期、报案时间、出险日期、出险时间、出险原因等。

② 出险信息。出险信息包括：出险地点、本车责任、是否交强险责任、事故经过、事故涉及损失等。其中，事故涉及损失按“本车车损”“本车车上财产损失”“本车车上人员伤亡”“第三者车辆损失”“第三者人员伤亡”“第三者车上财产损失”“第三者其他财产损失”“其他”的分类方式进行询问。

③ 保险车辆和三者车辆的有关信息。本车保单号码、被保险人名称、号牌号码、牌照底色和厂牌型号；涉及三者车的，应询问三者车辆车型、号牌号码、牌照底色以及保险情况（提醒报案人查看第三方车辆是否投保了交强险）等。

④ 记录交警对事故处理的相关情况；完成报案登记。

询问事故地点

（2）查核承保信息

① 核对保单和承保信息。报案登记结束后，根据保单号码及时进行计算机抄单。根据抄单，接报案人员应首先确定所报事故是否属于保险责任范围，若不在保险责任范围，保险免于赔偿的，在向保户解释清楚的情况下，可拒绝受理。对于危险事故刚刚发生或危险尚未得到控制的紧急情况，抄单及现场查勘工作可同步进行。尽快核查出险时间是否在保险期限以内，初步审核报案人所述事故原因与经过是否属于保险责任等。对于明显不属于保险责任的，应向客户明确说明，并做好向客户解释的工作。

询问是否需要拖车救

② 确认出险人身份。通过保险公司的查询系统，根据报案登记信息，对出险人身份进 行确认。根据查询结果，对非本公司参保的，将该报案信息设置为“撤销报案”状态；无法确认出险人身份的，应尽快通知报案人补充，或在申请人提供理赔申请资料时一并补充，由立案人员进行出险人身份确认；对已确认身份的出险人，应进一步查明包括其作为投保人、被保险人在内的所有保险合同，以及保险公司应承担保险责任的合同在出险时的效力状态。

（3）录入案件信息

如属本保险公司的客户，出险时间、出险险别在保险范围内的有效保单，详细询问、记录并在理赔系统“报案平台”中输入案件相关信息。

车主信息录入

（4）现场查勘安排处理

接报案人员（或称理赔内勤）根据抄单底单确认所报事故属保险责任范围之内后，应及时向部门负责人汇报，由部门负责人根据事故情况，及时安排查勘定损人员赶赴现场查勘定损，并告知应备资料及注意事项。

（5）立案

对可以受理的案件，应及时登录车险业务处理系统立案登记，由计算机自动生成立案编号并告知报案人，立案处理时限一般为简单案件于查勘结束后 24 小时内立案；复杂案件最晚于报案后 7 日内，进行立案或注销处理。同时，应向被保险人签发“机动车保险索赔须知”（见表 4-3），注明理赔所需要的单证及内容，被保险人向保险公司索赔时还应填写“索赔申请书”（见表 4-4）。

表 4-3 机动车保险索赔须知

机动车保险索赔须知

尊敬的客户：

×× 保险对您表示真诚的慰问。为了充分保障和维护您的合法权益，及时、妥善处理好本次事故的赔偿事宜，请您按照下列重要提示，履行您作为被保险人的合同义务，配合、协助我司完成事故赔偿处理工作。

重要提示：

1. 提示您再次阅读保险单载明内容和保险条款，特别是赔偿处理部分，不明之处可向我司工作人员咨询。
2. 对于事故任何损失和费用的核定，均以您和我司共同确认并订立的书面凭证为准，任何一方单方面认定的项目及数额都不能作为保险赔偿依据。
3. 对于事故车辆损失，保险条款已约定有两种定损与赔偿方式，请您选择，并向我司说明。
4. 对于事故人身伤害医疗费的保险赔偿，仅限于当地社会医疗保险诊疗及药品目录规定的抢救、治疗和药品的范围，请您注意在医疗期间向医院方面说明和咨询，合理安排您的自负费用部分。（详见人伤索赔须知）
5. 在事故各项损失和费用均已与我司共同核定，处理事故的公安、法院等国家执法机关对事故已处理结案并出具书面处理文件之后，请您尽快（建议最好在 10 日之内）提交下列材料，向我司索赔：

事故类别	索赔材料明细（以保险公司确认项目为准）	事故类别	索赔材料明细（以保险公司确认项目为准）
各类事故通用	1. 机动车保险索赔申请书（完整填写并签章）□	人员伤亡 A＋本栏项目	29. 后续医疗证明□
	2. 保险单正本：原件 □复印件□		30. 住院伙食补助费凭证□
	3. 机动车行驶证正副本：原件□ 复印件□		31. 营养费凭证□
	4. 机动车驾驶证正副本：原件□ 复印件□		32. 交通费凭证□
	5. 营运证□ 特种车辆操作证□		33. 住宿费凭证□
	6. 交警责任认定书□		34. 交通事故伤残鉴定□
	7. 交警赔偿调解书□		35. 残疾辅助器具证明□
	8. 法院民事判决书（民事调解书）□		36. 死者户籍注销证明□
	9. 仲裁委员会仲裁书□		37. 丧葬费凭证□
	10. 当事人自行协商赔偿协议□		38. 被抚养人户籍关系证明□ 户口本复印件□
	11. 火灾证明□		39. 被抚养人丧失劳动能力证明□
	12. 自然灾害证明□	财物损失 A+本栏项目	40. 机动车保险第三者财产保险损失证明□
车辆损失 A＋本栏项目	13. 机动车保险事故损失项目确认书□		41. 机动车保险第三者财产保险赔偿凭证□
	14. 汽车修理发票□		42. 货物运单及价格、数量凭证□
	15. 汽车修理项目清单和零部件更换项目清单□		43. 损余物资回收单□
	16. 机动车保险一次性定损自行修车协议□		44. 第三者财物施救费赔偿凭证□
	17. 修复车辆验收通知单□	盗抢损失 A+本栏项目	45. 保险车辆盗抢案件立（破）案证明□
	18. 第三者财产损失证明及赔偿凭证□		46. 报警回执□
	19. 货物运单及价格、数量凭证□		47. 车辆报停或注销证明□
	20. 事故车辆施救费赔偿凭证□		48. 车辆来历证明或购车发票：原件□ 复印件□
人员伤亡 A＋本栏项目	21. 医院诊断（出院）证明□		49. 购置附加税凭证：原件□ 复印件□
	22. 医疗费凭证□		50. 登载车辆被盗抢声明的报纸（市级以上）□
	23. 病历□ 处方□		51. 权益转让书□
	24. 诊疗及药品清单□		52. 机动车登记证原件□
	25. 伤亡人员单位误工证明□		53. 被保险人身份证或营业执照复印件□
	26. 伤亡人员医院误工证明□		54. 注销抵押证明（办理抵押登记车辆）□
	27. 护理证明□		
	28. 护理人员误工及收入证明□	合计	共 份。

表 4-4 机动车辆保险索赔申请书

机动车辆保险索赔申请书

被保险人		保单号码		
厂牌型号		车牌号码		
发动机号		车架号码		
出险时间	年 月 日 时 分	出险地点		
报案时间	年 月 日 时 分			
保险期限	自 年 月 日零时起 至 年 月 日 24 时止			
事故类型	□单方 □双方 □其他	车辆初次登记日期	年 月 日	
使用性质	□家庭自用 □非营业 □营业 □摩托车、拖拉机 □特种车			
处理方法	□交警 □保险公司 □自行处理 □其他事故处理部门			
驾驶人员情况	驾驶人		联系电话	
	驾驶证号			
	准驾车型	□A □B □C □其他	固定驾驶人	□是 □否
出险经过：（请您如实填报事故经过，报案时的任何虚报、欺诈行为，均可能成为保险人拒绝赔偿的根据。）				
损失及施救情况： 查勘员签字： 年 月 日		"机动车辆保险索赔须知"已收悉。 驾驶人签字： 被保险人联系电话： 被保险人签章： 年 月 日		

（6）引导客户配合查勘定损工作

单方事故需要客户保护好现场，同时尽快安排查勘员进行现场查勘；双方自行协商案件（非交警处理）应尽可能引导客户到定损理赔中心进行查勘定损，如客户坚持现场查勘的，应尽快安排查勘员进行现场查勘，同时提醒三者保户向自己承保公司及时报案；如遇可直赔的案件（如车轮单独损失险、划痕险等），座席应尽量引导客户到直赔中心进行查勘定损。其他案件提醒客户向交警报案。

外地出险需当地修理的应及时安排异地查勘定损，损失小的可指导客户自行对事故现场及损失部位拍照，回承保机构根据照片定损；损失大的指导客户简单处理后将车拖回承保地定损修复。外地出险客户要求回承保地定损的需明确告知就近修复原则，否则拖车费自理，特殊车型除外。

4.2.3 调度派工

调度派工是受理报案结束后，保险公司安排查勘人员对人伤情况及车辆、财产损失等进行查勘跟踪和定损的过程。由保险公司的全国客户服务中心专线或分公司调度人员执行。调度理赔人员进行现场查勘、定损、核损、人伤调查等工作。主要工作包括查勘和定损派工、调度二次派工或改派；对需要救援服务的客户及时联系救援公司，确保救援时效；对查勘及救援调度进行满意度回访；调度任务注销；调度任务修改。

各分公司应根据当地出险报案量的分布特点，提前合理安排查勘、定损人员的上班时间，并书面通知调度专线，保证查勘 365 天 24 小时全天候服务。如在岗人员发生变动，应

及时通知调度专线；如遇暴风、暴雨或大雪等恶劣天气，应提前安排待班人员以防查勘量激增影响查勘时效和到达率。

查勘、定损人员必须保证移动终端 24 小时开机，上班期间严禁饮酒，如因病或其他情况不能到岗，应及时向领导请假。分公司需及时变更查勘人员信息，并通知专线登记。专线未调度期间，所有查勘、定损人员（调休人员、放假人员除外）必须在岗，以备临时调度。

查勘、定损人员原则上应无条件地接受专线的指挥调度，如果查勘、定损人员认为履行查勘定损有困难而不能接受调度的，应如实向专线反馈。

上班期间严禁公车私用，只有接受专线调度时才可使用查勘车辆；查勘、定损期间，严禁无关人员参与和介入；严禁因私使用查勘车辆或到饮食、娱乐等场所。

（1）调度查勘

① 直接调度：直接将任务分配给查勘机构或人员。

② 多级调度：将任务分配给下一级调度机构或人员，然后由下一级调度机构或人员将查勘任务分配给查勘机构或人员。多级调度分案件级调度、损失项调度。案件级调度，即以一个案件为单位调度给某个组或人员；损失项调度，即以一个案件中的每个损失项（可以是一个主车，一个三者车，或者一项财产损失）为单位，调度给某个组或人员。

联系查勘人员

（2）调度定损

当需要对未定损车辆发起定损任务时，可以使用调度任务中的“新增定损”将定损任务提交相关定损机构或人员。

（3）调度任务的注销、改派、修改

调度注销、调度改派是当调度出的查勘或定损任务在没有被接收的情况下，调度可以进行调度注销或改派。调度人员在选定调度任务，填写注销、改派原因后就可以对该任务进行注销、改派处理。

调度修改是在调度任务中填入的联系人、联系电话或约定查勘地点有变化时，可以通过调度修改功能将需要改动的内容进行修改处理，但不能修改任务接收机构或人员。

（4）调度任务提交第三方或通赔岗

当查勘或定损需第三方机构或人员处理时，调度可以选择“第三方”或“通赔岗”。

4.3 现场查勘和定损

4.3.1 现场查勘

（1）现场的分类

现场指发生交通事故地点上遗留的车辆、树木、人、畜等与事故有关的物体以及其痕迹与物证等所占有的空间。一般把现场分为三种。

① 原始现场：完整地保留着事故发生后的变化状态，可较好地为事故原因的分析与责

任鉴定提供依据，是证明事故原因最理想的现场。

② 变动现场：指由于自然或人为原因，致使出险现场的原始状态发生改变的事故现场。可细分为正常变动现场、伪造现场和逃逸现场。

③ 恢复现场：指基于事故分析或复查案件的需要，为再现出险现场的面貌，根据现场调查记录资料重新布置恢复的现场。

现场查勘是车辆保险理赔过程中一项重要程序，它不仅是理赔工作收集证据的重要手段，而且为查明碰撞原因，认定保险责任范围，准确及时立案等提供重要依据。同时，现场查勘工作直接影响到理赔证据获取，保险责任范围确定，事故责任划分的准确性，特别是在双方或多方责任的损失赔偿理赔案件中占有非常重要的地位。

（2）现场查勘的含义

现场查勘是指到保险车辆发生事故的地点进行勘查，以判定保险事故的真实性，保险车辆在事故中的责任，保险事故是否属于保险责任以及调查核实被保险人在保险事故中有无违反保险合同的行为，完成对事故的定性、定责。

① 查明事故原因，获取第一手材料。对事故性质的认定，直接关系到对责任的认定和事故的赔偿，如果对事故的性质认定出现了偏差，将直接影响事故责任认定的准确性和事故处理的客观公平性。通过现场调查可以查明导致事故的主、客观原因，对现场周围环境道路的查勘，对车、物等财产的拍摄以及对当事人的讯问和调查访问，取得理赔工作第一材料。

② 确定保险责任范围。通过现场查勘、调查、拍摄、记录等工作，用大量事实证明案件的交通事故的性质、类型以及结果，以利于保险责任和责任范围的确定。

③ 查明事故经过和避免扩大赔付范围。现场的各种痕迹、物证和通过询问现场人员形成的证词，都可成为证明事故事实的证据，为认定各种物证之间的联系和确定各方车损损失部位和程度提供依据，从而可以查明发生事故经过和排除车辆原有损失，避免扩大赔付范围。

现场查勘中要及时记录相关信息，形成“机动车辆保险事故现场查勘记录”（见表4-5）。

表4-5 机动车辆保险事故现场查勘记录

机动车辆保险事故现场查勘记录

承保公司：

<table>
<tr><td>被保险人</td><td></td><td>保险单号</td><td colspan="2"></td><td colspan="2">□ 交强险 □ 商业险</td></tr>
<tr><td>厂牌型号</td><td></td><td>牌照号码</td><td></td><td>发动机号</td><td colspan="2"></td></tr>
<tr><td>出险时间</td><td>年 月 日 时</td><td>使用性质</td><td></td><td>车架号VIN码</td><td colspan="2"></td></tr>
<tr><td>驾驶员情况</td><td colspan="4">姓名： 驾驶证号码： 准驾车型：</td><td>是否有有效驾驶证</td><td></td></tr>
<tr><td colspan="2">行驶证是否有效并按规定审验</td><td colspan="2"></td><td colspan="3">实际载重（客）： 人/吨</td></tr>
<tr><td colspan="7">自 出发至 目的地，天气 路况：柏油□ 水泥□ 沙石□ 土路□</td></tr>
<tr><td>出险地点</td><td colspan="6">高速 国道 省道 KM+ M
省 市 区（县）</td></tr>
</table>

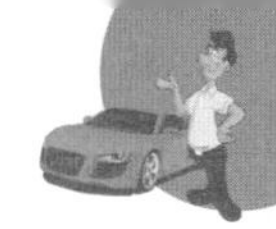

续表

出险经过及近因			
第三者损失			
预估损失情况	险　种	预估损失金额（元）	现场查勘人员（签名）： 查勘时间：
	保险车辆损失险		
	第三者责任险		复勘人员（签名）： 复勘时间：
	附加　险		
本车各项施救费			报案人（当事人）签字： 联系电话：
第三者各项施救费用			
被保险人在本次事故中预估责任：□全责　□主责　□同责　□次责　□无法判定			
现场查勘车辆损失部位与现场痕迹是否吻合：　是□　不是□			是否属保险责任：是□　不是□

4.3.2　损失评估

损失评估是根据保险合同的规定和现场查勘的实际记录，在尊重客观事实的基础上，确定保险赔付费用的多少，包括车辆损失、人身伤亡费用、其他财产损失、残值处理等。定损方式包括协商定损、公估定损、专家定损。一般不涉及人伤损失的较小事故可按简易赔案在查勘时一并处理，须填写简易赔案处理单，填写内容见表 4-6。

表 4-6　机动车辆保险简易赔案处理单

机动车辆保险简易赔案处理单

下表阴影部分为客户必填内容　　　　报案编号：

被保险人				保单号码			
牌照号码		厂牌车型		初次登记日期		已使用年限	
出险时间	年　月　日　时　分		出险地点			出现地点分类	□乡村道路
第一现场	□是　□否	联系人		报案时间		□高速公路　□普通公路 □城市道路　□场院及其他	
联系电话		处理部门	□交警　□其他部门　□保险公司 □自行处理				
驾驶员姓名		驾驶证号		准驾车型		初次登记日期	
出险经过： 被保险人（签章）： 年　月　日							

续表

<table>
<tr><td colspan="9">本处理单仅作为对车辆受损项目和修理费用的初步确认，不作为保险人对事故赔偿的承诺。</td></tr>
<tr><td>查勘日期</td><td colspan="2"></td><td>查勘地点</td><td></td><td>修理厂资质</td><td colspan="3">□一类　□二类　□三类
□三类以下</td></tr>
<tr><td>车牌号码</td><td colspan="2"></td><td>变速箱形式</td><td>□手动　□自动</td><td>发动机 / 车架号</td><td colspan="3"></td></tr>
<tr><td>三者车号</td><td colspan="2"></td><td>厂牌车型</td><td></td><td>发动机 / 车架号</td><td colspan="3"></td></tr>
<tr><td>事故涉及险种</td><td colspan="4">□车损险　□三者险　□车轮险
□车身划痕险</td><td>事故责任</td><td colspan="3">□全责　□主要　□同等　□次要
□无责　□单方</td></tr>
<tr><td colspan="9">查勘人意见：

查勘人签字：
年　月　日</td></tr>
<tr><td>维修及更换项目</td><td>报价</td><td>核价</td><td>维修及更换项目</td><td>报价</td><td>核价</td><td>维修及更换项目</td><td>报价</td><td>核价</td></tr>
<tr><td></td><td></td><td></td><td></td><td></td><td></td><td></td><td></td><td></td></tr>
<tr><td></td><td></td><td></td><td></td><td></td><td></td><td></td><td></td><td></td></tr>
<tr><td></td><td></td><td></td><td></td><td></td><td></td><td></td><td></td><td></td></tr>
<tr><td></td><td></td><td></td><td></td><td></td><td></td><td></td><td></td><td></td></tr>
<tr><td></td><td></td><td></td><td></td><td></td><td></td><td></td><td></td><td></td></tr>
<tr><td></td><td></td><td></td><td></td><td></td><td></td><td></td><td></td><td></td></tr>
<tr><td></td><td></td><td></td><td></td><td></td><td></td><td></td><td></td><td></td></tr>
<tr><td></td><td></td><td></td><td></td><td></td><td></td><td></td><td></td><td></td></tr>
<tr><td>配件价格合计</td><td></td><td>工时费合计</td><td></td><td>残值</td><td></td><td>修理费总计</td><td colspan="2"></td></tr>
<tr><td colspan="9">定损金额合计人民币大写　　仟　　百　　拾　　元　　角　　分（¥　　）更换配件必须报价，配件价格以保险公司核价为准，注明回收的配件，确已更换，但未能回收的，按核定价格的 50% 赔付。</td></tr>
<tr><td colspan="3">被保险人：
年　月　日</td><td colspan="3">定损人：
年　月　日</td><td colspan="3">核价人：
年　月　日</td></tr>
<tr><td colspan="9">索赔单证明细表（请将下表打“√”的材料准备齐全后，送交公司客户服务中心）</td></tr>
<tr><td colspan="9">□简易赔案处理单　□被保险人身份证及领款人身份证　□修车费发票及清单　□施救费发票　□交通事故责任认定书</td></tr>
<tr><td colspan="9">□交通事故赔偿调解书　□事故证明　□行驶证正副本复印件　□驾驶证正副本复印件　□授权委托书</td></tr>
</table>

（1）车辆损失

车辆损失是指在交通事故中事故车辆的零部件直接损失，包括零件费和工时费。车辆定损应兼顾保险人、被保险人、修理厂和第三者的利益，需各方协商修复方式、修复价格、残值价值和处理方法。大家都认可后缮制“机动车辆保险定损报告”，见表 4-7。

表 4-7　机动车辆保险定损报告

机动车辆保险定损报告

被保险人：　　　　　　　　　　　　　　　　　　　　　　　　　　　　报案号：

牌照号码		交强险保单号码					
厂牌型号		商业险保单号码					
发动机号		底盘号（VIN）					
保险险别	□车损险　□商业三者险　□交强险	出险时间	年　月　日　时	变速箱形式	□自动　□手动		

更换配件名称	数量	配件价格	修理项目	工时费
			事故拆装：	
			事故钣金：	
			机修：	
			电工：	
			事故油漆：	
材料费小计：			工时费小计：	
扣残值：	总计金额：			

1. 经甲乙丙丁四方协商，完全同意按以上核定的价格修理。总计工料费人民币_____佰_____十_____万_____仟_____佰_____拾_____元_____角_____分（¥　　　　　　　　）

2. 乙方按以上核定项目保质保量修理，且履行以上核定的修理及换件项目，如有违背，甲方有权向乙方追回价格差额。若核定项目有明显遗漏的，乙方需经甲方同意认可签字后，方可追加修理项目，否则甲方拒绝赔偿追加部分。

3. 乙方保证在___日内保质保量按时完成修理，若违约，愿意赔偿因拖延时间或修理质量问题而造成丙方的利润损失。

4. 丙方（丁方）对以上核定的修理项目和价格无任何异议。如存在修理质量问题或价格超标，由乙方负全责。

5. 其他约定：

甲方（保险公司）签章： 查勘定损人： 核价人：　　年　月　日	乙方（修理厂）签章： 年　月　日	丙方（车方）签章： 年　月　日	丁方（第三者）签章： 年　月　日

（2）人员伤亡

人员伤亡是指交通事故中由于人员伤亡所造成的经济损失，包括医疗费和其他费用。医疗费用主要包括医药费、诊疗费、住院费、住院伙食补助、后续治疗费、整容费、必要的营养费用等。其他费用主要指死亡伤残费用，包括丧葬费、死亡赔偿金、交通费、住宿费、误工费、被扶养人生活费、残疾赔偿金、残疾辅助器具费、护理费、被保险人依照法院判决或者调解承担的精神损害抚慰金等。

（3）其他财产损失

其他财产损失是指除车辆损失和人员伤亡以外的其他财产损失。

（4）施救费用

施救费用是指发生保险事故时，被保险人为防止和减少被保险车辆的损失所支付的必要的、合理的施救费用。

4.4 核损

核损指就事故的性质、事故中车辆、物件损失及人员伤亡的情况进行审核，一方面确认事故是否属于保险责任，另一方面确认保险责任范围内事故造成的损失的金额大小，是对定损过程的核查和监督，是确保正确合理理赔的关键环节，要求相关人员要有高度的责任感和良好的专业素养及专业技能。通过核损能够提高定损金额的准确性、标准性和统一性。

核损工作包括：核实标的；审核事故真实性；判断事故是否属于保险责任；审核车辆修理中更换配件、修理工时费标准的合理性；重大事故参与定损；查勘定损员的日常培训工作。力争做到让保险人、被保险人和修理方三方满意。具体包括以下几方面。

（1）是否构成保险责任

确定损失对象是否属于保险标的，事故原因是否构成保险责任，是否构成责任免除。

（2）复核车辆损失

① 审核定损资料：“机动车辆保险车辆损失情况确认书”是否缮制规范，是否按照要求逐项列明维修、换件任务及其工时和价格，是否按要求拍摄损失照片，损失照片是否清晰、完整地反映“机动车辆保险车辆损失情况确认书”上列明的相关情况。

② 核定损失任务和金额：对照损失照片和“机动车辆保险车辆损失情况确认书”审核换件任务及价格是否合理，对不合理的部分提出剔除或修改意见。

（3）复核人伤费用

机动车辆保险人员伤亡费用清单；机动车辆保险伤残人员费用管理表；机动车辆保险赔案票据粘贴用纸；误工证明及收入情况证明；法律文书（事故责任认定书、调解书、裁定书、裁决书、判决书等）；伤残、死亡证明；其他费用清单；机动车辆保险权益转让书；机动车辆保险赔案流转时限卡。

（4）复核其他财产损失

财产损失项目、数量、损失单价及维修方案和造价的合理性。

（5）复核施救费用和残值

复核保险车辆出险后，雇用吊车和其他车辆进行抢救的费用是否符合当地物价部门颁布的收费标准；是否已将非承保财产的施救费用剔除；施救费用是否根据事故责任、相对应险种的有关规定扣减相应的免赔率，按现行条款规定保险赔偿后，车辆残值全部权利归于保险公司，按协商价归被保险人所有，但实务中保险公司为提高工作效率，一般会在价格上做一些让步，把折旧残值归汽车修理厂所有，在修理费中应减去这部分费用。

4.5 赔款理算

赔款理算岗隶属赔款理算部门，理算人员根据被保险人提供的经审核无误的有关费用单证，对交强险、商业险及施救费用等分别计算赔款金额，并将核定计算结果及时通知被保险人。工作内容包括：审核索赔单证的有效性和准确性；按承保险别计算赔款金额，完成“机动车辆保险理赔联系记录”；与被保险人沟通，并确认理赔结果；完成系统计算书的录入及打印；对超权限案件进行申报，填制申报表格，送交审批。理算人员应坚持以下原则。

（1）实事求是原则

这是保险合同执行的要求。要根据事实情况和合同的有关规定进行理算工作。对于理算中涉及的证明材料应辨其真伪。不能只考虑保险公司自身的利益，而对一些事实做有利于保险公司的认定。

（2）公平原则

公平原则是经济活动的基本原则，是经济活动正常进行的必要保证。由于理算工作通常是保险公司单方面负责的，所以，在理算工作中体现公平的原则显得特别重要。公平也是保险公司信誉的体现。

（3）合法原则

在理算的过程中应严格按照有关法律的规定和保险合同的规定执行。保险合同的执行不应当违反法律的有关规定，主要包括《民法总则》《合同法》和《保险法》等。不能对公共道德和秩序构成危害。

4.6 核赔

4.6.1　机动车保险理赔应遵循的基本原则

（1）强制保险优先赔偿的原则

实行机动车交通事故责任强制保险后，交通事故损失应优先在强制保险项下赔偿，强制保险赔偿不足部分的损失，再纳入商业保险理赔，即使事故车辆没有投保强制保险，也应该按照该车投保强制保险的情况，理算时扣减强制险应付的赔款，剩余部分再纳入商业保险理赔。

（2）依照法律和保险合同理赔的原则

依照法律和保险合同理赔的原则，主要体现为三方面内容：依法依约确定理赔的任务和内容；依法依规确定理赔的标准；依法依规确定理赔的时限和要求。

（3）根据损失情况分项理赔的原则

机动车辆保险的理算，应该按照保险事故的损失情况和投保险种情况，在对应险种范围内，将强制保险、商业第三者责任险和车损险等险种项下的财产损失、人身伤亡费用、医疗费用分别对应理算，避免任务的交叉、重复和缺漏。

（4）公平合理均衡利益的原则

机动车辆保险理赔要兼顾保险人与保险之间、保险人与被保险人之间、保险人与受害人之间、被保险人与被保险人之间、被保险人与受害人之间、受害人与受害人之间的多重利益关系，特别是同一事故的不同承保公司之间，同一事故的多个受害人之间，要特别注意保持理赔上的利益均衡，本着公平合理的原则进行计付赔款，避免赔偿不均衡，引发其他事故。

（5）车险核赔管理，实行逐级管理的原则

各保险总公司车险业务管理部根据总经理室指示，对各分公司客户服务部及区域二核中心的车险理赔工作，有参与指导、检查监督的管理职责与相应责任。分公司客服部、区域二核中心对所属中心支公司客服部及服务部、所、站的车险理赔工作，有参与指导、检查监督的管理职责与相应责任。

4.6.2 核赔工作流程

（1）审核单证

包括确认被保险人按规定提供的单证、证明及材料是否齐全有效，有无涂改、伪造；经办人员是否规范填写赔案有关单证并签字，必备单证是否齐全；签章是否齐全；所有索赔单证是否严格按照单证填写规范认真、准确、全面地填写。

（2）核定保险责任

包括审核被保险人是否具有保险利益；出险车辆的厂牌型号、牌照号码、发动机号、车架号与保险单证所载是否相符；驾驶人是否为保险合同约定的驾驶人；出险原因是否属保险责任；赔偿责任是否与承保险别相符；出险时间是否在保险期限内；事故责任划分是否准确合理。

（3）审核核损金额

核定车辆损失及赔款。包括车辆定损任务、损失程度是否准确、合理；更换零部件是否按规定进行了询报价、定损任务与报价任务是否一致；换件部分拟赔款金额是否与报价金额相符；残值确定是否合理。

核定人员伤亡及赔款。包括根据查勘记录、调查证明和被保险人提供的交警事故责任认定书、事故调解书及伤残证明，依照国家有关道路交通事故处理的法律、法规规定和其他有关规定进行审核。核定伤亡人员数、伤残程度是否与调查情况和证明相符；核定人员伤亡费用是否合理；被抚养人姓名、年龄是否真实，生活费计算是否合理、准确。

核定其他财产损失赔款。包括根据照片和被保险人提供的有关货物、财产的原始发票等有关单证，核定财产损失、损余物资等有关任务和赔款。

核定施救费用。包括根据案情和施救费用的有关规定，核定施救费用有效单证和金额。

审核赔付计算。包括残值是否扣除；免赔率使用是否正确；赔款计算是否准确。

（4）签署核赔审批意见

在“赔款计算书”上签署核赔审批意见。

4.6.3　核赔权限

各级核赔核损人员应根据保险公司理赔实务的要求办理各项授权范围内的定损、理算、核赔及必要的追偿工作。在核赔核损限额内，各分支机构依实务规定处理赔案。对重大、疑难等超权限赔案，处理机构应提出核赔核损意见后，逐级上报审批。具体授权级别与核赔权限对应表（以某公司为例）见表 4-8。

表 4-8　核赔权限表　　单位：元

层级	核损授权额度	核赔授权额度		
		一般赔案	重大赔案	疑难通融赔案
总核赔		—	＞200000	＞20000
高级核赔	A	＞150000	≤200000	≤20000
	B	≤150000	≤150000	≤15000
中级核赔	A	≤120000	≤120000	≤10000
	B	≤50000	≤50000	0
	C	≤30000	≤30000	0
初级核赔	A	≤10000	≤10000	0
	B	≤5000	≤5000	0
	C	≤2000	≤2000	0

4.7　结案和管理赔案单证

结案赔付指保险人对于被保险人的赔偿请求作出核定，确定属于保险责任的，与被保险人达成有关赔偿金额的协议并履行赔付责任的过程。结案和赔案单证管理岗主要工作职能是理赔信息维护、结案处理、案卷管理。

4.7.1　结案

4.7.1.1　结案的内容及要求

（1）打印赔款收据

结案岗收到已审批的赔案后，根据最后审批的赔付金额，按照客户提供的收款人、账号等信息打印赔款收据。“赔款收据”一式四联：存根联用于收据核销，保户联支付赔款时交保户，记账联用于财务记账，业务联随赔案归档。

（2）清分单证

结案岗人员应将一联赔款收据交被保险人；一联赔款收据连同一联“机动车辆保险赔款计算书”送会计部门作付款凭证；一联赔款收据和另一联“机动车辆保险赔款计算书”连同

其他全案单证材料存入赔案案卷。

（3）结案登记

在业务系统以立案号进行结案登记，核对结案金额是否与赔付金额相符，如结案金额等于赔付金额，则缮制结案报告，同时生成赔案编号。如结案金额不等于赔付金额，则纠正后才能结案。对于注销或拒赔案件，在系统中进行结案处理时，应录入注销或拒赔原因。

4.7.1.2 交强险的结案和归档

（1）理赔单证

保险人向被保险人或受害人支付赔款后，将赔案所有单证按赔案号进行归档。必备单证包括：保单抄件；报案记录、被保险人书面索赔申请；查勘报告、现场照片及损失任务照片、损失情况确认书、医疗费用原始票据及费用清单、赔款计算书（以上原始票据，由查勘定损公司留存）；行驶证及驾驶证复印件，被保险人和受害人的身份证明复印件；（如直接支付给受害人）公安机关交通管理部门或法院等机构出具的合法事故证明、有关法律文件及其他证明，当事人自行协商处理的协议书；其他能够确认保险事故性质、原因、损失程度等的有关证明、协议及文字记录；赔款收据、领取赔款授权书。

（2）满限额提前结案处理机制

① 适用条件。同时满足以下条件，属于交强险赔偿责任的事故：涉及人员伤亡，医疗费用支出已超过交强险医疗费用赔偿限额或估计死亡伤残费用明显超过交强险死亡伤残赔偿限额；被保险人申请并提供必要的单据。

② 基本原则。对于涉及人员伤亡的事故，损失金额明显超过保险车辆适用的交强险医疗费用赔偿限额或死亡伤残赔偿限额的，保险公司可以根据被保险人的申请及相关证明材料，在交强险限额内先予赔偿结案，待事故处理完毕、损失金额确定后，再对剩余部分在商业险项下赔偿。

相关证明材料包括：索赔申请书、机动车行驶证、机动车驾驶证、被保险人身份证明、领取赔款人身份证明、交通事故责任认定书。人员费用证明：医院诊断证明、医疗费报销凭证、死亡证明、被扶养人证明等。

③ 基本流程。被保险人提出索赔申请，被保险人提供必要单证，保险公司在收到索赔申请和相关单证后进行审核，对于根据现有材料能够确定赔款金额明显超过医疗费用限额或死亡伤残限额的案件，应由医疗审核人员签署意见，在5日内先予支付赔款。不再涉及交强险赔付的，对交强险进行结案处理。

4.7.2 档案管理

4.7.2.1 案卷管理

（1）案卷管理概念

案卷管理是指结案赔付后，根据公司案卷管理规定，进行单证清分、案卷装订、案卷归档的过程。

（2）案卷管理步骤

① 立案后制作案卷袋，并根据赔案号按序排列；

② 结案前各类单证归档；

③ 结案后单证清分、案卷装订、案卷归档；

④ 通知客户领款；

⑤ 完成案卷调阅工作。

4.7.2.2 案卷管理要求

理赔案卷须一案一卷整理、装订、保管，并按赔案号顺序依次排列。赔款案卷要做到单证齐全，编排有序，目录清楚，装订整齐，照片及原始单据一律粘贴整齐并附说明。特殊案件赔案的单证按《特殊案件处理规程》的规定管理。理赔案卷按分级审批、分级留存的原则管理，并按总公司办公室颁布的档案管理规定进行保管。

（1）整理、立卷、存档

① 车险业务文件材料的整理、立卷应以保证各种文件、单证的系统、完整，能真实和保持历史联系为原则。

② 承保单证、理赔单证等材料，办理完毕后，把应归档的材料收集齐全，并按要求加盖骑缝章，由档案经办人整理立卷，部门负责人审核后归档。

③ 承保单证立卷归档后，在责任期内由部门保管，责任期结束后原则上由部门保管二年（特殊情况除外），期满后移交档案室存档。

④ 理赔案卷结案年度终了后，原则上由部门保管一年（特殊情况除外），期满后移交档案室存档。归档理赔案卷按结案年度及赔案年度编号排列。

⑤ 车险业务文件材料卷内排列顺序。承保单证按承保工作程序依次排列；理赔案卷卷内文件材料排列原则是：有批复的案件，批复在前；非诉讼案件的结论、决定在前；诉讼案件判决书在前。卷内其他文件的排列顺序按照理赔工作程序依次排列；理赔案卷卷内文件材料排列总公司有关业务部门有具体要求的按有关业务部门的要求执行。

⑥ 业务承保、理赔案卷由各分公司、中心支公司自行归档，其中支公司、营销服务部的档案待部门保存期届满后移交上一级主管单位存档。

（2）业务案卷的装订

① 车险业务案卷的装订。车险业务案卷的装订原则上采用三孔一线（特殊情况除外），孔距约 6 厘米。卷内所附单证、照片应粘贴在统一规格的附纸上。尺寸超过 A4 纸的单证要折叠整齐；在装订线外有文字的要加边裱糊，并按要求加盖骑缝章。装订前要去掉金属物。装订要结实整齐，不要压住字迹。不掉页，不倒页，不损坏文件，不妨碍阅读，方便利用。凡采用钢缝线联结正、副本（非一式多联胶粘）的定额凭证，其销号后的副本或存根联，应盛装于专用的纸盒内。

保费发票应视同于有价单证严格管理，其中一联“内勤留存联”应粘贴于保险单副本上。机动车辆保费发票的业务留存联应粘贴在保险单业务留存联的正面，批单应粘贴在保险单业务留存联的反面；投保单应附在相应保险单业务留存联后面装订；批改申请书、投保单附件（如约定主驾驶人驾驶证复印件、新增加设备清单、上年度无索赔证明、行驶证复印件、拓印发动机号等）应粘贴在投保单背面。除非格式保单副本和采用专用纸盒归档的定额凭证副本外，所有凭证的装订要求按险种的凭证代码、印刷流水号整理并填制封面封底。

② 单证装订要求。承保单证装订要求：机动车辆保单副本 50 套为单位连号装订；财产险一次结算的保单副本以 100 份为单位连号装订；财产险分期结算的保单副本以 50 份为单位连号装订；其他险种的不定额保单副本以 100 份为单位连号装订；定额保险凭证副本（或存根联）可以 100 份或 200 份为单位连号装订；机动车辆保险单业务存留联及其附件应按保单印制流水号顺序排列，大号在上，每 50 套单证装订成一册，不得缺号、跳号；非格式保

单副本连同“非格式保单登记簿”复印件可用牛皮纸或塑料档案袋归档，数量不超过30份，袋上注明日期、号码及档案袋序号。

理赔单证装订要求：理赔案卷根据案情性质，可一案一卷或一案数卷。案卷厚度原则不超过2厘米。

（3）业务档案的销毁

① 根据规定，确定业务档案的保管期限。保管期限以业务部门移交档案室之年度起计算。超过保管期限的业务档案，由档案室会同业务部门、稽核部门、行政部门和上级主管部门共同进行再次鉴定，确属失去利用价值的业务档案要登记造册，向办公室提出销毁申请，报公司总经理室批准后方可销毁。

② 销毁业务档案应送保密机关指定的档案销毁部门销毁，并由稽核部门、档案部门、行政部门和上级主管部门派员监销，并在销毁清单上签字。

4.7.2.3 已决归档操作细则与技术要求

（1）逐笔审核已决赔案资料的完整性

赔案资料包括：出险通知书或索赔申请书、查勘报告、交通事故责任认定书（或事故证明）、保险单抄件 、交通事故损害赔偿调解书 、三者的赔偿收据及损失清单、修车发票、施救费票据、行驶证复印件、驾驶证复印件、被保险人营业执照或身份证复印件。

赔案需要的其他材料，如伤病诊断证明、病历、医疗费用单据、交通事故评残证明、抚养证明、赡养证明、死亡证明、误工证明或护理证明、车辆购置附加费原件、购车发票原件、被盗车钥匙、盗抢车辆未侦破证明、养路费停缴证明、车辆丢失登报证明、机动车登记证书原件、停车场发票、权益转让书、盗抢车辆封档证明、火灾证明、暴风暴雨等证明。

不符合要求的予以退回并限期补齐材料重新归档。

（2）归档移交

移交档案时所有应归档的案卷材料，均须经交接双方当面清点、核对。交接完毕后，交接双方和监交人在移交清册填写需要说明的问题和意见，并在赔案接收表上共同签字确认。移交清册应填写一式两份，交接双方各执一份。

（3）档案调阅

公司内部调档及业务调档，填写调档登记表，报经分公司总经理室审批后，予以调档。阅档必须在阅档室进行，各类档案资料一律不得带出室外。阅档人员不得对借阅的档案资料涂改、污损、撕毁和私自摘抄，更不得拆卷抽取原件。如需摘抄复制档案内容的，需经分公司总经理室批准后进行。复印档案资料，由管理人员负责押档前往，不得交与他人自行处理，摘抄复制的档案内容需经档案管理人员复核加盖审核章后生效。因工作需要借调档案的，需持单位介绍信办理借阅手续，经分公司总经理室审批后方能借出。档案管理人员必须对所借出的档案进行件数、内容等情况的登记，履行借阅签字手续。借出的档案必须按时归还。档案室管理人员要当面清查，无误后再注销登记。如发现损毁、遗失、私自改动等情况，要当即追查，及时处理。

（4）档案保存

每季度检视档案，做好档案的防盗、防火、防尘、防霉、防鼠、防虫、防光等工作，确保档案材料完整无缺和安全，做好各种设备的维修和使用。对保管期满经鉴定无保存价值的档案及时进行登记和销毁，并及时进行档案统计工作。

4.8 理赔新技术

财险公司在车险经营中不断创新理赔技术，理赔效率大大提高。如平安财险打造了一套新型理赔平台系统——新高铁车险理赔系统，铸造了 5 大通道（电话直赔、快速、标准、复杂和风险通道），3 套风险识别模型规则，5 个高效作业平台以及一个新智能系统，并基于客户的价值贡献度将客户分为高价值、正价值、负价值三种类型，分别提供差异化的理赔服务。

4.8.1 移动通信技术的应用（以平安财险为例）

财险公司在理赔阶段纷纷采用先进技术提高理赔实效，避免骗赔事件的频繁发生，如平安财险新高铁车险理赔系统（下称“新高铁系统”），突破了目前大部分理赔系统存在的纯线下作业模式、以我为主的定损观念、流程单一固化等弊端，实现了“线上理赔与线下服务相结合，以客户需求为导向，分通道分流程灵活操作”等模式。

① 系统融入大量客户需求。为了确保系统更贴近客户需求，在设计之初先后对 40 多个城市的车主、理赔员、企业高管等近万人进行调研，融入大量客户需求声音和先进的科学技术，使理赔系统具有“自动化”“智能化”“标准化”“便捷化”等特点。

借助新高铁系统，平安财险持续推出了车主微信自助定损、好车主 APP 自助理赔、车行远程定损等理赔服务。同时，各分公司以本地车主服务需求为导向，面向社会全体车主提供“路遇车辆故障主动停车关怀”“7×24 小时理赔、医疗、法律咨询”“理赔资讯定期看”“重大自然灾害预报及用车提醒”等关怀服务。

② 开创五大特色变革。

首先是电话直赔，优质客户发生轻微事故后，在线简单上传照片并确认损失金额和银行卡账号信息即可获赔，从报案到赔偿只需几分钟，无需等待查勘定损、无需提交索赔资料。

其次是人伤电话定损，涉及轻微人伤的交通事故，车主报案后即有平安人伤查勘员通过全国统一人伤理赔电话 400166622 对车主进行指引，如果伤者伤情确定且与车主达成赔偿协议即可实现赔付。

最后，还包括现场快赔处理、分通道快速赔付、智能化理赔作业体系。其中现场快赔处理，是指事故现场查勘过程中只要损失明确无异议，被保险人的行驶证、驾驶证、银行卡、身份证有效齐全即可享受现场快速赔偿服务，后续直接修车无需再定损。

分通道快速赔付则是指双方碰撞的事故中，负有事故责任的平安车主只需要事故中任何一方的理赔资料齐全即可向平安财险申请先赔偿，无需苦苦等待另一方的理赔资料齐全后再索赔。如果被保险人向平安财险授权，平安财险可直接赔付事故第三方，无需车主亲自到厂给第三方垫付。同时，如果事故双方均为平安的客户，只要都在平安投保交强险和商业险，不管事故责任如何，只要被保险人同意，双方各自找平安索赔即可，无需来回交接。

新高铁系统植入智能化理赔作业系统，同时组建与之相配的定损专家队伍，为每位客户提供合理的维修方案和准确的定损报价。除此之外，新高铁系统还拥有超强的自动理算功

能，无论事故中涉及多少辆车，责任比例如何，定损金额多少，系统在几秒钟内即可完成自动理算，赔款金额计算准确率达100%。

4.8.2 GPS辅助查勘调度

过去保险公司的专线接线员在接到案件后，单纯靠传统的电话联系的方式调度某一查勘车辆到现场，速度慢，效率低，GPS辅助查勘调度是借助先进GPS车辆定位、电子地图GIS技术，以及无线通信技术的强大组合来实现对查勘车辆的快速精准调度。

该技术是将GPS定位作为辅助，调度中心利用电子地图监控出险车位置、查勘车位置的同时，随时与查勘车上的GPS车载终端设备进行信息交互。调度中心将查勘调度任务、出险车的位置、出险车的投保情况发给查勘定损人员了解，查勘定损人员随时将案件的处理情况反馈给调度中心。所有的交互信息就作为重要的数据进行了记录，使得案件的调度处理过程数字化，为查勘车及查勘定损人员的管理提供了依据。

4.8.3 车联网技术应用

车险理赔链条中，报案—查勘定损—核价核损—理算核赔—赔款等环节较长，时效慢，客户体验差，缩短流程又易产生道德风险。车联网可有效解决这些问题。

（1）将客户车辆与保险理赔系统对接，一键报案理赔效率高

系统对接后，客户一出险，保险公司即可获知碰撞信息，实现一键报案理赔，甚至无需报案，保险公司直接呼出询问是否需要报案。通过大数据已经得知车主的驾驶行为，再加上智能OBD+行车记录仪在碰撞瞬间拍摄3张相片和短视频，并上传到云端，云端抓取到的事故相片上传至保险公司理赔系统。保险公司后台人员可迅速判断事故大小并计算损失，第一时间赔款支付，实现“秒赔”。未来保险公司后台呼叫中心将不只是具有信息传递的功能，而是集客户咨询和案件评估的技术专家和保险专家于一身的专业人员。

（2）与客户实时互动，提高客户体验

保险公司的查勘车辆与客户的车辆网联后，可以与客户实时互动。如客户需要现场救助和协调时，保险公司后台通过云端发送信息到就近查勘车和查勘员，查勘员接到信息与客户网联，客户可以知道查勘的具体位置和到达事故现场的时间，一方面减轻客户的焦虑，一方面通过网联互动，查勘员可以通过APP与客户互动，实现客户与查勘员联动化，提升客户体验。

（3）一键救援，网联POI线下资源，第一时间救助，分享共赢

车联网技术也可以直接或通过保险公司间接与线下合作维修厂的救援车网联，实现信息互通。一方面，一旦客户发生重大交通事故，合作维修厂通过云端客户信息管理平台第一时间开展救助，同时客户也能收到救助信息，减轻客户的顾虑和担忧。另一方面，合作维修厂的服务能力和服务质量也会受到客户的监督和反馈，对合作维修厂进行评分。得分和信誉高的合作维修厂，也会得到更多的救援和服务机会。实现客户、保险公司、合作维修厂互联合作，分享共赢。

（4）大数据分析模型和智能OBD传感技术，有效识别欺诈行为

车联网的技术应用中，一方面，通过数据模型分析驾驶行为轨迹，识别客户是否存在营运车购买非营运车保险，是否存在参与专车等行为。另一方面，通过碰撞瞬间的拍摄视频和

相片，可第一时间预判事故的真实性。比如碰撞瞬间来回倒车，在空旷的事发地急加速急减速，事故发生前 2 个小时在酒吧一条街停留，等等，通过数据分析进一步调查举证，可有效地识别欺诈，实现风险控制的功能。并通过车联网大数据的积累，可以提前预知风险，达到风险识别、风险预警和风险控制的目的。

（5）搭建一个云端信息服务查询平台，共享车辆的出险和维修记录

保险公司在车联网技术的应用积累中，可搭建一个基于云端的信息服务查询平台，共享车辆的维修记录和出险记录，并对车辆整个生命周期进行跟踪和服务。一方面在二手车领域可与汽车流通行业进行资源合作，另一方面更可在汽车金融和大数据方面进行深入挖掘和分析，探索更多的商业模式和价值。

车联网技术可有效发挥防灾减损和社会管理的融通功能，在故障检测、纠正驾驶行为、降低交通事故、提升客户体验和效率、降低成本等方面发挥越来越重要的作用；为广大保险消费者带来新技术的体验，是保险业创新和改革的重要技术力量。

车联网技术的发展，将在保险行业中的集客、选客和控客上也起到积极的作用。在商车改革和 UBI 试点的道路上，车联网技术也将是重要的参与者和决策者。通过大数据的分析，驾驶行为、驾驶时间和驾驶里程与保费的权重占比和密切度，也将是近几年的研究重点。车联网技术将会给更多的优质客户带来更多的服务和更低的保费优惠福利，同时让那些“逆选择”客户无处藏身。

4.9 任务实施——车险接报案流程及话术

案情：2017 年 2 月 15 日，高京京为自己新购置的捷达车购买了交强险和部分商业保险，同年 7 月 10 日，他和家人自驾车出去游玩，路上和对面开来的一辆小“面包”车发生剐蹭，两方车辆都有比较严重的外观损伤。高先生立即向保险公司报案，作为保险公司接报案人员的你应如何与客户沟通了解出险信息？操作步骤见表 4-9。

表 4-9　操作步骤

步骤	内容	实施	备注
第一步	接听电话，了解客户需求	1. 客户表现出不知如何报案时：您好，×× 号为您服务，请问有什么可以帮您？请问您是需要报案吗？（“是”则转第二步，否则转相关业务流程处理） 2. 客户表现出急于派人查勘时：“请您别着急，我立即为您做登记，尽快安排工作人员协助您处理。” 3. 当客户异常激动无法配合报案时：“为了方便您后续办理索赔，请您配合我们记录一下案件信息好吗？”	

续表

步骤	内容	实施	备注
第二步	了解承保信息，查询保单信息	1.“请问您的车牌号是多少？” 2.“麻烦您报一下被保险人身份证号和保单号。” 3.“请问您行驶证上车架号后6位是多少？” 4. 根据客户提供信息迅速查询客户的保单信息。若无法查询到客户有效保单，首先向客户确认是否在本公司投保，除客户明确不在本公司投保的不需要记录外，其余情形座席均要进行无保单报案登记。建议话术：“很抱歉，可能是因为系统问题，暂时未能查到您的保单信息，为了保障您的利益，我先帮您登记报案。请您尽快找到保单号并来电向我们反馈好吗？” 5. 除查询条件外还需主动与客户核对保单以下任意两项信息：车牌号、被保险人名称、厂牌型号、车架号、保单号、被保险人证件号码。若系统只查到一张交强或商业险保单，需要提醒客户向另承保公司报案，建议话术：“请您稍后也向交强险（或商业险）的承保公司报案。” 6. 通过被保险人名称查询的核对话术：“请问车架号后6位/发动机号后6位/证件号码后4位是×××是一辆××（车型）吗？”	1. 在核对之前若客户已主动提供了保单信息的则无需再次与客户确定，座席自行在系统中进行核对。 2. 通过非被保险人名称查询的核对话术：“请问被保险人是×××先生/女士/（公司名称）吗？是一辆××（车型）吗？”
第三步	出险时间、报案人、驾驶员	1. 出险时间确认到小时、分钟。 2. 客户来电报案时“出险时间（准确日期）、出险地点、事故简单经过”，三项信息任一项无法提供时，座席询问当事人电话，由座席主动外拨联系当事人了解案件情况，记录案件。视客户事故情况提醒客户报警，且未定损前车辆不要修理。 3. 若发现报案人与驾驶员同姓，座席无法准确判断报案人是否为驾驶员时，座席需要有意识地进一步确认报案人的全名，从而核实其是否为驾驶员。驾驶员全名，需逐字核对，无错字。确实听不清的可用拼音或拆字代替。当客户异常着急或确实无法提供出险当时的驾驶员时，座席记录“不详”	
第四步	出险经过	1. 根据事故类型按照对应话术要求询问除本车损失，大致受损方位。如：“请问您的车前后左右哪里有损坏？”（提示话术：具体是车体左侧还是右侧，车头还是车尾部位受损？） 2. 记录对方车牌、大致受损方位。行驶状态记录为直行/变道/停放/倒车即可，无需详细询问左转还是右转。询问对方的车牌号是多少。 3. 请问事故中有人员受伤吗？座席需要在线对客户询问并记录以下事项：受伤人数、伤者身份（本车司机、本车车上人员、三者人伤），无需询问受伤部位。 4. 当客户情绪不稳定时，座席可适当表示慰问，并提醒客户及时救助伤员。如果是标的车上人员受伤，需询问：请问是司机受伤还是乘客受伤，如客户情况不明，需告知客户了解情况后来电补充	

续表

步骤	内容	实施	备注
第五步	出险地点及目前所在位置	1. 询问:“请问事故地点在哪里?”或“请问在哪里发生的事故?” 2. 询问是否第一现场，询问:“请问您的车/双方车是否还在事故现场?”如已明确车辆不在现场则无需询问。若根据客户报案时情况，座席完全可以明确判断客户是否在事故现场可不询问。 3.“请问您的车辆（双方车辆）现在什么地方?”	
第六步	确认联系方式	1. 如有来电显示，询问:“请问来电号码××××××××××能联系到您吗?”“为方便联系您，除了来电您还有其他联系电话吗?” 2. 当报案人不是被保险人时，需询问被保险人联系电话，询问:“请问被保险人的联系电话是多少?”报案人不配合提供被保险人的联系电话，需使用提醒:“为保障被保险人权益，根据监管部门要求，所有非被保险人报案的都需要提供被保险人的联系电话，感谢您的配合!” 3. 询问是否报警，在线提醒客户保留证据，需提醒:“定损时，请被保险人携带身份证原件亲自参加。”	

任务要点与总结

1. 为使报案信息记录准确全面，各公司都设计了标准话术，这些必须按照原句话术表述。对公司给出的“建议话术”，则在表述过程中能说到原句话术的要点即可。

2. 若在通话过程中客户已主动告知的信息则无需重复询问，直接根据客户描述记录，若接报案座席在无法确定的情况下可以与客户核对确认。

3. 对于客户无法回答的问题，不进行追问。

4. 认真倾听客户所描述的内容，善于总结、归纳重要信息，客户表现焦急、悲伤等情绪时，座席可以适当安慰客户。

5. 对于客户线上主动询问是否能够赔付、赔付比例。座席不做明确回答，按话术回复。

6. 在线拒赔案件，客户不接受解释，坚持要座席记录时，座席应客户要求可正常受理本案，在系统记录后正常派工。

思考题

1. 汽车保险理赔的原则是什么?
2. 汽车保险理赔有哪些特点?
3. 汽车保险理赔的一般流程是什么?
4. 报案时需要录入哪些客户信息?

练习

一、填空题

1. 保险的现场查勘中，根据现场的完整真实程度分为________、________和________。

2. 车辆发生保险事故后，定损方式有________、________、________三种方式。

3. 核保机构设置模式一般有________、________、________三种类型。

二、判断题

1. 发生保险事故后，对损坏的车辆被保险人可以先自行修复，然后向保险人理赔。（　　）

2. 受损车辆初步定损后，不能追加修理项目和费用。（　　）

3. 强制汽车责任保险理赔时，无责方车辆保险公司必须参与查勘定损。（　　）

4. 未经保险公司认可，被保险人不要擅自修复受损车辆。（　　）

三、单项选择题

1. 随着私家车数量的增加，被保险人中私家车车主的比例正在逐年增加。由于这些被保险人文化、知识和修养的局限，再加上他们对保险、交通事故处理、车辆修理等方面知识的匮乏，使得他们购买保险具有较大的被动色彩。同时由于利益驱动，使得检验和理算人员在理赔过程中与其交流时存在较大的障碍。这体现了汽车保险理赔的（　　）特点。

A. 被保险人的公众性　　B. 损失率高且损失幅度较小

C. 标的流动性大　　D. 受制于修理厂的程度较大

2. 客户出现事故后进行报案的方式有（　　）。

A. 上门报案　　B. 电话报案　　C. 传真报案　　D. 以上答案都正确

3. 我国汽车保险的理赔服务模式主要是（　　）。

A. 自主理赔　　B. 物价评估　　C. 保险公估　　D. 修理厂评估

4. 对残值处理的描述正确的是（　　）。

A. 残值处理是指保险公司根据保险合同履行了赔偿并取得对于受损标的所有权后，对这些受损标的的处理

B. 在通常情况下，对残值的处理均采用协商作价折归被保险人并在保险赔款中予以扣除的做法

C. 在协商不成的情况下，保险公司应将已经赔偿的受损物资收回

D. 以上答案都正确

5. 遵循“主动、迅速、准确、合理”的车险理赔原则的根本目的是（　　）。

A. 让保险公司满意　　B. 让客户满意

C. 让保险公司和客户都满意　　D. 都对

机动车保险查勘技术

[导入案例] 

周先生取得驾照已满一年，但开车很少，最近购买了一辆福特福克斯两厢轿车。每天下班他都把车停放在小区停车场，每个月他要向物业交纳300元停车费。2016年10月，周先生一早准备去上班时，发现自己的车出现了两道较深的划痕。因为他是新手新车，购买的保险中包括划痕险，所以他向保险公司报案并要求理赔。保险公司答复：凡是在收费停车场中被划的车辆保险公司不赔。本来以为既有保险又有车位，自己的车有了保障，就不会有什么问题，但保险公司给出的理由让周先生不能理解。

思考 

1. 在小区的收费停车场出现车辆损坏，保险公司都不能赔吗?

2. 如果保险公司不赔，车主应如何应对?

案例启示 

购买了保险并不意味着车辆的事故损失都能得到保险公司的赔偿，每个险种中都明确了不保责任和不保损失，要用正确的方法来维护自己的利益。

学习目标及要求

了解现场查勘工作的主要内容及工作流程；掌握查勘前的准备工作内容；掌握汽车事故现场的分类和取证方法；会运用现场查勘知识解决不同事故现场的查勘问题。

学习内容

5.1 交通事故及交通事故处理

5.1.1 交通事故

交通事故包括道路交通事故和非道路交通事故，根据《中华人民共和国道路交通安全法》(简称《道路交通安全法》)，道路交通事故是指车辆在道路上因过错或者意外造成的人身伤亡或者财产损失的事件，包括由不特定的人员违反交通管理法规造成的，也包括由于地震、台风、山洪、雷击等不可抗拒的自然灾害造成的。

5.1.2 交通事故处理

交通事故处理就是依据《道路交通安全法》和《道路交通安全法实施条例》，对车辆在道路上因过错或者意外造成的人身伤亡或者财产损失事件的处理。公安交通管理部门是交通事故的处理机关，但对非道路交通事故不具有法定管理的职权。

5.1.2.1 道路交通事故处理程序

交通事故按事故严重程度可分为轻微事故、一般事故、重大事故和特大事故四个等级。

对道路交通事故，接到事故报案后，公安机关派交警赶赴现场，向事故当事人和知情人了解案情，通过照相、询问笔录和现场绘图取证，对不涉及人员伤亡的轻微事故按简易程序处理，交通事故处理的一般流程，如图 5-1 所示，适用简易程序的须填报机动较通事故快速处理协议书，如表 5-1 所示。

对其他类型的事故如有人员伤亡的通知医疗部门抢救伤员，通知保险公司、救助基金支付抢救费用。对事实清楚，各方当事人对事故成因无异议的可自当场或现场调查之日起十日内出具责任认定书。对事实不清，有疑点或当事人对事故形成有争议的，因收集证据需要，可扣留事故车辆、行驶证，扣押有关物品，对痕迹物证、当事人生理状况等进行检验鉴定，通过现场技术处理和医学检验结论确定各方事故责任，出具责任认定书。对违反《道路交通安全法》的责任人予以警告，罚款，吊扣、吊销驾驶证或拘留的处罚。

事故成因无法查清的，公安机关交通管理部门应当出具道路交通事故证明，载明道路交通事故发生的时间、地点、当事人情况及调查得到的事实，分别送达当事人，当事人再通过法律程序解决纠纷。

5.1.2.2 简易处理程序和“私了”

针对无人伤轻微道路交通事故可适用简易处理程序由一名交通警察处理。在固定现场证据后，责令当事人撤离现场，恢复交通。拒不撤离现场的，予以强制撤离；对当事人不能自行移动车辆的，交通警察应当将车辆移至不妨碍交通的地点。撤离现场

后，根据现场固定的证据和当事人、证人叙述等，认定并记录道路交通事故发生的时间、地点、天气、当事人姓名、驾驶证号、联系方式、机动车种类和号牌、保险凭证号、交通事故形态、碰撞部位等，并根据当事人的行为对发生道路交通事故所起的作用以及过错的严重程度确定当事人的责任，制作道路交通事故认定书，并由当事人签名。当事人共同请求调解的，交通警察应当当场进行调解，并在道路交通事故认定书上记录调解结果，由当事人签名，交付当事人。有下列情形之一的，不适用调解，交通警察可以在道路交通事故认定书上载明有关情况后，将道路交通事故认定书交付当事人：

① 当事人对道路交通事故认定有异议的；

② 当事人拒绝在道路交通事故认定书上签名的；

③ 当事人不同意调解的。

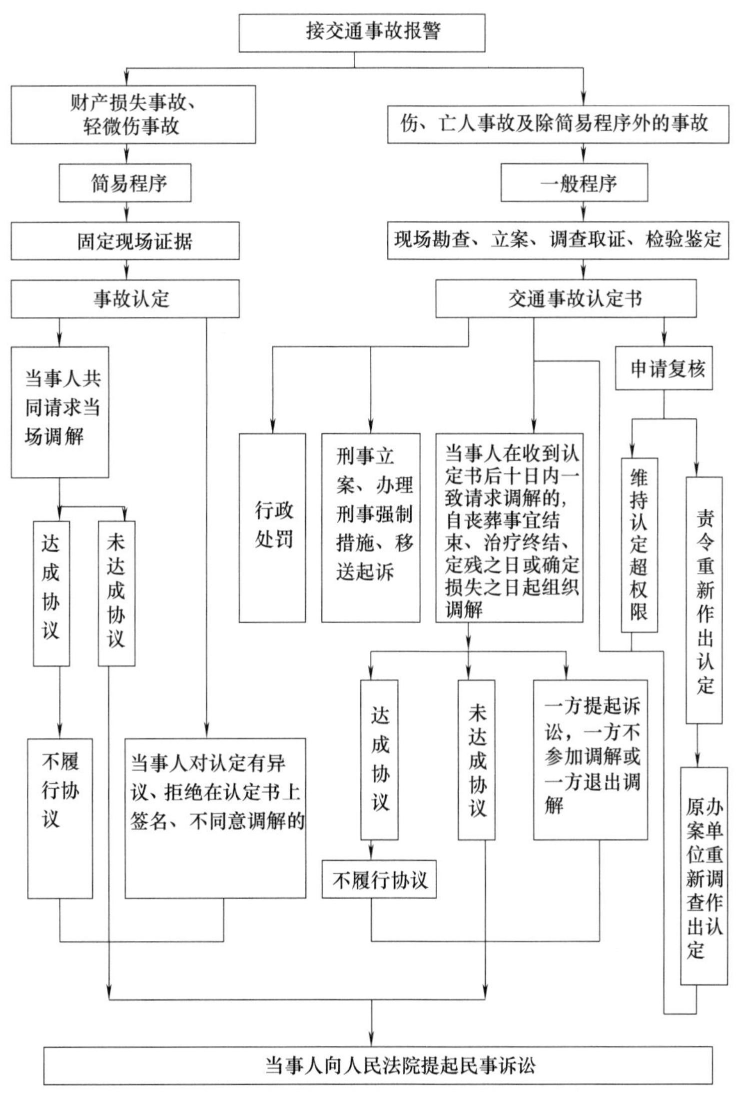

图 5-1　交通事故处理的一般流程

表 5-1 机动车交通事故快速处理协议书

<table>
<tr><th colspan="8">机动车交通事故快速处理协议书</th></tr>
<tr><td colspan="2">事故时间</td><td colspan="3">年 月 日 时 分</td><td>事故地点</td><td colspan="2"></td></tr>
<tr><td>代码</td><td>姓名</td><td colspan="2">驾驶证或身份证号</td><td>车辆型号</td><td>保险公司</td><td>电话</td><td>保险公司报案号</td></tr>
<tr><td>A</td><td></td><td colspan="2"></td><td></td><td></td><td></td><td></td></tr>
<tr><td>B</td><td></td><td colspan="2"></td><td></td><td></td><td></td><td></td></tr>
<tr><td>C</td><td></td><td colspan="2"></td><td></td><td></td><td></td><td></td></tr>
<tr><td rowspan="3">事故情形</td><td>1. 追尾的□</td><td>2. 逆行的□</td><td>3. 倒车的□</td><td>4. 溜车的□</td><td>5. 开关车门的□</td><td>6. 违反交通信号的□</td><td>7. 未按规定让行的□</td></tr>
<tr><td colspan="3">8. 依法应负全部责任的其他情形□</td><td colspan="4">情形描述：</td></tr>
<tr><td colspan="3">9. 双方应负同等责任的□</td><td colspan="4">情形描述：</td></tr>
<tr><td>伤情及物损情况</td><td colspan="7"></td></tr>
<tr><td rowspan="2">当事人责任</td><td colspan="2">A 方负本起事故</td><td colspan="3">B 方负本起事故</td><td colspan="2">C 方负本起事故</td></tr>
<tr><td colspan="2">1. 全部责任 □
2. 同等责任 □
3. 无责任 □</td><td colspan="3">1. 全部责任 □
2. 同等责任 □
3. 无责任 □</td><td colspan="2">1. 全部责任 □
2. 同等责任 □
3. 无责任 □</td></tr>
<tr><td colspan="8">以上填写内容均为事实，如有不实，愿负法律责任。
A 签名：__________ B 签名：__________ C 签名：__________</td></tr>
<tr><td>赔偿情况</td><td colspan="7">自愿放弃保险索赔，自行解决协议如下：
A 签名：__________ B 签名：__________ C 签名：__________</td></tr>
</table>

“私了”是当事人对交通事故的成因无争议，且未造成人员伤亡和财产损失，可不经交管部门处理，自行协商的道路交通事故处理方式。自行协商达成协议的，要填写道路交通事故损害赔偿协议书，并共同签名。道路交通事故损害赔偿协议书的内容包括事故发生的时间、地点、天气、当事人姓名、驾驶证号、联系方式、机动车种类和号牌、保险凭证号、事故形态、碰撞部位、赔偿责任等内容。

处理步骤：

① 查看财产损失情况；

② 协商交通事故事实及成因，签订书面“事故事实”协议；

③ 拍照或标画位置后撤离现场；

④ 保险报案、协商赔偿事宜，签订书面赔偿协议。

5.1.2.3 道路交通事故责任认定

《道路交通安全法》第七十三条规定，公安机关交通管理部门应当根据交通事故现场勘验、检查、调查情况和有关检验、鉴定结论，及时制作交通事故认定书，作为处理交通事故的证据。道路交通事故认定应当做到程序合法、事实清楚、证据确实充分、适用法律正确、责任划分公正，自现场调查之日起十日内制作道路交通事故责任认定书，其主要内容见表5-2。公安机关交通管理部门应当根据当事人的行为对发生道路交通事故所起的作用以及过错的严重程度，确定当事人的责任。①因一方当事人的过错导致道路交通事故的，承担全部责任；②因两方或者两方以上当事人的过错发生道路交通事故的，根据其行为对事故发生的

作用以及过错的严重程度，分别承担主要责任、同等责任和次要责任；③各方均无导致道路交通事故的过错，属于交通意外事故的，各方均无责任。一方当事人故意造成道路交通事故的，他方无责任。省级公安机关可以根据有关法律、法规制定具体的道路交通事故责任确定细则或者标准。

投保机动车第三者责任强制保险的机动车发生交通事故，因抢救受伤人员需要保险公司支付抢救费用的，由公安机关交通管理部门通知保险公司。抢救受伤人员需要道路交通事故救助基金垫付费用的，由公安机关交通管理部门通知道路交通事故社会救助基金管理机构。

表 5-2　道路交通事故责任认定书

××市公安局交通警察支队×大队

道路交通事故责任认定书

×市公交认字[2018]第001号

交通事故时间： 交通事故地点：	天气：
当事人、车辆、道路和交通环境等基本情况：	
道路交通事故发生经过：	
道路交通事故证据及事故形成原因分析：	
当事人导致交通事故的过错及责任或者意外原因： 交通警察：	年　月　日

当事人对交通事故认定有异议的，可自本认定书送达之日起三日内，向上一级公安机关交通管理部门提出书面复核申请，复核申请应当载明复核请求及其主要证据，对交通事故损害赔偿的争议，当事人可以请求公安机关交通管理部门调解，也可直接向人民法院提起民事诉讼。交通事故损害赔偿权利人、义务人一致请求公安机关交通管理部门调解损害赔偿的，应当在收到道路交通事故认定书或者上一级公安机关交通管理部门维

持原道路交通事故认定的复核结论之日起十日内向公安机关交通管理部门提出书面调解申请。

肇事逃逸案件在查获交通肇事车辆和驾驶人后十日内制作道路交通事故认定书。交通事故案件尚未侦破，受害一方当事人要求出具道路交通事故认定书的，公安机关交通管理部门应当在接到当事人书面申请后十日内制作道路交通事故认定书，并送达受害一方当事人。道路交通事故认定书应当载明事故发生的时间、地点、受害人情况及调查得到的事实，有证据证明受害人有过错的，确定受害人的责任；无证据证明受害人有过错的，确定受害人无责任。发生死亡事故，公安机关交通管理部门应当在制作道路交通事故认定书前，召集各方当事人到场，公开调查取得证据。证人要求保密或者涉及国家秘密、商业秘密以及个人隐私的除外。

道路交通事故责任认定书应当载明交通事故的基本事实、成因和当事人的责任，并送达当事人。道路交通事故责任认定书是公安交通管理部门依据交通法规对交通事故当事人有无违章行为，以及对违章行为与交通事故危害后果之间的因果关系进行定性、定量评断时所形成的文书材料。它是一种具有法律效力的技术文书，其目的是分清事故责任，依照交通法规和其他规定对肇事者作出正确恰当的处分，同时也是公安机关对交通事故损害赔偿进行调解的依据；道路交通事故责任认定书是人民检察院对于交通肇事者是否提起公诉的证据；道路交通事故责任认定书也是人民法院定罪量刑和确定损害赔偿的证据。交通事故责任认定书具有书证的特性，因其由公安机关制作，故应为公文书证，具有较高的证明效力。同时决定了该认定书不具有行政可诉性，不服认定书的结论，不能提起行政诉讼；也决定了法院在审理交通事故案件时，应该和其他证据一样进行真实性、客观性、合法性审查，如有其他证据足以推翻该认定书时，法院无须经过重新认定即可不予采信。

5.1.2.4 非道路交通事故处理

非道路交通事故一般由事故当事人协商解决，协商不能达成一致的，根据《道路交通安全法》第七十七条“车辆在道路以外通行时发生的事故，公安机关交通管理部门接到报案的，参照本法有关规定办理”的规定，将非道路交通事故也交由公安机关交通管理部门比照道路交通事故进行处理。

5.1.2.5 交通事故损害赔偿

交通事故造成的人员伤亡及财产损失，事故损害赔偿可通过当事人协商、交管部门调解或法律诉讼解决，交通事故损害赔偿项目和标准按有关规定执行，根据事故责任划分相应的赔偿比例。

当事人在事故后自行协商赔偿有争议的，各方当事人一致请求公安机关交通管理部门调解的，应当在收到交通事故认定书之日起十日内提出书面调解申请，由公安机关交通管理部门召集双方当事人进行调解。双方达成协议的，由事故调解人员制作并发给交通事故损害赔偿调解书（见表 5-3）。对交通事故致死的，调解从办理丧葬事宜结束之日起开始；对交通事故致伤的，调解从治疗终结或者定残之日起开始；对交通事故造成财产损失的，调解从确定损失之日起开始。公安机关交通管理部门调解交通事故损害赔偿争议的期限为十日。调解达成协议的，公安机关交通管理部门应当制作调解书送交各方当事人，调解书经各方当事人共同签字后生效；调解未达成协议的，公安机关交通管理部门应当制作调解终结书送交各方当事人，调解终止。当事人可向人民法院提起民事诉讼。

表 5-3　交通事故损害赔偿调解书

交通事故损害赔偿调解书

<table>
<tr><td>事故时间</td><td colspan="4"></td></tr>
<tr><td>事故地点</td><td colspan="4"></td></tr>
<tr><td>当事人姓名</td><td>性别</td><td>年龄</td><td>住址或单位</td><td>交通方式、车牌号</td></tr>
<tr><td></td><td></td><td></td><td></td><td></td></tr>
<tr><td></td><td></td><td></td><td></td><td></td></tr>
<tr><td></td><td></td><td></td><td></td><td></td></tr>
<tr><td></td><td></td><td></td><td></td><td></td></tr>
<tr><td colspan="5">根据《中华人民共和国道路交通安全法》有关规定……</td></tr>
<tr><td colspan="5">经公安机关交通管理部门主持调解达成协议，各方签字生效后任何一方不履行的，当事人可以向人民法院提起民事诉讼。</td></tr>
<tr><td colspan="3">当事人或代理人（签字并按手印）：

交通警察：</td><td colspan="2">（公章）

年　月　日</td></tr>
</table>

5.2 现场查勘技术

5.2.1　现场查勘概述

（1）现场查勘的工作内容

现场查勘的工作内容包括如下几方面。

① 负责现场勘查取证；核实出险标的；承保信息和实际出险车辆的确认；对于承保异常情况，及时通知承保部门和本级核赔人；核对现场和碰撞痕迹，判断事故真实性；判断事故责任和保险责任；对事故现场及所有损失拍照；对有人伤的案件，需调查了解人伤的相关信息。

② 指导客户填写“索赔申请书”或打印“索赔申请书”交客户签章，并告知客户索赔流程和所需的单证，同时尽可能多地收集现场已有的索赔单证。

③ 被保险人和事故处理当事人需要保险公司推荐的，查勘员就近推荐合作的直赔服务中心或查勘救援服务中心。

④ 将当日查勘的各类有效照片及时上传分公司公用文件夹，并维护好查勘工作日志。

⑤ 根据不同案件类型制作查勘报告及人伤调查跟踪表。

⑥ 在时效要求内及时完成系统查勘录入和理赔单证及照片上传工作。

⑦ 根据案件类型、案件损失情况选择案件流转通道；超权限的案件及时上报。

(2) 对现场查勘人员的工作要求

对现场查勘人员的工作要求如下。

联系事故当事人

① 查勘员无条件服从调度派工；工作时间内确保手机处于开机状态，并保持电话畅通。

② 受理调度派工后尽快与客户联系，确定查勘时间及地点，由于特殊原因不能在约定时间到达的，应提前和客户联系，做好解释工作并取得客户谅解，同时重新约定查勘时间；否则需立即通知总调度重新派工。

③ 索赔申请书被保险人处要求被保险人本人或委托人亲笔签字，企业客户还要求加盖被保险人单位公章，涂改处要求书写人指膜确认。

准备现场查勘物品

④ 对查勘现场已有的索赔单证（如驾驶证、行驶证、相关事故证明、被保险人身份证及赔款支付信息等）进行拍照并尽量收集，在理赔系统查勘操作时分项上传。

⑤ 理赔系统照片上传应遵循从远到近、从外到里顺序上传的原则。

⑥ 查勘报告要求被保险人或当事人亲笔签字确认。

(3) 查勘员的基本要求

查勘员的基本要求如下。

① 为快速到达现场，查勘员必须会开车，且熟悉查勘区域的道路和交通状况。

② 了解保险法和本公司的保险条款。知道什么情况可以赔，什么情况不能赔。

③ 了解基本的汽车构造和汽车零件的性能。对损伤零件的修与换把握得准。

检查外观

④ 熟悉基本的电脑操作。除会使用一般的办公软件外，还要掌握网络传输文件的技巧。

⑤ 具有一定沟通能力。能根据不同的客户和现场特点与当事人进行有效沟通。

(4) 上岗准备

查勘、定损人员须提前 10 分钟到达工作岗位，做好工作前的各项准备，确保准时开展工作。

检查仪表盘及后备厢

① 检查并准备理赔服务车辆。理赔服务车辆必须保持内外整洁卫生，清洁干净；座椅上不得放置与理赔工作无关的物品；仪表台和后备厢盖板不得放置任何物品；除随车工具、单证资料、赠送客户的矿泉水、“索赔指南”等物品外，后备厢不得放置其他与理赔工作无关的物品；常用险种条款明细、简易医疗工具箱等。

检查灯光

② 检查并准备必备单证。必备单证包括报案登记簿、保单抄件、索赔申请书、索赔须知、快捷处理单、服务监督卡、现场查勘报告及附页、简易事故处理单、询问笔录、现场草图纸、保户放弃索赔申请书等。

③ 检查并准备必备工具。必备工具包括照相机、手机（移动终端）、录音笔、手电筒、电池、印泥、皮尺、通讯录、粉笔、A4 纸、自喷漆、胶带。为便于携带，这些工具和资料应装在查勘工具箱中。

④ 检查并准备车上携带工具。车上携带工具包括千斤顶、拖车绳、灭火器、消防锤、

安全提示牌、电瓶连接线、胶鞋、雨衣等。

5.2.2　现场查勘工作的流程

严谨的查勘流程是做好理赔工作的保障，查勘的一般流程如图 5-2 所示。

（1）派工受理

查勘人员只接受保险公司专线或分公司调度人员调度，未经调度任何人不得参与现场查勘及定损。查勘人员接到调度派工后，立即查阅抄单，重点查阅保险期限、承保的险种、历史出险记录、保险金额及责任限额、交费情况等，有利于根据承保结构进行重点查勘。然后，主动联系客户，大概了解事故现场情况、明确告知自己现在所在位置、预计到达现场的时间，沟通中要保持良好的服务态度。然后，携带查勘工具和必要的资料奔赴现场，确属特殊原因无法前往的，应将原因及时反馈给调度人员，调度人员应安排其他查勘人员赶赴或及时告知客户解决办法。

（2）事故现场查勘

现场查勘的目的是查明是否第一现场、出险时间、出险原因与经过，然后确定保险责任范围。如果理赔人员到达事故现场时，事故仍在继续蔓延或保险财产仍有加重损失的可能，应按照抢救重于补偿的要求，积极协助被保险人组织施救整理工作，以便尽可能减少损失。然后开始现场调查取证，先确认保险标的，核实标的车交强险和商业险的承保信息，对于两方以上的事故，必须现场核实三者车辆的交强险承保信息，同时拍摄交强险标志或交强险保单。再利用现场的痕迹和物证核实事故真实性。

查明出险经过和时间

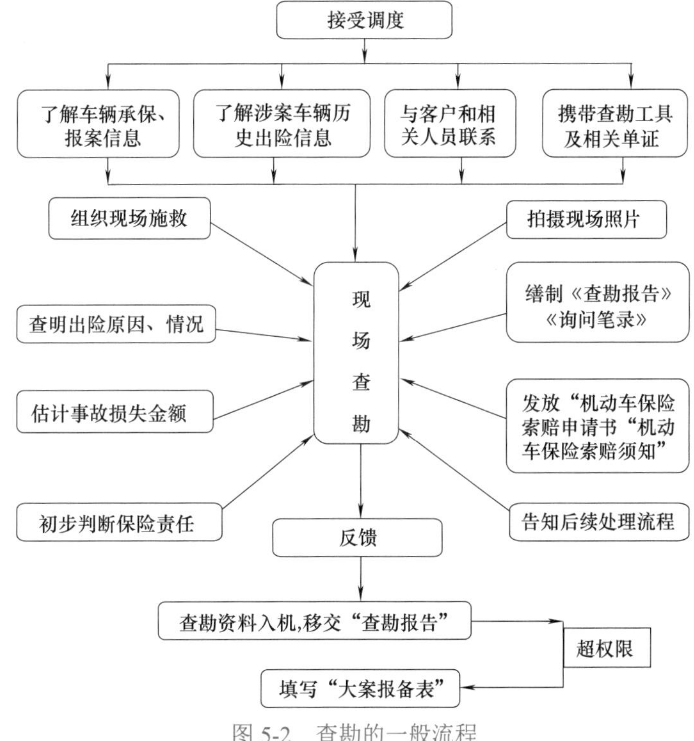

图 5-2　查勘的一般流程

（3）告知客户索赔事项

索赔事项包括以下几方面。

① 告知客户赔偿顺序，发生机动车之间的碰撞事故的，应告知客户先通过交强险进行赔偿处理，超过交强险责任限额的部分，由商业保险进行赔偿。符合交强险“互碰自赔”处理条件的，应向客户告知互碰处理后续流程。

② 向报案人提供“机动车保险索赔须知”“机动车保险索赔申请书”。

③ 告知客户后续理赔流程，对查勘时不能当场定损的，查勘人员应与被保险人或其代理人约定定损的时间、地点；对于事故车辆损失较重，需拆检后方能定损的案件，应安排车辆到拆检定损点集中拆检定损；对于明显不属于保险责任或者存在条款列明除外责任的，应耐心向客户解释，争取客户同意注销案件。

（4）现场损失任务确定

现场调查取证后，向客户了解事故车辆维修情况的选择，客户自修事故车辆时，简易案件应尽量现场定损核价并出具“事故车辆定损报告”，现场由当事人或被保险人签名确认；客户委托保险查勘救援协作厂维修时，现场尽量将损失部位拍摄完全，尽可能将看到的损失任务列出来，注明有可能隐藏的损失和部位，并及时到维修厂查勘定损。

（5）信息录入

现场工作结束后，及时将查勘结果录入系统查勘平台，内容主要包括车辆信息和预估的责任；对于简易案件，应在现场收集理赔所需资料，在系统中处理完成后直接交理算人员理算，以提高结案率。

（6）立案

① 结合保险车辆的查勘信息、承保信息以及历史索赔信息，分别判断事故是否属于商业机动车保险和机动车交通事故责任强制保险的保险责任，并选择正确的出险标志。经查勘人员核实的重复报案、无效报案、明显不属于保险责任的报案，应进行报案注销处理。

② 录入估损信息，应区分交强险、商业车损险、商业三者险和车上人员责任险等险别，分别录入或调整估损金额。基本信息中损失分类可以选择“全损”“非全损”“玻璃独碎”“盗抢”，赔案类别、出险区域、商业险赔偿责任、交强险赔偿责任、出险标志和出险原因都为可选项。立案处理人员可以根据实际情况进行录入。

③ 注意立案处理时限，一般情况下应于查勘结束后24小时内立案。最晚于接报案后3日内，进行立案或注销处理；查勘所涉及的单证可在立案同时或之后收集。

5.2.3 车辆查勘

（1）查验保险标的

查验车辆是否属于承保标的，查验车架号（VIN码）和发动机号、交强险标志并拍照。

（2）车载货物的查验

对标的车的装载、高度、宽度，原始运单的件数、价格和品种，发往什么地方，有无危险品进行查验，确定出险车辆是否违反装载规定。

机动车载货要遵循《道路交通安全法实施条例》，不得超过机动车行驶证上核定的装载质量，装载长度、宽度不得超过车厢。

① 重型、中型载货汽车及半挂车载物高度从地面起不得超过4米，载运集装箱的车辆不得超过4.2米。

② 其他载货的机动车载物，高度从地面起不得超过2.5米。

③ 摩托车载物，高度从地面起不得超过1.5米，长度不得超出车身0.2米。两轮摩托车

载物宽度左右不得超出车把 0.15 米，三轮摩托车载物宽度不得超过车身。

④ 载客汽车除车身外部的行李架和内置行李箱外，不得载货。载客汽车行李架载货，从车顶起高度不得超过 0.5 米，从地面起高度不得超过 4 米。

（3）第三方车辆信息查验

涉及第三方车辆的，应查验并记录第三方车辆的厂牌型号、号牌号码、车架号，以及第三方车辆的交强险保单号、驾驶人姓名、联系方式等信息。

（4）查验是否擅自改变车辆类型或用途

查验是否擅自改变车辆类型或用途的主要方法有以下两种。

① 车辆出险时使用性质与保单载明的是否相符。常见的改变用途情况有：客车改为货车；货车改为客车；普通货车改为专用货车；专用货车改为普通货车；卧铺客车改为座位客车；座位客车改为卧铺客车。

② 核实是否运载危险品。

（5）查验标的是否改装、加装

根据《机动车登记规定》中第十六条的规定，在不影响安全和识别号牌的情况下，除小型、微型载客汽车加装前后防撞装置；货运机动车加装防风罩、水箱、工具箱、备胎架等；增加机动车车内装饰不予办理变更登记的三种情形之外，未经公安交通管理部门允许，擅自改装机动车底盘、轮胎、车身、车灯、引擎、变速器、排气系统的行为均为非法改装。

允许汽车的变更内容包括改变车身颜色、更换发动机、更换车身或者车架。但车主应当在变更后十日内向车管所申请变更登记，车管所须在受理当日为车主办理相关手续，包括在机动车登记证书上签注变更事项，收回行驶证，核发新行驶证。

常见非法改装有：擅自改变车辆外廓尺寸或者承载限值、增加车辆外廓尺寸、加大轮胎、增加或者减少轮胎数量、增加或者减少车轴数量、货车增加钢板片数及厚度、客车安装行李架和增加座位或者卧铺铺位。

5.2.4 证件和驾驶人查验

（1）保险车辆的行驶证查验

查验保险车辆行驶证的主要内容如下。

① 行驶证是否有效。

② 行驶证信息是否与出险车辆信息相符。

③ 行驶证核定载重量是否与保单载明一致。

④ 行驶证初次登记日期是否与保单载明一致。

核实证件和出险车辆

（2）驾驶证检查

驾驶证检查的主要内容如下。

① 检查驾驶证真假、有效期、审检情况。

② 准驾车型是否相符、是否暂扣。

③ 对是否为被保险人允许的驾驶员、是否为保单约定驾驶员进行核实。

核验单证

④ 驾驶各种专用机械车、特种车的，查验驾驶员有无国家有关部门核发的有效操作证，驾驶营运客车的驾驶员有无国家核发的有效资格证。

（3）驾驶人检查

对真实驾驶人是否为合格驾驶员、是否为车主准许的驾驶员、是否为驾驶员准驾车型、

是否为保单约定驾驶员、是否酒后驾驶或服用违禁药物后驾驶进行查验。

（4）其他

其他查验内容包括以下方面。

① 对出险路况进行查勘，防止故意、车底损失与路况不相符等情况发生。

② 对驾驶员是否故意、驾驶员有无违章行为进行判断、查验。

5.2.5 现场基本情况的确认

通过以下几种方法对现场基本情况进行确认。

（1）通过嗅闻了解情况

① 通过闻确定驾驶员是否酒后驾车（尤其是13点至16点、20点至24点），如有可疑，可以拨打110与公安人员一起取证。

② 对于出险车辆气囊爆出的事故，要进入车厢闻闻是否有火药味，刚引爆气囊后不久车厢内会有火药味，如果没有，则该事故有疑点可进一步调查。

（2）通过观察和触摸了解情况

① 到达现场后仔细查看事故车辆及周围情况，查清事故发生的直接原因。以下是几种事故现场的查勘方法。

碰撞现场：动手摸一摸发动机是否有温度，观察碰撞痕迹，地面是否有碰撞后的残留物。

火灾现场：要寻找起火部位，观察烧毁情况，初步界定案件是否属于自燃。

水淹现场：观察事发地点是否能够造成水淹损失，是否属于保险责任。

盗抢现场：观察事发地点是否属于收费性营业场所。

② 观察驾、乘人员是否神色惊慌，是否有掩盖事实迹象。

③ 观察路况场地，是不是在修理场地维修时发生的事故，是否是在营业性场所发生保险事故。

④ 观察车辆、看刹车痕迹确定碰撞力度和速度，推定内部受损情况。观察路面轮胎压痕，判断车辆行驶方向，地面压痕杂乱时，认真判定是否有设置假现场的可能。对前部受损严重的，有条件的要现场打开引擎盖拍摄内部受损情况。

5.2.6 交通事故现场痕迹物证勘查

事故发生后现场都会留下各种痕迹。查勘人员必须对现场的肇事车辆、地面、伤亡人员及碰撞物体进行勘查，寻找和确定事故发生的原因。交通事故现场痕迹物证内容及查勘顺序如下。

（1）交通事故现场痕迹物证

痕迹物证包括遗留在交通事故现场或从交通事故现场带走能证明交通事故真实情况的物品、物质和痕迹。交通事故痕迹物证主要包括肇事车辆、人体、现场路面、固定物、附着物、散落物和各种痕迹。

① 附着物：在交通事故中形成，黏附在肇事车辆、人体、路面及其他物体表面，能证明交通事故真实情况的物质。例如，油漆、油脂、塑料、橡胶、毛发、纤维、血痕、人体组织、木屑、植物枝叶及尘土等微量附着物质。

② 散落物：遗留在交通事故现场，能够证明交通事故真实情况的物品或者物质。例如，

损坏脱离的车辆零部件，玻璃碎片，油漆碎片，橡胶碎条（碎片），车辆装载物，结构性土沙碎块，人体抛落在地面上的穿戴物品和携带物品，人体被分离的器官组织，从其他物体上撞、擦掉落在地面上的树皮、断枝、水泥及石头碎块等。

③ 地面痕迹：交通事故发生过程中，事故车辆轮胎和部件、人体以及与事故有关的物件等与地面接触而遗留在交通事故现场的痕迹，如轮胎痕迹、人的脚印等。

④ 轮胎痕迹：车辆轮胎相对于地面做滚动、滑移等运动时，留在地面上的印迹，包括滚印、压印、拖印、侧滑印、搓滑印等。

⑤ 车体痕迹：车辆在交通事故中与其他车辆、人体、物体接触，造成车辆变形和破损遗留在车体上的印迹，以及车体上的灰尘或其他附着物等缺失留下的印迹，包括汽车的部件损坏状态。

⑥ 人体痕迹：人员在交通事故中与车辆、道路、物体接触，遗留在人体衣着和体表的印迹。

⑦ 其他痕迹：交通事故中车辆或人体与路旁树木、护栏、道路交通设施等发生碰撞或刮擦，遗留在树木、护栏、道路交通设施等表面的痕迹。

（2）现场痕迹的勘查顺序

现场痕迹的勘查顺序包括以下几种。

① 沿着车辆行驶路线勘查。一般适用于地面痕迹清楚的现场。如：地面上留有制动印痕，可以从制动印痕的起点开始勘查，直到制动印痕的终点。一般来说，制动印痕的终点应当止于某辆车的某个车轮下，它反映了该车的行驶轨迹。如果制动印痕中途出现变形、变粗的状态，那么这个地方就是事故双方的接触点。

现场物证是证明保险事故发生的最客观依据，收取物证是查勘第一现场的最核心工作，是确定是否为保险责任的依据。

② 从现场中心（接触点）向外勘查。适用于现场范围不大，痕迹、物体集中的现场。如：两辆车速不快的小客车发生追尾事故，车体撞击部位脱落的漆皮、泥土、破碎的灯玻璃应当比较集中，我们可从车辆的接触部位和脱落物地点开始勘查，之后再向周边扩展勘查，如果未发现有制动印痕，可大致判断后车未来得及制动便追撞了前车。

③ 从外向现场中心勘查。适用于范围较大，痕迹比较分散的现场。如：两车因某方并线剐撞导致车辆失控，这样的现场一般范围较大，而且车辆脱落的诸如保险杠、玻璃碎片等东西较多。对这样的现场，可能一时无法确定现场的中心位置。此时，可先围绕整个现场外围进行巡视和观察，再通过车体接触部位的痕迹和地面上制动印痕及散落物所处道路的具体位置逐步缩小勘查范围，直至确定两车的接触点。

5.2.7　现场摄影技术

为了如实反映事故现场的真实性，保留相关证据以备定损研究和事后核查，查勘照片是第一手资料。查勘摄影是为了完整、客观地反映事故现场环境及状况。其最大特点是具有纪实性，所以为保证证据的效力，摄影的工作量占比很大，是查勘员需要掌握的基本技能之一。查勘照片是赔案中最重要的存档资料之一，各审核环节均涉及对查勘照片的审核；查勘照片应能清晰、准确地反映案件信息，给审核人提供便利。所以，查勘照片的拍摄要规范。

对事故现场拍照

（1）相机调整与照片要求

将相机显示日期顺序调整为年、月、日、时；照片显示日期必须与

拍摄日期一致，严禁以各种理由调整相机后备日期；相机的焦距调整准确，光线使用适当；数码相机像素调整为480×640；尽量避免使用立式拍摄。照片录入系统要求按先远后近、先外后内、先全貌后配件的顺序摆放和录入；每张照片必须加以注释，说明其反映的情况；照片反映不清晰的，用圈点、标志箭头等方式加以说明；注明拍照人；为了提高网上车险理赔系统资源使用效率，要求提高照片的使用效果，严禁同类型照片的重复拍摄与录入。

布局上，照片所要反映的重点信息应集中在照片“黄金区域”内，在突出反映重点信息的同时，照片布局应尽量反映出“受损部位在整体的位置”等信息，以便审核者更好地解读。

（2）查勘摄影操作要求

① 摄影步骤。现场方位→现场概貌→道路标识→重点部位→损失细目。

② 主要照片

a. 拍摄第一现场的全景照片、痕迹照片、物证照片和特写照片。为记录事故的发生，应该尽量选择静止的固定参照物进入拍摄画面。

拍摄全景照片时，最好使用45°拍摄，尽量做到车辆的四个45°都进行拍摄，前两个45°反映侧面和前牌照，后两个45°反映侧面及后牌照。

b. 拍摄能反映车辆号码与损失部分的全景照片。

c. 拍摄能反映车辆局部损失的特写照片。

现场查勘时还必须拍摄标的及三者车辆整体照片、车架号、发动机号、厂牌型号，驾驶证、行驶证正页正反面及副页，驾驶员上岗资格证（限营业性客运车辆），各种专用机械车、特种车操作证，证件需明确反映年审情况。

现场查勘时还需拍摄被保险人或领款人信息（银行卡账号、身份证号码），未能拍摄的，告知客户在后续环节提供，5000元以下案件可现场让客户电话问询被保险人或领款人身份证号码和银行卡账号。

对载货汽车挂线杆的事故，要用尺子现场拉高度并拍摄远景和尺子刻度。对车辆盗抢现场的，要求车主手拿写有车辆牌照号的牌子站在现场，对其进行拍摄。

③ 注意事项。对于事故车辆内饰可能有损失的要提前进行拍摄；对于车辆尚未损失的部位也要逐一拍摄，避免道德风险；货运车辆必须拍摄该车运单。

查勘时，如果气囊、安全带、轮胎（数量）、电瓶、转向机（货车）、CD机（汽车）等配件有损失，必须现场进行拍照确认，并使用“易碎贴”进行标记，之后在查勘报告中注明。

现场对于可能损失及一些容易更换且金额较高的配件，应逐一使用“易碎贴”标记，无现场的，可在见到车辆的第一时间进行标记，防止道德风险。

④ 事故车辆查勘摄影原则。先拍摄原始状况，后拍摄变动状况；先拍摄现场路面痕迹，后拍摄车体上的痕迹；先拍摄易破坏、易消失的，后拍摄不易破坏和消失的。总之，要根据定损核价实际情况，既能说明事故的保险责任，又能详细反映事故损失，灵活运用、采取交叉拍摄的方法。

⑤ 拍摄方法

a. 相向拍摄法。从两个相对的方向对现场中心部分进行拍摄，较为清楚地反映现场中心情况。

b. 十字交叉拍摄法。从四个不同的地点对中心部分进行拍摄，以准确反映现场中心情况。

c. 连续拍摄法。对现场分段进行拍摄，然后将分段照片拼接成完整的照片，此类方法适应于事故现场较大的情况。

d. 比例拍摄法。将尺子或其他参照物放在受损物体旁边进行拍摄，以便确定被摄物体实际大小。

⑥ 现场拍摄技巧。由于交通事故发生的地点、车辆类型及肇事经过不尽相同，现场状况千差万别，没有完全相同的现场，在实际拍摄过程中，要根据现场情况灵活掌握，注意现场照片的彼此联系，相互印证。须清楚拍摄车牌号、车架号或发动机号，以作为判断是不是投保车辆的依据；照片应准确全面地反映保险责任及事故车辆的受损范围和程度。

拍摄于事故第一现场（包括补勘第一现场）的照片应能够反映事故现场的全貌，有明显的参照物、标志物，如路标、建筑物等，以便于反映大致现场方位，如图 5-3 所示。

(a)

(b)

图 5-3　第一现场拍摄实例

顺着车辆运动方向（包括刹车痕迹），拍摄事故撞击点；对于较难判断的配件及不明显的受损处，应对照片进行处理，标明配件名称及受损处。对受损部位整体相向拍照，以确定碰撞痕迹和损失范围；对照片不能较清晰反映的零件裂纹、变形，要用手指或其他道具指向损坏部位拍照或对比拍照或拍照后将照片处理指明损伤处，并能反映损伤原因，尤其对事故造成轴、孔损伤拍摄的，一定要有实测尺寸照片，如图 5-4 所示。

拍摄玻璃照片时注意玻璃的光线反光，玻璃单独破碎险中玻璃损伤不严重，先拍一张照片，在打击玻璃受损处扩大明显后，再拍一张照片；一张照片已能反映出多个部件、部位受损真实情况的，无须重复拍照，但重大配件或价格较昂贵的配件及有可能采用非原厂配件的，必须有能反映损伤、型号规格或配件编码的单独照片；局部拍照时，需持稳相机，同时相机要聚焦，要求照片清晰，并有辅助照片反映所处部位；受损货物、路产照片应能够反映出财产损失的全貌及受损部位受损原因，多处受损应分别拍摄；带包装的物品受损，应将包装拆下后拍摄，并注意拍摄包装上的数量、类型、型号、重量等；价值较高的货物，待分类后单独编号拍摄；对于投保了车上货物责任险或有超载可能的，需要对货单进行拍摄上传。

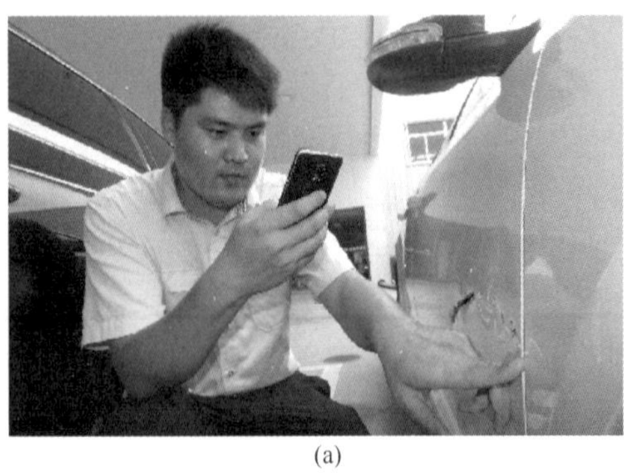
(a)

(b)

图 5-4 对损伤不明显部位的拍摄

（3）典型查勘摄影

典型查勘摄影包括以下几种。

① 整车照。整车照是每案必需的特定类型照片，不可或缺。它能直接反映车辆个体的细节特征，是识别车辆个体重要信息的途径，如车尾的型号字标、轮眉及大包围等改装件、前挡风玻璃的年检标志、交强险标志等，如图 5-5 所示。

要求：车牌、全车外观、损失部位三者能够同时在照片中得到最大限度的展示。

基本方法：镜头中心线与车身侧平面成 45°角，镜头高度以略微俯视为宜。

(a)

(b)

图 5-5 整车照示例

② 事故照片

单方事故：先拍摄整体场景，再拍摄中距离的车损情况，记录车辆的行驶路线、地面痕迹和零部件散落情况，再记录车辆基本损失外貌、车内物品（车上货物）位移情况，拍摄车架号码及两证等，如图 5-6 所示。

双方事故：先拍摄整体场景，记录双方车辆的行驶路线，再拍摄交通标志、路面标线，中距离拍摄两车碰撞痕迹，再记录两车基本损失外貌以及部分损失细节，拍摄车架号码及两证等，如图 5-7 所示。

③ 证件（驾驶证、行驶证、身份证、营运车相关资质证）照片。正证、副证尽量分开拍摄，以保证所拍证件上的细节足够清晰；尽量不使用闪光灯拍摄；如遇光线不够而必须使用闪光灯时，可将证件倾斜一定角度，以减少反光，如图 5-8 所示。

(a)

(b)

(c)

(d)

(e)

(f)

图 5-6　单方事故摄影实例

(a)

图 5-7

(b)

(c)

(d)

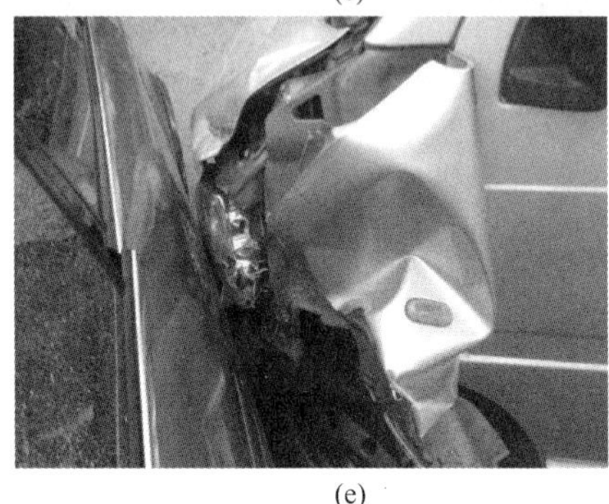

(e)

图 5-7　双方事故摄影实例

A4 等大版面单证的拍摄：文字部分不易对焦，需采用“微距”功能。

拍摄距离过近，成像易模糊；距离过远，会导致字体过小，难以辨识；可先将手指或笔尖等物体摆在单证表面，轻按相机对焦，待对焦基本清晰后，保持相机焦距，平移开物体或平移镜头，按下快门。无条件调整对焦情况时，可对单证整体拍摄一张，再分局部补拍几张；交警证明作为重要单证，应特别注意拍摄清楚“事故当事人、电话号码、事故成因、警方印章”等重要信息。

拍摄证件

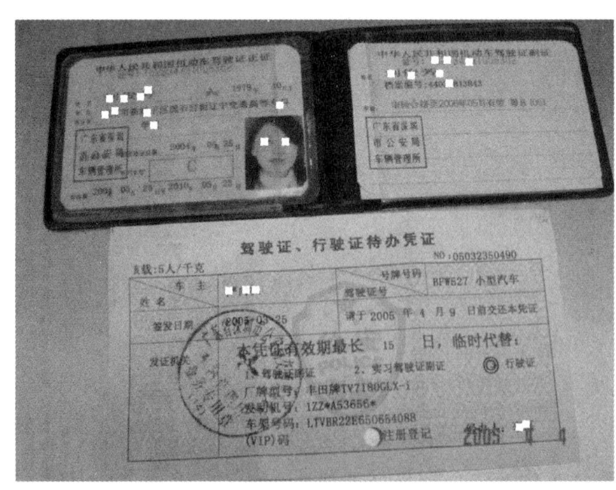

图 5-8　证件照拍摄实例

（4）后期处理工作

后期处理工作包括以下几方面。

① 照片整理归档。照片归档文件夹命名规范：拍摄日期→报案号→标的 / 三者 / 物损 / 复堪。

照片保存时间要求：自案件结案（不包括 0 结案、预赔、多次赔付情况）后 2 年以上。

② 上传顺序。车架号码照片必须在前 20 张照片体现——核验标的是保险理赔的首要工作，必须优先完成；整车照、拆检前照片应先于拆检定损照片；前部损失照片应先于后部及两侧损失照片；原则上每单个（或一组）配件的损失照片应集中、连续上传。

③ 标注。上传照片的同时，应在系统中附加适当的文字说明，灵活运用标注工具，对照片进行注解。

5.3 道路交通事故现场图的制作

出险情况复杂，需要辅助确认保险责任的事故，需要查勘员绘制现场草图。现场绘图是在交通事故现场勘查中利用现场绘图软件或手工方法绘制的，以图形、符号固定和反映交通事故现场状况的一种记录形式，如图 5-9 所示。绘制内容包括现场环境，事故形态，有关车

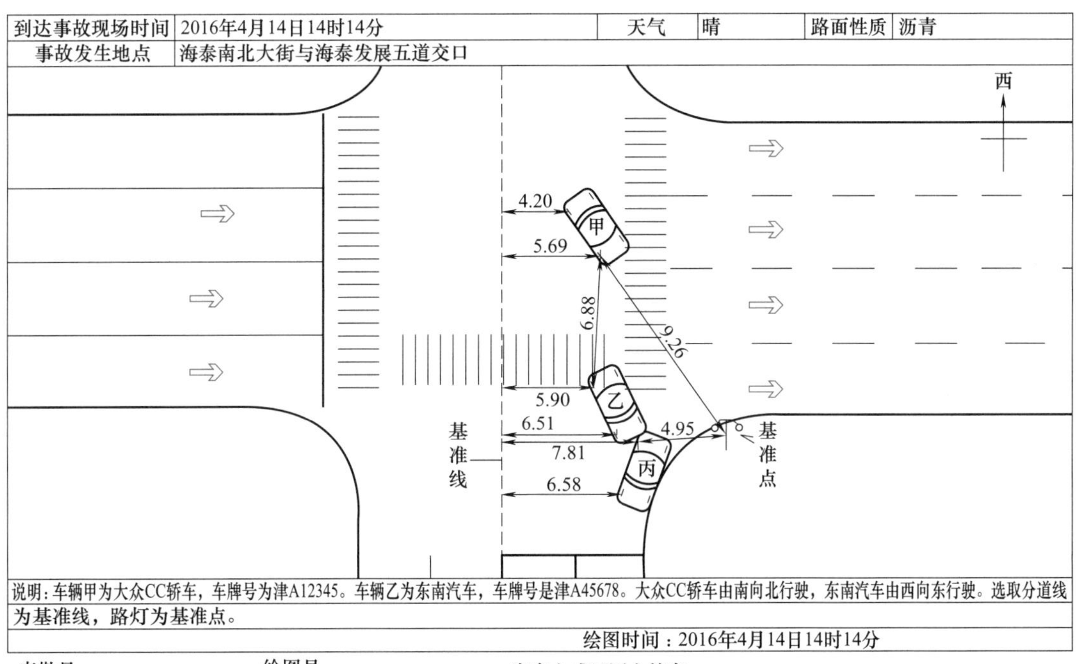

图 5-9　交通事故现场图示例

辆、人员、物体、痕迹的位置及相互关系。现场图是进行事故责任分析、认定及其调解处理的重要依据，也是分析事故发生原因的重要依据。

绘制现场查勘草图

(1) 现场草图的绘制要求

首先锁定道路的某一坐标，标明事故车辆、车辆方位、道路、刹车痕迹

等情况，同时还需记录当时的天气状况及周围显著标志物等。

对重大赔案的查勘应当在出险现场绘制现场草图，要边查勘边绘制边标注，因绘图时间短，所以草图可以不工整，但必须内容完整，尺寸数字准确，物体位置、形状、尺寸、距离的大小基本成比例，必要时可用文字标注。

交通事故现场的方向，应按实际情形在现场图右上方用方向标标注；难以判断方向的，可用“←”或“→”直接标注在道路图例内，注明道路走向通往的地名。

（2）草图的基本内容

能够表明事故现场的地点和方位，现场的地物、地貌和交通条件；表明各种交通元素以及事故有关的遗留痕迹和散落物的位置；表明各种事物的状态；根据痕迹表明事故过程、车辆及人畜的动态。机动车图形符号见表 5-4；非机动车图形符号见表 5-5；人体和畜牧符号见表 5-6；道路结构、功能图形符号见表 5-7；安全设施图形符号见表 5-8；交通现象和其他图形符号见表 5-9。

表 5-4　机动车图形符号

含义	图形符号	备注	含义	图形符号	备注
客车平面		大、中、小、微（除轿车、越野车外）	电车平面		包括有轨电车、无轨电车
客车侧面		大、中、小、微（除轿车、越野车外）	电车侧面		
轿车平面		包括越野车	正三轮机动车平面		包括三轮汽车和三轮摩托车
轿车侧面		包括越野车	正三轮机动车侧面		
货车平面		包括重型货车、中型货车、轻型货车、低速载货货车、专项作业车	侧三轮摩托车平面		
货车侧面		按车头外形选择（平头货车）	普通二轮摩托车		包括轻便摩托车

表 5-5　非机动车图形符号

含义	图形符号	备注	含义	图形符号	备注
自行车			三轮车		
残疾人用车平面			人力车		
残疾人用车侧面			畜力车		

表 5-6　人体和畜牧符号

含义	图形符号	备注	含义	图形符号	备注
人体			牧畜		
伤体			伤畜		
尸体			死畜		

表 5-7　道路结构、功能图形符号

含义	图形符号	备注	含义	图形符号	备注
道路			施工路段		
上坡道	i		桥		
下坡道	i		漫水桥		
人行道			路肩		
道路平交口			涵洞		
道路与铁路平交口			索道		

表 5-8　安全设施图形符号

含义	图形符号	备注	含义	图形符号	备注
信号灯		包括车道信号灯、方向指示信号灯。可水平或垂直放置	禁令标志		
人行横道灯		包括非机动车信号灯，灯色自上而下为红、绿	警告标志		
黄闪灯			指示标志		
计时牌			指路标志		
隔离桩（墩、栏）			安全镜		
隔离带（或花坛）			汽车停靠站		
安全岛			岗台（亭）		

表 5-9　交通现象和其他图形符号

含义	图形符号	备注	含义	图形符号	备注
接触点	⊗		行人运动方向	◀- - - - -	
机动车行驶方向	◁——		风向标		
非机动车行驶方向	◀——		方向标	↑	

（3）绘图步骤

绘图步骤如下。

① 根据出险现场情况，选用适当草图比例，进行图面构思。

② 画轮廓。画轮廓就是画道路边缘线和中心线，确定道路走向，在图的右上方绘制指北标志，并标注道路中心线与指北线的夹角。

③ 根据图面绘制的道路，用同一近似比例绘制出险车辆图例，再以出险车辆为中心向外绘制各有关图例。

④ 标尺寸。

⑤ 小处理。小处理即根据需要绘立体图、剖面图、局部放大图、加注文字说明。

⑥ 核对。核对即检查图中各图例是否与现场相符，尺寸有无遗漏和差错。

⑦ 签名。经核对无误，绘图人、当事人或代表应签名。

5.4 询问笔录制作

（1）询问笔录简介

重大、疑难案件必须在第一时间对相关当事人分别做询问笔录。询问笔录切忌过于简单，必须反映事故的出险时间、地点、原因、损失情况、施救情况、疑难问题等。询问时有条件的公司应配备有摄像功能的相机进行全程录像。对于盗抢险赔案和没有第一现场的案件，也必须做询问笔录，对事故进行询问和确认，从不同角度和不同方面搜集信息，为下一步理赔工作做好准备。

询问笔录一般包括三项内容：记清情况来源，其中涉及案件关键情节，更应记录清楚，是亲眼所见或亲耳所闻等客观情况，若被询问人对某些细节忘记或记不清，也应如实记明。记明被询问人提供的各种人物和事实的具体情况与根据。记录被询问人感知案件情况的主客观条件。

询问结束后，记录人应将询问笔录交给被询问人核对，对无阅读能力的被询问人，应向

其宣读笔录内容。若笔录内容有差错、遗漏，应当允许其更正或补充。凡笔录中补充改正之处，均需按指印，以保证其真实准确。笔录经被询问人核对无误后，由被询问人在笔录每页下方签名（盖章）或按指印，并在笔录最后一行写明："以上笔录我看过（或向我宣读过），和我说的相符。"被询问人拒绝签署意见、签名（盖章）或按指印的，记录人员应在笔录上注明。

（2）典型案件的询问提纲

① 酒后驾车出险现场

a. 请你陈述一下事故发生的详细经过。

b. 你认为是什么原因造成的事故？

c. 发生事故时标的车在执行什么任务？何时何地出发到哪里？

d. 发生事故前是否用餐？在哪儿？几个人？吃了什么菜？有没有喝酒？如果是数人一起，都有哪些人？

e. 你认识被保险人吗？你与他是什么关系？如果有借车情节，要了解借车的详细经过。

② 违反装载规定的

对于货车

a. 发生事故时标的车执行什么任务？是谁派你执行任务的？

b. 车上装载的是什么货物？货物怎么包装的？

c. 货主是谁？谁装的货？装货时你在场吗？何时何地装货起运的？目的地是哪里？

d. 货物有多少件？每件多重？共重多少？

e. 你驾驶的车上除运货外还载了多少人？（如果超员，则要问成员的姓名、身份证号、地址等；如果有人货混装的情况，则要问明与货物坐在一起的人员数量、姓名等。）

f. 有无该批货物的清单和凭证？能否提供给我们？

g. 你认识被保险人吗？你与他是什么关系？

对于客车

a. 发生事故时你驾车在执行什么任务？是谁派你执行任务的？

b. 车上坐的是什么人？与你是何关系？在哪里上的车？

c. 共有多少乘客？分别坐在哪个座位上，请在图上标出来可以吗？

d. 你认识被保险人吗？你与他是什么关系？

③ 改变使用性质的

对于货车

a. 发生事故时你驾车在执行什么任务？是谁派你执行任务的？

b. 运载的是什么货物？货主是谁？何时何地装的货？目的地是哪里？

c. 你和货主的关系？

d. 运输这批货物收取多少运费？

e. 怎样收取费用的？

对于客车

a. 发生事故时你驾车在执行什么任务？是谁派你执行任务的？

b. 车上坐的什么人？有几个人？何时何地上的车？目的地是哪里？

c. 车上乘员与你是何关系？

d. 他们坐车需向你交多少车费？交费了没有？

e. 你认识被保险人吗？你与他是什么关系？

④ 顶替肇事驾驶人的

a. 事故发生时你驾车在执行什么任务？

b. 该车的车主是谁？被保险人是谁？

c. 你与该车车主是何关系？你认识被保险人吗？你与他是何种关系？

d. 该车为何由你驾驶？你驾驶该车多长时间了？平时该车由谁驾驶？

e. 该车是什么车辆？车况如何？最近维修情况？有无年检？

f. 发生事故的详细经过（何时从何地到哪里，执行什么任务，几个人，什么人，分别坐的位置怎样，车速及车辆损失情况等）。

⑤ 无证或年审过期的

a. 你有无驾驶证？准驾车型是什么？何时考的驾照？在哪里考的驾照？

b. 驾驶证有无年审？为什么没有年审？

⑥ 非被保险人允许的驾驶人驾车的

a. 该车的车主是谁？被保险人是谁？

b. 你与车主及被保险人是何关系？

c. 该车为何由你驾驶？

d. 被保险人知不知道你驾驶该车？有没有经过他同意？

e. 你驾驶该车发生事故时在执行什么任务？

⑦ 套牌车出险的

a. 该车的车主和被保险人分别是谁？

b. 你和车主及被保险人是何关系？

c. 该车是何时何地购买的？购置价是多少？

d. 该车在何时何地上的车牌？

⑧ 人为故意制造假事故的

a. 驾驶人身份（驾驶证、身份证、行驶证）。

b. 车主及被保险人的姓名等情况。

c. 你与车主 ××× 及被保险人 ××× 是何种关系？

d. 该车为何由你驾驶？

e. 事故的详细经过。

5.5 现场查勘报告填写

现场查勘的内容很多，为防止查勘员疏忽某些细节，同时规范查勘工作，保险公司要求查勘员提供查勘报告，如表 5-10 所示。现场查勘报告应体现真实性、专业性和规范性。

表 5-10　机动车查勘报告样本

××财产保险股份有限公司

机动车辆保险查勘报告

<table>
<tr><td>被保险人</td><td colspan="3"></td><td>厂牌车型</td><td></td><td>牌照号码</td><td></td></tr>
<tr><td>出险地点</td><td colspan="3"></td><td>出险时间</td><td></td><td>使用性质</td><td></td></tr>
<tr><td>行驶证有效期</td><td colspan="3"></td><td>出险类型</td><td colspan="3"></td></tr>
<tr><td>驾驶证号码</td><td colspan="3"></td><td>驾驶证有效期</td><td colspan="3"></td></tr>
<tr><td>驾驶员姓名</td><td></td><td>性别</td><td></td><td>婚姻状况</td><td></td><td>职 业</td><td></td></tr>
<tr><td>出险原因</td><td colspan="7"></td></tr>
<tr><td>保单行驶区域</td><td colspan="7"></td></tr>
<tr><td colspan="8">查勘意见：</td></tr>
<tr><td colspan="8">根据查勘情况初步判断，保险人在本次事故中负：</td></tr>
<tr><td colspan="8">发动机号、车架号拓印件粘贴处：</td></tr>
</table>

<table>
<tr><td rowspan="13">预估损失</td><td>损失项目</td><td>预估损失金额</td><td rowspan="8">现场图：</td></tr>
<tr><td>本车车损</td><td></td></tr>
<tr><td>三者车损</td><td></td></tr>
<tr><td>本车人伤</td><td></td></tr>
<tr><td>三者物损</td><td></td></tr>
<tr><td>施救费</td><td></td></tr>
<tr><td></td><td></td></tr>
<tr><td></td><td></td></tr>
<tr><td></td><td></td><td rowspan="5">查勘时间：
查勘员：　　　查勘地点：</td></tr>
<tr><td></td><td></td></tr>
<tr><td></td><td></td></tr>
<tr><td></td><td></td></tr>
<tr><td>合计金额</td><td></td></tr>
</table>

真实性是对查勘报告的最基本要求。查勘报告是保险赔案理算的主要依据，所以它必须能够真实地反映事故情况，必须全面、具体和完整地反映案件情况，对事故的相关细节予以详细的记载和描述，如出现的时间、地点和经过，涉及的有关人员和责任等。

专业性是指查勘人员不能只是一名普通的目击者，而应当用专业的眼光对事故进行观察和分析。查勘报告从车辆、法律和保险专业的角度体现事故现场调查的结果，并根据调查的情况进行专业的分析，从而得出科学的结论。

规范性是指查勘报告应采用标准化格式，以确保查勘报告能够满足保险人和被保险人的基本要求。标准化格式还有利于规范查勘人员的现场查勘及后续的工作程序。

5.6 查勘操作规范

5.6.1 与客户见面时的理赔服务规范

查勘人员到达现场与客户见面时，按以下服务规范进行操作。

① 查勘人员到达约定地点后，与客户见面时须主动表明身份，双手递上印有公司标识的车险理赔服务专用水，并对客户的焦急情绪给予适当的安抚。

[参考话术]

"您好！我是 ×× 财险公司查勘员 ×××。请您不要着急，我会全力协助您处理好这次理赔（或事故）的。""天气这样热 / 请您别着急，您先喝点水。"（双手递上印有公司标识的车险理赔服务专用水）

② 适当安慰客户，缓和客户焦虑情绪，对于双方事故，还应该安抚对方，缓和双方紧张情绪。

[参考话术]

"我们会全力处理好交通事故，请您放心。"

③ 和第三方适度沟通，有人员受伤的，须协助施救，安抚伤者。

[参考话术]

"伤势如何？我们有人伤专家，会全力协助您处理好，请您放心。""您的电话是×××，以便日后我们能进一步为您提供服务。"

④ 查勘员需礼貌地向客户提出查验证件请求，同时收集被保险人的银行卡信息。

[参考话术]

"麻烦您提供一下您的驾驶证、行驶证和身份证。""请您提供被保险人的银行卡信息，以便我们结案后及时将赔款划到被保险人的账户。"

5.6.2 到达现场后的业务操作规范

用移动终端或相机拍照，拍摄事故现场、受损标的照片。能够使用移动终端拍摄的，尽量使用移动终端拍摄，在移动终端无法完成拍摄的情况下，可以使用专用相机进行辅助拍摄。

① 对车辆和财产损失的事故现场和损失标的进行拍照。第一现场查勘：应有反映事故现场全貌的全景照片，反映受损车辆的号牌，车辆、财产损失部位、损失程度的近景照片。

非第一现场查勘：事故照片应重点反映受损车辆号牌号码，车辆、财产损失部位、损失程度的近景照片。

对车辆牌照脱离车体、临时牌照或无牌照的车辆、全损车、火烧车及损失重大案件，要对车架号、发动机号进行清晰的拍照。

② 拍摄相关证件及资料。需要拍摄的相关证件及资料有以下几种。

保险车辆的行驶证（客运车辆准运证）、驾驶人的驾驶证（驾驶客运车辆驾驶人准驾证，特种车辆驾驶人操作资格证）。

交警责任认定书、自行协商协议书、其他相关证明。查勘人员应在此环节尽量多地收集

证件、资料，并进行拍摄。

③ 现场查勘照片拍摄的要求

a. 拍摄第一现场的全景照片（能正确反映现场所处的位置，最好将标志性物体连带拍照）、痕迹照片、物证照片和特写照片。

b. 拍摄能反映车牌号码与损失部分的全景照片。

c. 拍摄能反映车辆局部损失的特写照片。

d. 拍照车架号（VIN 码）。

e. 拍摄车辆高价值配件状态（轮胎、气囊、仪表）。

f. 对损坏轮胎要标注位置和序号并拍照。

g. 拍摄内容要与交通事故查勘笔录的有关记载相一致。

h. 拍摄内容应当客观、真实、全面地反映被摄对象。

i. 拍摄痕迹时，可使用比例尺对高度、长度进行参照拍摄。

④ 查勘照片系统上传及分拣注意事项

a. 相关证件及资料照片，应该在索赔清单中勾选，在单证资料上传中上传，并分拣到相应项目中。

b. 主车查勘照片，分拣到涉案车辆（主车）中；三者车查勘照片分拣到涉案车辆（三者车）中。

5.6.3　现场查勘时的客户服务规范

① 对现场及事故车辆进行勘验后，询问客户事故原因，细心倾听其诉说的同时，初步判断案件是否存在可疑之处。语气要平稳，避免客户感觉到我们的疑虑。

[参考话术]

“请您说一下事故经过，好吗？”“根据您说的事故经过，为了保障您的合法权益，建议您马上报交警处理。”

② 出具现场查勘记录，需主动耐心向客户解释，并请求客户签字确认。

[参考话术]

“请您核对我登记的内容，如果没有问题，请您签字确认。”

③ 对于符合公司现场定损规定的情形。

查勘人员在现场查勘时，应按照公司规定的定损标准，向客户提供专业、高效的定损服务。要注意言行和方式方法，拍摄现场或人伤照片时应避免引起客户不满。客户对查勘结论提出异议或情绪激动时，查勘人员应虚心倾听、耐心解释，做好安抚工作。未处理完现场，不得以工作繁忙等为由，不顾客户自行离开。

a. 礼貌地询问客户选择 4S 店 / 维修厂的意向，如客户未指定汽修厂或者指定的汽修厂是非合作厂的，仅提供善意的建议即可，态度要温和，不能强硬，严禁指定维修厂或强行推荐维修厂。

[参考话术]

“您好，为了您这次事故个人利益不受损失，我们建议您的车辆去我们推荐的修理单位拆检和维修，避免出现质量问题和定损价格的差异，给您造成不必要的损失。如果您选择我们不合作的修理单位，修车前一定通知我们进行定损，定损完成后再进行修车，避免出现差价。”

b. 客户确认维修厂意向后，对损失较小能现场一次性定损且客户同意的，出具定损单，请客户签字确认。

[参考话术]

“您的车辆损失共××元，请您核对一下。如果没有问题，请您签字确认。”

c. 如果客户对定损金额有疑义。

[参考话术]

“本次事故我们的定损金额是比较充足的，完全可以足额支付维修费用。”

“如果您不放心，可以请修理厂直接与我联系，不会给您造成多余的麻烦。”“如果确实修不下来，我们负责联系我们合作的修理单位，确保修复满意为止。”

④ 对于不能在现场完成车辆定损的情况，查勘员要详细指引客户定损。

[参考话术]

“由于××原因，为了保障您的利益，我不能现场帮您确定损失。麻烦您携带××资料到我司××（拆检地点）定损，然后去修车。您也可以选择我公司合作修理单位来协助您处理理赔事宜。”

⑤ 对尚处于危险状态的事故车辆，第一时间提醒客户，并积极主动协助客户采取施救、保护措施，避免损失扩大，保证客户的人身安全。

[参考话术]

“您的车目前不适宜再开了，您看是否需要救援？我帮您联系救援公司，或者您是否有熟悉的维修厂，是否可以提供救援服务？”

“您好，由于此次事故损失较大，建议您在当地进行维修定损，我们可以为您安排施救。”（代查勘）

⑥ 对损失超过权限或涉及人员伤亡的案件，应委婉地提醒客户向当地交通管理部门报案。

[参考话术]

“由于××原因，为了保障您的利益，建议您马上报交警处理。”

“我来帮您拨打120急救中心电话，把伤者送到医院去救治。”

⑦ 对于造成三者财损、碰停放车、损失金额不大的，客户认为报警没有必要而产生抵触情绪时的应对。

[参考话术]

“根据本次事故现场情况，我们建议您先行报警备案，可使后续理赔流程更加简便、快捷。”

⑧ 对于现场可疑且损失较大，需要现场调查取证的案件，应在尽量不惊扰客户的情况下，从侧面了解真实情况，有针对性地按步骤做好询问笔录，记录现场情况，收集线索和有利证据。

[参考话术]

“由于××原因，此次事故需要报交警处理。”

“警察同志，您好！我是××财险公司的查勘员×××，我们觉得这个驾驶员有酒后驾驶的嫌疑，麻烦您重点关注一下。谢谢！”

⑨ 对于多方碰撞事故交警认定责任不合理的案件，应根据掌握的证据积极协助并引导客户与交警交涉。

[参考话术]

“根据事故的成因分析，我觉得这次事故您不应承担责任，或最多承担次要责任，您

看……我建议您再跟交警沟通一下。如果他不接受，我们再到他们上一级去申请复议。”

⑩ 遇到有争议需要报警处理或调查的案件。

[参考话术]

“建议您先报交警，尽快处理事故，您刚才反映的意见我会及时向上级反馈，有结果会第一时间告诉您。”

“这种情况需要交警部门来确认，如果您不反对，我帮您报警如何？”

⑪ 客户车辆或第三方车辆要求到异地定损维修的案件，要明确告诉客户及第三方，需经过我公司确定损失后才能修车，并在查勘记录上明确车辆受损部位、主要受损部件、客户主张并签字确认。

[参考话术]

“我们本地完全可以修好您的车辆，我们也可以向您推荐一些资质较好的修理厂供您选择，方便您修车。”

“如果您一定要去异地维修车辆，请您先到 ×× 定损点确定一下损失再修车，好吗？”

“您的车辆损失部位是……初步帮你确认一下，具体损失等您到达维修厂后再确定。”

⑫ 通赔案件要及时向通赔岗反馈，符合通赔流程的则明确告诉通赔岗，同时告知客户到承保地后直接报当地理赔专线请求协助定损。

⑬ 告知客户赔偿顺序。

a. 发生机动车之间的碰撞事故的，应告知客户先通过交强险进行赔偿处理，超过交强险责任限额的部分，由商业保险进行赔偿。

b. 交强险未在我公司承保的，应指导客户向交强险承保公司报案，由交强险承保公司对第三者损失先行定损。

c. 符合交强险“互碰自赔”处理条件的，应向客户告知互碰处理后续流程。

⑭ 其他事项。

a. 判断是否属于保险除外责任或是否符合拒赔条件，如果是，通知理赔部门进入拒赔程序。

b. 判断是否需要注销，如果是，需要告知客户拨打 955×× 申请销案。

c. 判断案件是否涉及人伤，如果是，需要反馈调度，调派人伤跟踪岗位人员介入。

5.6.4　现场查勘完成后的客户服务规范

① 送上一份《车险理赔指南》，耐心地向客户指引后续的理赔事项，指导客户填写“机动车辆保险索赔申请书”，在“索赔须知”中勾选被保险人索赔时需要提供的单证，双方确认签字后交被保险人或报案人，并对客户的配合表示感谢，接下来向客户递送一张“客户服务监督卡”，并向客户说明服务监督卡上每个电话的用途。

告知客户后续处理

[参考话术]

“为了及时理赔，您这个案件需要提供 ×× 索赔资料，若还有不清楚的地方，《车险理赔指南》上也有详细说明。”

“为了理赔的顺利，您需要注意……”

“为了保障您的利益，请您尽快到我公司 ×× 定损点去定损，时间长了反而会产生不便。”

“如果您还有哪些不明白的，您可以拨打 955×× 电话咨询或者联系我。”

“如果您对我们的服务有任何的意见和建议，或对查勘、定损过程中还有什么异议，可以直接拨打我主管领导的电话，主管名字叫 ×××、座机 ×××、手机 ××××。”

② 对符合提供速递理赔服务的客户，查勘人员现场递交理赔信封，将理赔所需的单证在信封上注明，告知客户单证齐全后打负责收取单证的快递员电话收取单证。

③ 对于现场涉及人伤、物损或者第三者车辆的事故，应提醒客户在后续理赔中特别注意的事项。查勘员应充分解释理由，合理提出建议，避免现场激化双方当事人的矛盾。特别是在保险公司未核定损失情况下，不建议客户把钱先给第三方。查勘员应代客户与第三方主动协商，做好充分解释，合理提出建议。

[参考话术]

“您这次事故涉及第三方物损，我们在定损时需要您的协助。”

“因为这次事故涉及三者车的损失，所以需要您配合提供三者车的 ×× 资料。”

“因为这次事故涉及人伤，如果伤者有什么要求，请您随时通知我们，联系电话是 ××，我们人伤服务中心会协助您的。”

④ 缮制“查勘报告”或“机动车保险快捷案件处理单”。向客户递交“索赔须知”，告知后续处理事项及程序。以上各项同时需被保险人或其代理人签字确认。

5.6.5 其他操作规范

① 现场若需要施救，查勘员应于查勘结束前明确告知保户，保险公司将按国家规定的施救标准进行审核。

② 属医疗跟踪案件或是重大复杂案件，查勘员应通过电话向 955×× 专线反馈或向主管领导汇报。

③ 查勘员必须于当次值班结束前整理完毕所有的查勘材料（保单抄件、查勘记录、现场照片、损失项目清单等相关材料），纸质单证翻拍上传系统，并登录业务处理系统录入查勘信息，24 小时内完成立案。

归还工具

④ 对于估损超过 50 万元且 10 人以上伤亡的案件，在接到报案后，必须在 24 小时内填写“大案报备表”，报理赔中心主任审批，并将案件上报省公司备案。

⑤ 属于正常流转的案件，材料移交给综合岗。上述所有纸质材料的移交必须做好登记，交接时登记表必须一式两份，双方必须签字确认，综合岗和交接人员各自保留一份。

⑥ 查勘照片应及时上传至计算机，并每月由理赔中心办公室负责做好备份处理，如无特殊情况，应于查勘结束后的 1 个工作日内将照片打出。

上传系统编写报告

5.7 录入系统操作要点

① 注意默认信息都由保单和报案信息自动带入。有“*”号的都是必录

项，必须进行选择或录入，对于有车辆牌照号的应按照现场采集到的信息进行录入，不允许使用系统带出的车辆发动机号或错误的牌照号。

② 对“赔案类别”的选择将影响到后续处理，不同的“赔案类别”对应不同的理赔流程。一般情况下，普通案件选择“赔案类别”为“一般”；特殊案件选择其他特殊类别，如“赔案类别”为“特殊互碰”的案件是指适用交强险“互碰自赔”办法处理的一类案件。

③ 查勘员需要进入损失项明细录入界面，录入“查勘估损金额”和“施救费用”。

④ 注意选择“交强险责任类型”，会直接影响到理算计算方式。

⑤ 选择“无损失”时，本损失项查勘后将不会发起定损任务。

⑥ 如在查勘处理页面中“新增车辆”，标的车（主车）只能录入一辆（如原查勘项已经有主车，不能再新增），三者车可以录入多辆。

⑦ 互碰关联。适用于多方事故中涉案车辆都在我公司承保的情况。如果进行了“互碰关联”，在处理同一案件关联车辆的其他报案时，可以进行查勘信息的复制。

⑧ 多保单关联。适用于标的车辆存在多张保单的情况，常见的是商业险和交强险分开承保。在查勘时进行“多保单关联”，将在理算时自动发起关联保单的理算任务。

⑨ 查勘提交时，会根据所录损失项（车、财）产生定损任务，可选择提交给调度员，由调度员来指派定损员，也可无须调度员的参与，直接提交给定损员。

5.8 查勘新技术

随着全民移动互联网时代的到来，客户对服务体验的要求越来越高，车险将顺应互联网时代的发展，逐步从传统保险运营进化到互联网保险运营。查勘技术的发展将是线上为主线下为辅的方式。

（1）利用新型移动查勘工具，改进保险理赔查勘方式

通过给查勘员配备移动查勘设备，在现场查勘时通过它来向公司系统后台传输照片，经过后续集中处理，向客户支付赔款。这种新技术将传统查勘理赔方式需要2~3天才能完成的理赔程序缩短到半小时之内完成。一般性案件查勘员还可以一边现场查勘一边与定损中心后台审核员在线语音视频，通过视频实时抓拍车辆受损部位，迅速完成车辆定损工作，可使理赔时效和客户满意度大大提升。

（2）自助现场查勘，提高车险理赔效率

对于剐蹭这样的轻微交通事故，虽没有人员伤亡，但车主在等待事故认定或是保险理赔时，往往会造成交通堵塞，也给车主带来“小事故、大麻烦”。利用移动互联网技术，无需查勘人员赶往现场，车主利用保险公司提供的APP，将实现图片及视频数据与公司后台处理的无缝对接，在出现事故后，无须再费时等待现场查勘，可通过现场自助采集图片并上传，后台的专家可通过网络平台为客户提供现场服务和实时沟通，辅助完成理赔服务全流程。

5.9 任务实施

图 5-10　剐蹭事故预设现场

5.9.1　任务一：事故现场摄影实训

预设场景一：在训练路段，模拟发生并线剐蹭事故（如图 5-10 所示），根据拍摄要求完成现场摄影。

5.9.2　任务二：现场绘图实训

预设场景二：在训练路段，模拟两车追尾事故（如图 5-11 所示），根据现场绘图要求，分别采用手工绘图和软件绘图记录现场，要求通过实际丈量确定车辆位置，必要处用文字标注。

图 5-11　追尾事故模拟现场

5.9.3　任务三：现场笔录实训

预设场景三：在训练路段，模拟车辆单方事故（如图 5-12 所示），该案发生地路况良好，视野开阔，驾驶员有五年驾龄，要求通过询问排除道德风险。

图 5-12　单方事故现场

任务要点与总结

任务一的摄影训练，应先明确摄影的目的是反映现场实际情况、事故的基本形态和相关损失。拍摄中要贯彻查勘摄影的原则，如先拍摄原始状况，后拍摄变动状况；先拍摄现场路面痕迹，后拍摄车辆上的痕迹；先拍摄易破坏、易消失的，后拍摄不易破坏和消失的等。总之，要既能说明事故的保险责任，又能详细反映事故损失，灵活运用拍摄的方法。

任务二的现场绘图不是每次事故都必需的环节，但通过绘图可以对复杂或有争议的事故过程进行推演，对怀疑有问题的案件可通过图中的事故形态和尺寸分析其合理性，所以在具体绘图过程中图形应按图例绘制，简单易懂，同时应重视对具体点位的文字标注，测量的尺寸要尽量准确。

任务三在做笔录过程中应尽量使用标准话术，这样可避免和当事人发生冲突，该记录的内容不会有遗漏。查勘员应清楚自己是为被保险人服务的，不是执法者，所以态度要友好，真心为客户服务。笔录过程中如发现当事人有违法行为的应如实记录，并找机会及时通知交警处理。

思考题 

1. 对车险现场查勘人员有哪些基本要求？
2. 车险查勘有哪些基本流程？
3. 现场查勘应注意哪些问题？
4. 现场查勘前应做哪些基本准备？
5. 现场查勘技术有哪些？
6. 查勘报告的要点是什么？

练习 

一、填空题

1. 规范拍摄现场照片。现场照片应为清晰的彩色数码照片，特殊情况下可用胶片照片。现场照片应有______角现场全貌照片，能反映车型全貌，清晰显示______号码（货车必须拍摄放大号），可以看到______部位。

2. 现场查勘报告应满足______性、______性和______性。

3. 交通事故按事故严重程度可分为______事故、______事故、______事故和______事故四个等级。

二、判断题

1. 保险事故发生后没能在48小时内报案的，保险人均不承担赔偿责任。（　　）

2. 发生保险事故后，对损坏的车辆，被保险人可以先自行修复，然后向保险人理赔。（　　）

3. 强制汽车责任保险理赔时，无责方车辆保险公司必须参与查勘定损。（　　）

4. 被保险人的责任范围依据交通事故损害赔偿调解书确定。（　　）

三、单项选择题

1. 查勘摄影中，整车照拍摄视角应（　　）。

A. 相机中心线与车身对角线对齐，并体现出损失部位

B. 相机中心线与车身中心线对齐，并体现出损失部位

C. 相机中心线与车身中心线 45° 角对齐，并体现出损失部位

D. 相机中心线和车身中心线与损失部位所在面垂直，并体现出整车

2. 查勘准备工作不包括（　　）。

A. 查勘车辆检查准备　　B. 查勘单证检查准备

C. 代步车准备　　D. 查勘相机检查准备

3. 以下哪种汽车的改装行为不属于非法改装（　　）。

A. 加大汽车轮胎　　B. 小型、微型载客汽车加装前后防撞装置

C. 增加客车座位或者卧铺铺位　　D. 增加车辆外廓尺寸

4. 交通事故中的财产损失一般情况下仅包括（　　）。

A. 车辆、财产的直接损失　　B. 现场抢救人身伤亡善后处理的费用

C. 停工、停业等所造成的财产间接损失　　D. 停车费、罚款

5. 以下哪种车辆改装不会增加车辆的风险（　　）。

A. 加大轮胎　　B. 增加车厢长度　　C. 增加栏板高度　　D. 加装前后防撞装置

6. 甲车和乙车在市区同一道路上行驶，甲车遇到前方有情况，紧急刹车，导致乙车追尾甲车，则交警判定责任时，甲车应负（　　）。

A. 全责　　B. 主要责任　　C. 无责　　D. 次要责任

机动车定损技术

[导入案例]

被保险人向保险公司和公安机关报案称自己把车停放在路边，结果车子四个车轮被盗，盗贼在拆卸车轮时还造成车身多处划伤，因当时自己投了“全险”，既有车损险又有车轮单独损失险和划痕险，要求保险公司赔付车辆损失。在理赔中被保险人与保险公司在定损时发生争议：保险公司认为不能赔偿车轮损失，只能赔偿划痕损失。被保险人不解，车辆受损事实清楚，保险公司应赔偿自己的所有车损。保险公司答复理由如下：

（1）本事故明显不适用车轮单独损失险，保险合同约定未发生全车盗抢，仅车轮单独丢失为责任免除项。

（2）本事故也不适用车损险，车损险中在满足发生整车被盗的条件才能赔付。

思考

1. 保险人只赔划痕修复费用是否适当？

2. 什么情况下车轮损失可以适用车损险赔付？

案例启示

1. 理赔定损是要严格按保险合同的规定，不能超范围定损。

2. 不同险种理赔的前提条件是有差异的。

学习目标及要求

熟悉车辆定损的基本原则和方法；了解车辆损失项目确定方法；掌握定损流程和工作标准；能执行简单定损案件的操作和复核。

学习内容

6.1 车辆定损技术基础

在保险车辆损坏事故中，除自然灾害外，大部分是意外碰撞造成的。现代汽车的设计理念是最大限度地保护乘员的人身安全，同时兼顾车外人员的人身安全及汽车事故后的可修复性。不同用途的汽车有不同的结构，如轿车多采用承载式车身，而货车多采用非承载式车身，碰撞后变形的倾向和修理的方法也有很大差异。

汽车碰撞损伤

6.1.1 碰撞力分析

(1) 碰撞力大小对车辆损坏的影响

汽车碰撞事故中，车辆的直接损坏是由碰撞力引起的。碰撞力的大小和方向不同，造成的车辆的损坏结果不同。碰撞力的大小与碰撞时汽车的速度、接触面积、被碰撞物的刚度有关。速度快、接触面积小、刚度强则碰撞力大，对车造成的损坏就大。

(2) 碰撞力的方向对车辆损坏的影响

碰撞力的方向对事故车的损坏也有很大影响，一般在事故发生时，驾驶人为避碰撞会在紧急制动的同时打方向盘，所以碰撞力不会沿汽车的三个轴线平行方向存在，而是有一个偏角。为分析方便，可将力分解到 X 轴、Y 轴、Z 轴三个方向（如图 6-1 所示），分力越大，影响越大。其中 X 轴方向的分力主要使车辆产生挤压和弯曲变形；Y 轴方向的分力主要使接触部分产生挤压变形；Z 轴方向的分力会使车辆产生向上或向下的拱曲或凹陷变形。

图 6-1 碰撞力的分解

(3) 碰撞力与扭转力矩

当碰撞力的方向不指向质心时，会产生扭转力矩。力矩的大小与碰撞力的大小成正比，也与力臂的大小成正比，见图 6-2。力臂为 0 时，汽车没有旋转倾向，碰撞力被车辆完全吸收，车辆损失大；有扭转力矩时，汽车会相对地面旋转，这样一部分力用于推动车辆转动，可减小对车辆本身的伤害，但容易发生二次碰撞，扩大损失。

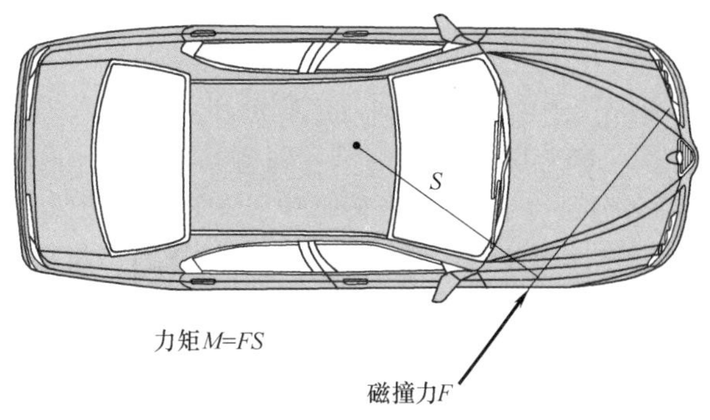

图 6-2　碰撞力产生的力矩

6.1.2　承载式车身碰撞变形特点

承载式车身是按“薄壳理论”设计的，车身变形损坏符合“锥体理论”，如图 6-3 所示。这种车身由结构件和覆盖件组成，碰撞时的能量主要由车身结构件吸收，为保证车辆刚度和乘员安全，结构件采用了不同强度的材料，其中乘员区采用强度高的材料，前后设计成吸能区（如图 6-4 所示）。在事故中车身会发生褶皱、弯曲等多种变形。因为车身中结构件的传力作用，严重的事故会使碰撞影响区范围很大，远离碰撞点的车身结构件和覆盖件也可能发生变形，这些损坏被称为“二次损坏”。

汽车结构

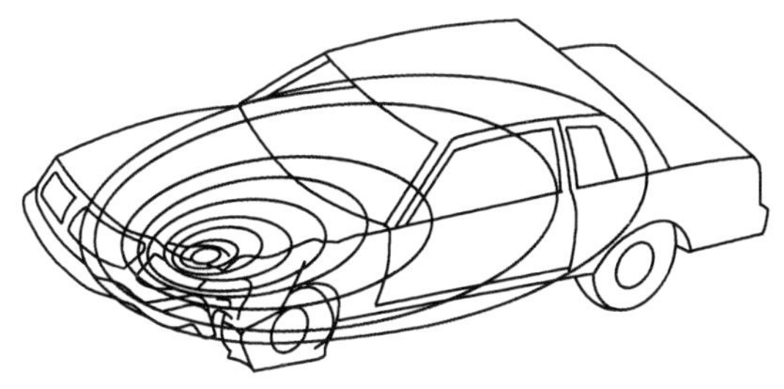

图 6-3　锥体理论示意图

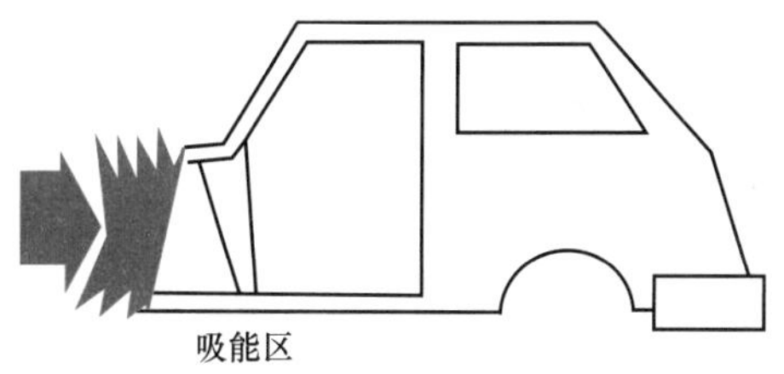

图 6-4　吸能区设计

承载式车身的碰撞变形顺序是：

① 弯曲变形：在碰撞瞬间的碰撞力达到最大，从接触点开始对构件产生挤压作用，使构件发生弯曲变形。碰撞结束后，碰撞力消失，构件的弹性变形恢复，但塑性变形不能恢复，通过测量高度可发现弯曲变形。

② 褶皱变形：随着碰撞的延续，伴随着能量吸收在碰撞点会出现明显的褶皱，碰撞力沿着一定路线在车身传递，在远离碰撞点的部位可能会发生褶皱、撕裂或拉松。通常通过测量长度的变化来发现褶皱变形。

③ 扩宽变形：为保护乘员的人身安全，乘员舱在事故中变形很小，如有变形，一般也是构件向外凸起，这就是所谓的扩宽变形。通常通过测量车辆的宽度来发现扩宽变形。

④ 扭曲变形：因碰撞点通常不在车辆正中，碰撞力矩会使车身产生扭曲变形，有时这种变形是二次碰撞造成的。这种变形通常是最后发生的变形形式。通常通过测量高度和宽度可发现扭曲变形。

6.1.3 非承载式车身碰撞变形特点

非承载式车身的车架是整车的装配基础，在碰撞事故中的力也是由车架来承受和传递的。与早期车辆不同，现代车辆为缩小总体损伤，车架的前后也设计了一些比较薄弱的部位，这些部位在碰撞中可通过变形吸收部分能量。

汽车车身结构

汽车车身框架

当发生碰撞事故时，车身板件的损坏形式与承载式类似。轻度碰撞车架不易变形，但严重的碰撞或翻车事故中车架也会有明显损坏，这会严重影响整车的操纵性能。车架常见的损坏形式如下。

① 歪曲变形：一般发生在侧面碰撞事故中，表现为车架的前部或后部向一侧弯曲（如图 6-5 所示），通过查看纵梁一侧是否向内或向外弯曲来确定。查勘中如发现车门的长边缝隙变大，短边出现褶皱，或发动机盖、行李箱盖的边隙两侧差距较大，就可能发生了这种变形。

② 凹陷变形：当车架某处的离地高度低于正常值就预示着发生了凹陷，通常发生在车架的前部或后部，在查勘中如发现翼子板和车门的缝隙是顶部变小、底部变大，或车门下垂，就要进一步检查是否有凹陷变形产生，如图 6-6 所示。

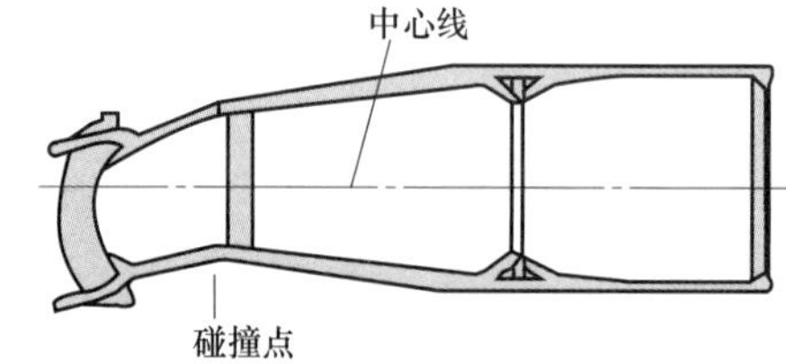

图 6-5　歪曲变形

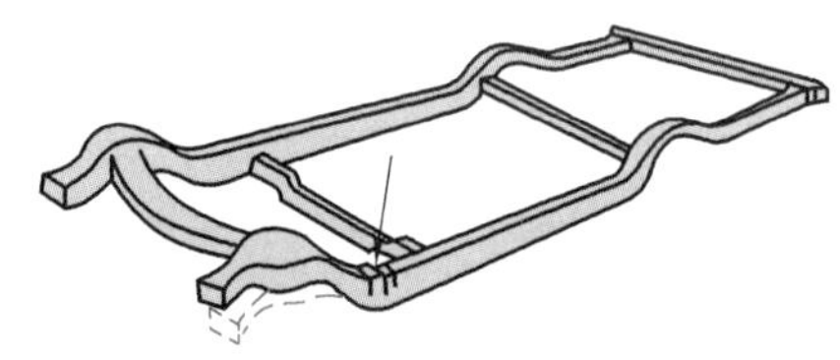

图 6-6　凹陷变形

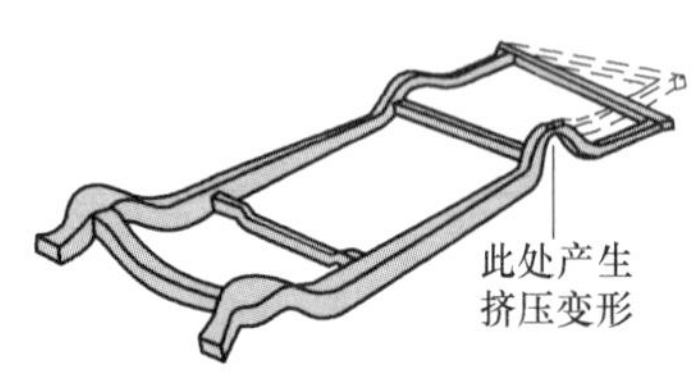

图 6-7　挤压变形

③ 挤压变形：如果车架纵梁或横梁长度比正常值短，一般伴随着褶皱变形，如图 6-7 所示。挤压变形常出现在车顶前部和后挡风窗玻璃后部区域，在前、后正碰中容易出现。查勘中表现为发动机盖、翼子板或车架纵梁有褶皱，轮罩上部的车架被抬高。

④ 菱形变形：菱形变形是指车辆的左右两侧发生前后错位，车架由矩形变成菱形（如图 6-8 所示），这种变形常出现在车辆一角的剧烈碰撞事故中。在查勘时如发现发动机盖或行李箱盖的边隙不齐，乘员舱或行李箱地板有褶皱，就要检查是否存在菱形变形。

⑤ 扭曲变形：扭曲变形是指车辆两对角线方向不等的变形（如图 6-9 所示），这种变形通常在车辆的翻滚和后部边角碰撞事故中出现，有时出现在车辆高速通过减速带或马路的路肩。查勘中如发现车辆的一角下垂，就要进一步检查是否存在这种变形。

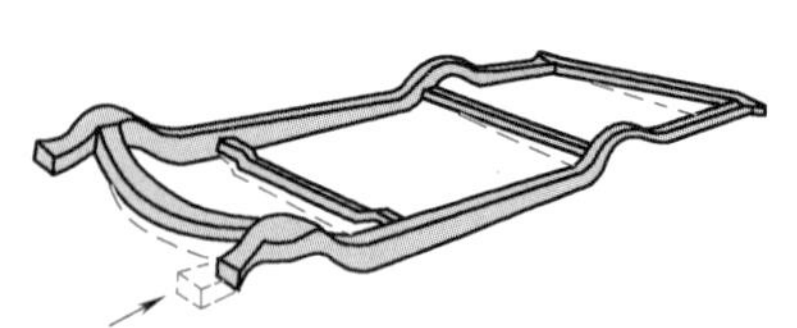

图 6-8　菱形变形

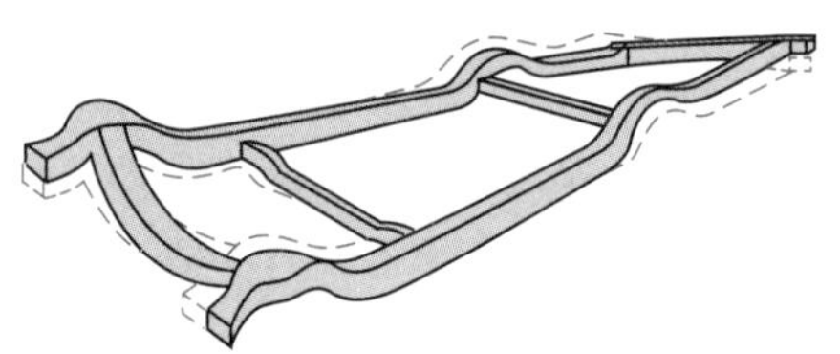

图 6-9　扭曲变形

6.1.4　车身板件的损伤修换原则

车身板件的损伤修换原则如下。

（1）承载式车身结构件的修换原则

汽车加强件

可简单适用“弯曲变形就修，折曲变形就换”的原则。这里的弯曲是指损伤部位与非损伤部位的过渡平滑、连续，通过拉拔矫正可恢复，且不会留下永久的塑性变形；折曲是变形区出现曲率半径小于3mm，在很短的长度上弯曲达90°的剧烈变形，一般不经调温加热处理不能恢复原状的变形。

在大的结构件上，即使仅有一些小的弯曲变形或裂纹，为安全起见也必须更换。另外，结构板件是否更换一定要严格遵守该车制造厂的建议。

（2）覆盖钣金件的的修换原则

覆盖钣金件通常包括可拆卸的前翼子板、车门、发动机盖、行李箱盖，不可拆卸的后翼子板、车顶等。

对前翼子板，如果不用拆下来就能修复，且整体形状还完整，只是局部凹陷，一般不考虑更换；如果必须拆下，且新品的价格低廉，供应充足，材料价格达到或接近整形修复的工时费，应更换；如果每米长度上超过3个折曲、破裂变形，或整体形状破坏，应考虑更换；如果每米长度上不超过3个折曲，且整体形状还完整，应考虑修复；如果修复费用明显低于更换费用，应考虑以修复为主。

对车门，如果门框发生塑性变形，应考虑更换；如果车门面板可单独供应，损坏后可单独更换面板，不必更换总成，其他部位同翼子板。

发动机盖和行李箱盖一般是两层结构，如果损伤变形要分开它们才能修，就要考虑工时费和辅料与其价值关系，接近或超过的就换；如不需拆开的就考虑修复。

三厢车的后翼子板的更换需要从车身切割下来，大多数修理厂不能满足制造厂的要求，所以，只要有修理的可能都应采取修复的方法；如果车顶损坏，只要能修复，原则上不予更换。

（3）塑料件的修换原则

对于燃油箱及要求严格的安全结构件，必须考虑更换；整体破碎以更换为主；价值较低、更换方便的零件应以更换为主；应力集中部位，应以更换为主；基础零件，并且尺寸较大，受损以划痕、撕裂、擦伤或穿孔为主的，应以修理为主；表面无漆面的且表面光洁度要求较高的塑料零件，由于修理处会留下明显的痕迹，一般应考虑更换。

6.1.5　机械和电器的损伤修换原则

机械和电器的损伤修换原则如下。

（1）悬架系统与转向系统零件

悬架系统的任何零件都不允许用矫正的方法进行修理。当车轮定位不合格时，不要轻易作出更换悬架系统某个零件的决定，要分析测量数据不正确是事故造成的还是不正常的使用或保养造成的。转向系统的零件处理方法与悬架系统相同。

（2）铸造基础件

发动机缸体、变速器、主减速和差速器的壳体往往用球墨铸铁或铝合金铸造。受冲击载荷时，常常会造成固定支脚的断裂，一般进行焊接修理。因为焊接会造成变形，所以对形状

汽车电气件

尺寸要求较高的基础件产生断裂，则考虑更换。

（3）电气件的修换原则

应首先区分是电器本身损坏，还是保护装置损坏。只有确定了是电器本身损坏，才可更换。在碰撞中系统会因电气过载造成熔断器、熔丝、大限流熔断器短路，这些件损坏应更换。

6.2 车辆损失的确定

6.2.1 事故车辆定损流程

车辆定损的一般流程见图 6-10。

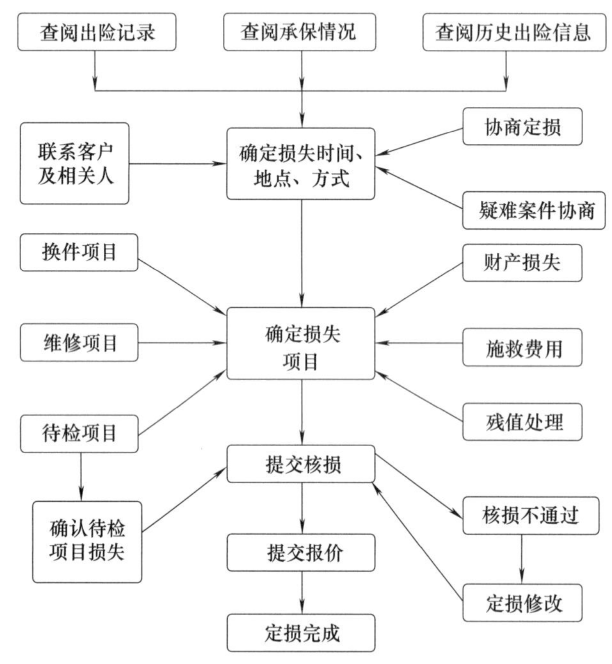

图 6-10　车辆定损的一般流程

（1）接受定损调度

定损员接受定损调度后，查看保险车辆承保情况，确定损失所对应的险别和赔付限额。定损时属于未承保险别的损失项应不予赔付（常见车上人员伤亡、新增设备损失、发动机进水损失），且定损金额不应超过各险别的最高赔付限额。记录事故发生地点、客户姓名、联系电话、车牌号码、车架号码及报案号；并了解该案简单事故经过、有无现场查勘、有无非事故造成的损失、案件负责人是谁等案件相关信息。及时联系修理单位。

有的情况下需通知当事人或标的车主到场，如①事故中对方负全责或主要责任的；②损失严重，责任未分的；③有较多隐损，需拆检定损的；④对方对损失有争议的。

（2）到定损点定损

到达定损点后，先核对出险车辆相关信息，详细了解事故经过、车辆损坏的部位及施救过程。再结合当事人对事故经过的描述，以及报案记录查验碰撞痕迹。

（3）确定损失任务和维修方案

根据受损部位、损失任务、损失程度，本着以修复为主的原则确定换件任务、维修任务和金额，并列明清单。要注意对投保新车出厂时车辆标准配置以外的新增和替换设备进行区分。对新增设备（没有加保新增设备险的）损失要予以剔除，对替换了出厂时配置的损失要按出厂时配置的相应价格确定。

对无法判断其是否受损、是否达到需要更换程度的、现场也无法用仪器检测的零部件，一般可列为“待检项目”，并在需要待查的零件上做好记号或标贴，拍照备查，在车辆修复过程中再确认。

损坏零件的换修标准应参照保险公司的“事故车辆定损标准”的规定，并结合当地实际的维修方式确定。维修换件任务等方面与修理厂存在分歧的，应在修理过程中安排复勘，修复后安排验车，确保定损工作质量。在与客户及维修单位签订损失情况确认协议书之后，严禁对非待检项目进行追加。确定维修方案还应考虑以下几点。

① 质量、寿命有保证。修理后零部件的使用寿命应能达到新件使用寿命的80%以上，且应能与整车的使用寿命相匹配。

② 修理零部件的费用与新件价格的关系。价值较低的，一般修理费用应不高于新件价格的30%；中等价值的，一般修理费用应不高于新件价格的50%；总成的修理费用，不可高于新件价格的80%。

③ 确保行车安全。有关安全的零部件受损变形后，从质量和安全的角度考虑，可适当放宽换件的标准。

（4）确定车辆修复费用和残值

（5）事故车核损报价和审核

① 对提交的换件清单资料进行审核

审核换件清单录入是否规范，如换件名称是否准确，是否存在重复换件任务。如发现有不合格任务，应及时指出并要求定损人员进行修改。

② 对换件价格的审核

对确实需要更换的零配件，通过市场询价确定零配件换件价格，确定换件价格后，在规定的时间内将案件提交核损。对换件价格超过报价权限的案件，提交总公司报价中心核价。核价时注意审核定损岗提交的换件任务是否为新车出厂时车辆标准配置的零部件。

（6）填写损失确认书

定损人员在查勘定损完毕后，要对本次事故的真实性、碰撞痕迹以及是否有损失扩大等作出总结，并填写查勘工作日志。

应在要求的时限内将损失照片和定损单上传到理赔系统，并转入核价审核平台；根据当地汽车零配件价格和工时费标准确定换件零配件价格和维修、换件工时费，结合各自分公司的“查勘定损技术规范——事故车辆定损标准”在“机动车辆保险车辆损失情况确认书”（见表6-1）上逐项填写换件任务及价格、维修及换件工时，并附损失项目清单和照片，且应做到损失项目与损失照片一一对应，报分公司核损人员及报价人员确认后，方可确认损失。

表 6-1　机动车辆保险车辆损失情况确认书

机动车辆保险车辆损失情况确认书

报案号：　　　　　　　　　　　　　　　　　　　受损车辆：□标的车　　□三者车

<table>
<tr><td></td><td colspan="3">名称</td><td colspan="2">厂牌型号</td><td>车辆型号</td></tr>
<tr><td>被保险人</td><td colspan="3"></td><td colspan="2"></td><td></td></tr>
<tr><td>第三者</td><td colspan="3"></td><td colspan="2"></td><td></td></tr>
<tr><td colspan="4">出险地点：</td><td colspan="3">出险时间：　　年　　月　　日</td></tr>
<tr><td>修理项目</td><td>金额</td><td>序号</td><td>更换项目</td><td>数量</td><td>报价金额</td><td>核定金额</td></tr>
<tr><td></td><td></td><td>1</td><td></td><td></td><td></td><td></td></tr>
<tr><td></td><td></td><td>2</td><td></td><td></td><td></td><td></td></tr>
<tr><td></td><td></td><td>3</td><td></td><td></td><td></td><td></td></tr>
<tr><td></td><td></td><td>4</td><td></td><td></td><td></td><td></td></tr>
<tr><td></td><td></td><td>5</td><td></td><td></td><td></td><td></td></tr>
<tr><td></td><td></td><td>6</td><td></td><td></td><td></td><td></td></tr>
<tr><td></td><td></td><td>7</td><td></td><td></td><td></td><td></td></tr>
<tr><td></td><td></td><td>8</td><td></td><td></td><td></td><td></td></tr>
<tr><td></td><td></td><td>9</td><td></td><td></td><td></td><td></td></tr>
<tr><td></td><td></td><td>10</td><td></td><td></td><td></td><td></td></tr>
<tr><td></td><td></td><td>11</td><td></td><td></td><td></td><td></td></tr>
<tr><td></td><td></td><td>12</td><td></td><td></td><td></td><td></td></tr>
<tr><td></td><td></td><td>13</td><td></td><td></td><td></td><td></td></tr>
<tr><td></td><td></td><td>14</td><td></td><td></td><td></td><td></td></tr>
<tr><td></td><td></td><td>15</td><td></td><td></td><td></td><td></td></tr>
<tr><td></td><td></td><td>16</td><td></td><td></td><td></td><td></td></tr>
<tr><td colspan="5">（修理项目、更换项目增多时，请续用附页。）</td><td colspan="2">材料残值合计：¥__________</td></tr>
<tr><td colspan="3">修理费用合计：¥__________</td><td>材料费</td><td colspan="2">报价合计：¥________</td><td>核价合计：¥_______</td></tr>
<tr><td colspan="7">经协商，完全同意按以上核定的价格修理，工料费总计＝修理费＋核价合计－残值＝
人民币______佰______拾______万______仟______佰______拾______元______角______分（¥__________）</td></tr>
<tr><td colspan="7">按专业维修厂价格定损的，需要提供专业维修厂的维修发票，否则我公司将按市场价格重新核定配件价格和维修费用。
本损失情况确认书仅代表我公司对损失情况的确认，并不作为最终的赔付承诺。</td></tr>
<tr><td colspan="2">修理厂盖章：

年　月　日</td><td colspan="2">被保险人签字（盖章）：

年　月　日</td><td colspan="2">第三者签字（盖章）：

年　月　日</td><td>定损员签字：

年　月　日</td></tr>
</table>

填写车辆损失情况确认书应注意以下几点。

① 损失情况确认书首页必须明确告知被保险人及其委托人“此定损非最终定损结果，需保险公司核损通过后才为最终结果”；将“此定损非最终定损结果，需保险公司核损通过后才为最终结果”“以上材料价格以保险公司核价为准”刻成方条章，在留有被保险人签字的位置加盖后，要求被保险人在此签字确认。上述工作结束后，定损员须请被保险人在损失

情况确认书上签字确认。

② 损失较小的案件可以出具“机动车保险车辆损失情况简易确认书”，它适用于事故车辆零部件更换项目和修理项目均在 6 件以下，但不适用“机动车保险快捷案件处理单”的案件。

③ 对于驾驶室（含驾驶室壳）、大梁、车壳、发动机、变速箱等，其他单价超过 1 万元的（不含高档轿车外附件）配件，定损员需填写“事故车辆大件更换审批表”（见表 6-2），明确残值及自付比例，中心主任、主管领导审核签字。

此类纸质单证需翻拍后上传系统，做到纸质定损单与系统定损单一致。

表 6-2　事故车辆大件更换审批表

事故车辆大件更换审批表

报案号：　　　　　　　　　　　　　　　　　　　　年　月　日

被保险人			厂牌型号		
牌照号码		制造年份		保险金额	
出险时间		出险地点		定损地点	
拟更换零部件名称：__________ 总成件拟与客户协商承担比例：____%			配件金额：______元 残值：______ 定损员签字：		
损失照片：					
建议承担比例：____%			残值：________ 中心主任签字：		
建议承担比例：____%			残值：________ 主管领导签字：		

6.2.2 事故车辆损失的确定

（1）车辆损失确定的基本原则

修理范围仅限于本次事故中所造成的车辆损失；能修理的零部件尽量修复，不要随意更换新的零部件；能局部修复的，不能扩大到整体修理；能更换零部件的，坚决不能更换总成件；根据修复工艺难易程度，参照当地工时费用水平，准确确定工时费用；准确掌握汽车零配件价格。事故车辆的损失包括修复费用和施救费用。

（2）车辆定损时的注意事项

注意在定损项目中区分事故损失与机械损失（比如机械故障等机械本身的损失、轮胎自爆轮胎的损失、锈蚀零部件的损失）；剔除保险条款中的除外责任所对应的损失（比如发动机进水造成发动机的损失）；对照历史案件信息，剔除本次损失中重复赔付的项目。还要特别注意以下几点。

① 车辆定损原则上采取一次性定损。定损人员在损失确认后，需告知车辆维修人员在维修过程中，如发现尚有因本次事故损失的部位没有定损的，经定损员核实后，可追加修理任务和费用。但应立即通知定损人员，待定损人员现场确认配件损失后方可继续进行修理。追加定损的，应注意区分零部件损坏是在拆检过程中、保管过程中、施救过程中发生的，还是在保险事故发生时造成的。

② 经保险人同意，对保险事故车辆损失原因、损失程度进行鉴定的费用可以负责赔偿。

③ 自行送修车辆的定损。受损车辆未经保险公司和被保险人共同查勘定损而自行送修的，根据条款规定，保险人有权重新核定修理费用或拒绝赔偿。在重新核定时，应对照查勘记录，逐项核对修理任务和费用，剔除其扩大修理和其他不合理的修理任务和费用。

（3）事故车辆修复费用

事故车辆修复费用包括：维修工时费、配件费（包含管理费）和残值。

① 维修工时费。工时费的定价应以当地修理行业的平均价格为基础，并适当考虑修理厂的资质，与被保险人协商确定。一般轻微事故中，可按维修项目分项定价；对重大事故的定损，应采取工时费包干的办法与修理厂进行谈判。也可按下面公式计算：工时费＝工时定额 × 工时单价 + 外加工费。

这部分包括：事故相关部件拆装工时费；事故部分钣金修复工时费（包辅助材料费）；事故部分配件修复工时费（含外加工费任务）；辅助作业工时费。

工时定额的获得有三个途径：一是在事故车的车型“碰撞定损指南”或主机厂的“工时手册”和“零件手册”中查找；二是各保险公司或公估公司内部使用的工时限额；三是在评估所在地的“汽车维修工时定额与收费标准”中查找。大任务确定维修工时费时，应注意各种任务的兼容性，而不是简单地累加工时。表 6-3~ 表 6-7 给出的维修工时费标准可供参考。

工时单价是指维修事故车辆单位工作时间内的维修成本费用、税金和利润之和。工时单价随地区等级变化而变化，一般相邻等级地区的工时单价可以浮动 10% 左右。

外加工费是事故车辆维修过程中本厂以外协作方式由专业加工企业进行加工、维修而发生的费用。外加工费的确定原则：索赔时可直接提供外加工费发票，本厂不得再加收管理费；凡是已含在维修工时定额范围内的外加工费，不得另行列项重复收费。

表 6-3 钣金工时费标准

零部件名称	损伤程度	工时费范围 / 元	零部件名称	损伤程度	工时费范围 / 元
前后保险杠	轻度	50 ～ 80	车顶	轻度	100 ～ 150
	中度	80 ～ 120		中度	150 ～ 200
	严重	120 ～ 150		严重	200 ～ 250
前后保险杠内杠	轻度	80 ～ 100	发动机盖	轻度	150 ～ 200
	中度	100 ～ 120		中度	200 ～ 300
前翼子板	轻度	80 ～ 100		严重	300 ～ 400
	中度	100 ～ 120	行李箱盖	轻度	150 ～ 200
	严重	120 ～ 150		中度	200 ～ 300
前纵梁	轻度	300 ～ 500		严重	300 ～ 400
后翼子板	轻度	50 ～ 100	车架矫正	轻度	500 ～ 1000
	中度	100 ～ 150		中度	1000 ～ 2000
	严重	150 ～ 200		严重	2000 ～ 3000
车门	轻度	80 ～ 120	大梁矫正	轻度	500 ～ 1000
	中度	120 ～ 180		中度	1000 ～ 1500
	严重	180 ～ 250		严重	1500 ～ 2000
裙边	轻度	50 ～ 100	前后围	轻度	50 ～ 100
	中度	100 ～ 150		中度	100 ～ 150
	严重	150 ～ 200		严重	150 ～ 200
元宝梁	轻度	200 ～ 300			

注：1. 工时费范围是指车价在 15 万～ 40 万元的事故车相对应零配件的修理工时费范围。40 万元以上车型修理工时费可适当上浮 20% 左右，15 万元以下车型修理工时费可适当下调 20% 左右。

2. 非表中所列零配件，视损坏程度，可参照该零配件价格的 20% ～ 50% 核定修理工时费。

3. 元宝梁、前纵梁、车架、大梁修复，可增加发动机吊装费 400 ～ 600 元，但每次事故修复中只允许使用一次。

表 6-4 喷漆工时费标准 单位：元

部位 \ 车价	7 万以下	7 万～ 12 万	12 万～ 15 万	15 万～ 30 万	30 万～ 50 万	50 万～ 80 万	80 万以上
全车	2000±500	2500±600	3000±650	4000±750	5000±800	6000±900	8500±100
前后保险杠	180±80	250±100	300±120	350±130	400±150	600±180	700±200
前翼子板	180±80	250±100	300±120	330±130	380±150	550±180	600±200
发动机盖	300±80	375±100	450±120	500±130	600±150	750±150	850±180
车顶	300±80	375±100	450±120	500±130	600±150	750±150	850±180
车门	300±80	350±100	400±120	450±130	480±150	550±150	750±150
后翼子板	200±80	250±100	300±120	330±130	380±150	550±180	600±200
后盖	300±80	375±100	450±120	500±130	600±150	750±150	850±180
立柱	30 ～ 50	50 ～ 100	70 ～ 120	100 ～ 140	110 ～ 150	130 ～ 180	150 ～ 200
后视镜	50	50 ～ 100	50 ～ 100	50 ～ 120	50 ～ 150	59 ～ 150	50 ～ 200

注：1. 全车喷漆如为金属漆可增加 10% ～ 15%。

2. 综合修理厂原则上不允许上浮，特约维修站可适当上浮，最高不超过上限，资质较差的修理厂应适当下调。

3. 全车外部共分 13 幅：前后保险杠、四个车门、发动机盖、行李箱盖、四个翼子板、车顶。

4. 两幅喷漆的，按总价费用的 95% 计算，三幅喷漆按 90% 计算，四幅喷漆按 85% 计算，五幅喷漆按 80% 计算，六幅喷漆按 75% 计算，七幅及以上按 70% 计算。

5. 面包车及商务车侧围可按轿车 2.5 倍车门计算，车顶按轿车 2 倍车顶计算。

表 6-5 电工工时费标准 单位：元

项目 \ 车价		15 万以下（基础值）	15 万～ 40 万	40 万以上
检修制冷系统加制冷剂	普通	200		
	环保	250		
电脑解码		500		100
仪表台拆装		≤ 250	300 ～ 400	450 ～ 550
检修安全气囊 SRS（含写码）		500		
检修 ABS		300		500

注：1. 双空调的面包车可增加 50 元制冷剂成本费。

2. 当事故涉及 ABS、变速器电控单元、发动机电控单元、气囊电控单元、音响受损时方可给电脑解码费；电脑解码费与单项解码费不可同时使用。

表 6-6 机修工时费标准 单位：元

项目 \ 车价		15 万以下	15 万～ 40 万	40 万～ 70 万	70 万以上
发动机（换中缸）	4 缸	500	700	800	—
	6 缸	—	1000	1500	2500
	8 缸	—	—	2000	3000
	12 缸	—	—	—	4500

注：1. 发动机换中缸时，涉及换气门的加 200 元工时费。

2. 非电喷发动机的工时费在表中数据的基础上下调 20%。

表 6-7 拆装工时费标准 单位：元

项目 \ 车价		15 万以下	15 万～ 40 万	40 万以上
拆装前、后保险杠		50	上浮 10% ～ 30%	上浮 30% ～ 50%
拆装前翼子板		50		
拆装发动机盖		80		
拆装车门	换总成	80		
	含附件拆装	120		
拆装后翼子板		220		
拆装行李箱盖		50		
拆装行李箱后围板		150		
更换车顶	小型客车	200		
	面包车、吉普车	300		
更换前纵梁		200/ 条		
拆装龙门架	螺钉连接	30		
	纤维	100		
	焊接	120		

续表

项目＼车价		15 万以下	15 万～40 万	40 万以上
座椅拆装（电动）	前座	50/ 条	80/ 条	
	后座	75/ 条	120/ 条	
拆装		100		
拆装		≤ 400	≤ 600	

② 事故损失部分需要更换的配件费（包含管理费）。

配件费＝配件进货价 ×（1+ 管理费比例）。

配件报价以该配件的市场零售价为准；配件价格严格按照总公司关于配件核价的相关规定执行；老旧车型更换配件以换型替代件或通过与被保险人协商按照拆车件价格定价，原车损坏时是副厂件的按副厂件价格定价。

配件管理费是指保险公司针对保险车辆发生保险责任事故时，保险人对维修企业因维修需更换的配件在采购过程中发生的采购、装卸、运输、保管、损耗等费用以及维修企业应得的利润和出具发票应缴的税金而给出的综合性补偿费用，根据维修厂技术类别、专修车型综合考虑进行确定。

③ 残值。损坏的零部件有些无使用价值，这些残余部分的金属、塑料和橡胶制品可回收利用的作为废品出售。车辆修理过程中更换下来的配件，特别是总成更换后的部分零件（如空调压缩机、电磁离合器）如果有再利用的价值，可按照维修市场行情估算出这部分价值，这就是残值，原则上残余物划归被保险人所有，实际大多数折归修理厂。残值归保险人所有的，保险人在维修费用中扣减，事故车辆更换的配件由被保险人收回的，不计入残值之内。

废品残值的计算结合市场行情确定，主要包括铁钢圈、铝合金轮圈、冷凝器、蓄电池、车架等，一般可按新件的价格估算，表 6-8 可作为车辆部件残值作价参考，表中的数字是残值占新件的价格百分比，同时应考虑残值的质量和材质。对组合零部件的可用部分，按可用件价格的 30% ～ 60% 确定残值。

表 6-8　车辆部件残值作价标准

名称＼类别	轿车		客车		货车
	进口	国产	进口	国产	—
前后保险杠	8	6	8	8	4
前翼子板	3	5	3	5	5
散热器	5	5	12	11	16
冷凝器	4	6	4	6	
机舱盖	3	5	3	5	4
车门	3	5	3	5	5
后翼子板	2	5	2	5	—
行李箱盖	2	5	2	5	10
驾驶室壳	3	6	3	7	4
前桥	4	7	4	8	8
车架	20	20	80	80	100

续表

名称＼类别	轿车		客车		货车
	进口	国产	进口	国产	—
后桥	12	14	30	60	30
传动轴	2	5	2	5	5
缸体	3	6	3	6	8
活塞	7	12	7	12	12
曲轴连杆	4	8	4	8	8
飞轮及壳体	3	6	2	5	8
变速器	4	8	4	8	8
离合器	4	8	4	8	8
差减速器	4	8	4	8	8
转向器	5	10	5	10	10
发电机	6	12	6	12	12
起动机	5	10	5	10	10
压缩机	3	6	3	6	6
蓄电池	12	12	22	22	22
轮胎	3	3	9	9	9
钢圈	3	6	3	6	8
油箱	2	5	3	5	6
座椅	2	5	2	4	4

6.2.3 事故车辆定损照片的拍摄、上传与分拣

(1) 定损照片拍摄规范

① 定损人员须使用移动终端进行照片的拍摄，在移动终端无法完成正常拍摄的情况下，才可使用带有公司LOGO的专用数码相机进行拍摄。拍摄照片时，相机应正确设置拍照日期、时间以及人员工号，并按一定顺序（如从前到后、由外到内）对受损车辆进行拍摄。

② 对于查勘环节尚未拍摄到的理赔资料可在定损环节进行拍摄，如被保险人或领款人信息（身份证号码、银行卡账号）、标的车车架号、行驶证、驾驶证等。

③ 在车辆拆检前，请及时拍摄车辆拆检前照片。发动机、蓄电池等机舱内部件损坏，拆检前应掀起发动机罩拍摄全景受损照片，并用“易碎贴”对有可能受损配件进行标记；驾驶室、车厢内部有损失，请对其拍摄全景受损照片，并用“易碎贴”对有可能受损的配件进行标记，变速箱底壳、车架等底盘件受损，拆检前应上举升架拍摄全景受损照片，并用“易碎贴”对有可能受损配件进行标记。

拆检前要确认车辆气囊、安全带、轮胎损失（数量）、电瓶、转向机（货车）、CD机（汽车）等配件的损失，拍摄拆检前损失照片，并用“易碎贴”进行标记。

④ 定损时需拍摄有受损部位的整体照片（具体拍摄方法参照查勘拍摄方法），正确反映零部件的损失数量和受损程度。

⑤ 对价值较高的受损零部件和需要更换的零部件（单价大于 500 元）、残损零配件等应单独拍照，并使用“易碎贴”对有可能受损配件进行标记。

定损照片需包含车辆牌照，先拍摄远景照片，再对损失部位拍摄特写照片，在拍照时对于难以区分的配件应附该部件详细说明的提示板；更换挡风玻璃的，要求对玻璃标记拍照，以便分辨国产和进口玻璃。

（2）定损照片的上传与分拣

① 每辆受损车辆应确定 2 张以上有代表性的照片，重点反映受损车辆损失情况。

② 定损员应按照精简、高效、准确反映受损情况的原则，做好定损照片的筛选工作。

a. 对将要上传的照片进行准确、详细的文字描述。

b. 应合理确定需要上传到赔案中的照片，建议每车照片不超过 300 张。

③ 对于上传的案件照片，应该合理分拣。将车辆损失照片分拣到相应的涉案车辆中；对于价值较高的受损零部件和需要更换的零部件、残损零配件照片，应在定损后分拣到对应的损失项目中。

④ 上传纸质单证时，需将单证照片调整至正确方向再进行上传，相关重要信息需有特写照片或用铅笔进行标记。

6.2.4　火灾车辆损失的确定

汽车火灾定损难度大，损失确定前要先分析事故起因，围绕着火点、可燃物、氧气三个主要因素，结合汽车结构找出真实原因。起火的分类包括：自燃、引燃、碰撞起火、机械故障导致起火、经停不当导致起火、爆炸、雷击导致起火。

（1）火灾对车辆的损坏情况分析

① 整体烧损。车体大面积过火，造成汽车的发动机舱内线路、电器、发动机附件、仪表板、内装饰、座椅烧损，机械件外壳变形，车身板件脱碳，表面漆层大面积烧损的现象。

② 局部烧损。常见的有发动机舱着火，造成线路、发动机附件、部分电器、塑料和橡胶件被烧损；轿车乘员舱或客车、货车驾驶室着火，造成仪表板、部分电器、装饰件烧损；货车车厢内着火，造成车厢和运输货物被烧损。

（2）火灾车辆的定损方法

火灾车辆的定损方法如下。

① 对明显烧损的零部件进行分类登记。

② 对机械类零部件进行测试、分解检查。特别注意转向、制动、传动部分的橡胶密封件是否损坏。

③ 对金属零件考虑是否因过火出现退火现象，看外形是否变化。

④ 因火灾造成的损失范围大、分解检查项目多、维修工期长，一般很难短期内完成估损，只能边检查边定损，反复进行。

（3）火灾车辆定损费用的确认

① 如果汽车的起火燃烧被及时扑灭了，可能只会导致一些局部的损失，损失范围仅限于过火部分的车体油漆、相关导线及非金属管路、过火部分的汽车内饰，只要参照相关部件的市场价格，并考虑相应工时费，即可确定出损失金额。

② 如果燃烧持续了一段时间之后才被扑灭，虽然没有对整车造成毁灭性破坏，但也可

能会造成比较严重的损失。凡被火“光顾”过的车身外壳、汽车轮胎、线束、相关管路、汽车内饰、仪器仪表、塑料制品、外露件的美化装饰等可能都会报废，定损时需考虑相关更换件的市场价格、工时费用等。

③ 如果燃烧程度严重，轿车外壳、客货车驾驶室、轮胎、线束、相关管路、汽车内饰、仪器仪表、塑料制品、外露件的美化装饰等肯定会被完全烧毁。部分零部件，如控制计算机、传感器、铝合金铸造件等，可能会被烧化，失去使用价值。一些看似“坚强”的基础件，如发动机、变速器、离合器、车架、悬架、车辆轮毂、前桥、后桥等，在长时间的高温烘烤下，也会因“退火”而失去应有精度，无法继续使用，此时，汽车完全报废了。

6.2.5 水淹车辆损失的确定

(1) 水淹汽车的损失形式

① 停置期间进水的损坏：汽车在停放过程中被暴雨或洪水侵入甚至淹没，属于静态进水，图 6-11 所示为停车场被淹没图，属于典型的静态进水。

汽车在静态条件下进水，发动机不运转不会造成发动机内部零件的损伤，但会造成内饰、电路、空气滤清器、排气管等部位受损，因总有气门处于开启状态，淹没发动机后气缸也会进水。在这种情况下，即使发动机不启动，也可能造成内饰浸水、电路短路、电脑芯片损坏，空气滤清器、排气管和发动机泡水生锈等；对于采用电喷发动机的汽车，一旦电路遇水，极有可能导致线路短路，造成无法打火；如果强行启动发动机，极有可能导致严重损坏，就机械部分而言，汽车被水泡过之后，进入发动机的水分在高温作用下，会使内部运动机件锈蚀加剧，当进气行程吸水过多时，容易造成连杆变形，严重时导致发动机报废。汽车进水后，内饰容易发霉、变质，如果不及时清理，当天气炎热时，会出现各种异味。

② 动态进水损坏：汽车在行驶过程中，发动机气缸因吸入水而熄火，或在强行涉水未果、发动机熄火后被水淹，如图 6-12 所示。动态条件下，由于发动机仍在运转，气缸内因吸入了水会迫使发动机熄火。在这种情况下，除了静态条件下可能造成的全部损失，还有可能导致发动机直接损坏。

图 6-11　静态水淹车

图 6-12　动态水淹车

(2) 水淹基本情况

① 水的种类：评估汽车水淹损失时，通常将水分为淡水和海水。在对淡水淹汽车的评估中，应充分注意淡水的混浊情况。多数水淹损失中的水为雨水和山洪形成的泥水，但也有下水道倒灌形成的浊水，这种城市下水道溢出的浊水中含有油、酸性物质和其他有机物质。

油、酸性物质和其他有机物质对汽车的损伤各不相同，现场查勘时需充分注意，并进行明确记录。

② 汽车的配置：定损汽车的水淹损失时，要对被淹汽车的配置进行认真详细的记录，特别注意电子器件，如 ABS、ASR、SRS、AT、CVT、CCS、CD、GPS 和 TEMS 等。对水灾可能造成的受损部件，一定要做到心中有数。另外，要对真皮座椅、高档音响、车载 DVD 和影视设备等配置是否为原车配置进行确认，如果不是原车配置，应核实车主是否投保“新增设备险”。区分受损配置是否属于“保险标的”，理赔结果差别很大。

③ 水淹时间：汽车被水淹时间的长短，是评估水淹损失程度的另外一个重要参数。水淹时间长短对汽车所造成的损伤差异很大。现场查勘时，在第一时间通过询问来确定水淹时间（用 t 表示）是一项重要的工作。水淹时间的计量单位一般以小时（h）为单位，通常分为 6 级，见表 6-9。

表 6-9　水淹时间分级

水淹级别	水淹时间（h）	水淹级别	水淹时间（h）
1	$t \leqslant 1$	4	$12 < t \leqslant 24$
2	$1 < t \leqslant 4$	5	$24 < t \leqslant 48$
3	$4 < t \leqslant 12$	6	$t > 48$

每一级所对应的损失程度差异较大，在后面损失评估时将进行定性和定量分析。

④ 水淹高度：水对汽车的淹没高度是确定水损程度非常重要的一个参数。一般来说，针对不同的车型，“水淹高度”通常不以具体的高度作为计量单位，而以汽车上某个重要的位置作为参数，轿车的水淹高度可分为 6 级，具体见图 6-13。

图 6-13　水淹车高度分级

（3）水淹损失评估

水淹后的损失受多种因素的影响，但主要依据水淹高度。不同水淹高度对应的损失可参考表 6-10。

表 6-10　汽车不同水淹高度对应的损失

水淹高度级别	特征	可能造成的损失	损失率
1	水淹高度在制动盘和制动毂下沿以上，车身地板以下，乘车舱未进水	制动盘和制动毂。损坏形式主要是生锈，生锈的程度主要取决于水淹时间的长短以及水质。通常情况下，无论制动盘和制动毂的生锈程度如何，所采取的补救措施主要是四轮的保障	约为 0.1%

续表

水淹高度级别	特征	可能造成的损失	损失率
2	水淹高度在车身地板以上，乘员舱未进水，而水面在驾驶员座椅垫以下	四轮轴承进水，全车悬架下部连接处因进水而生锈，配有ABS的汽车轮速传感器磁通量传感失灵，地板进水后，如果车身地板防腐层和油漆层本身有损伤，就会造成锈蚀	0.5%～2.5%
3	乘员舱进水，水淹高度在驾驶员座椅垫以上，仪表工作台以下	座椅、部分内饰潮湿和污染，真皮座椅、真皮内饰损伤严重，若水淹时间超过24小时，还会造成桃木内饰板分层开裂，车门电动机进水，变速器、主减速器及差速器可能进水，部分控制模块、起动机、中高档车行李舱中CD换片机、音响被水淹	1.0%～5.0%
4	乘员舱进水，水淹高度在仪表工作台中部	发动机进水，仪表板中部音响控制设备、CD机、空调控制面板受潮，蓄电池放电、进水，大部分座椅及内饰被水淹，音响的喇叭全损，各种继电器、熔丝盒可能进水，所有控制模板被水淹	3.0%～15.0%
5	乘员舱进水，水淹高度在仪表工作台面以上，顶篷以下	全部电器装置被水泡，发动机严重进水，离合器、变速器、后桥也可能进水，绝大部分内饰被泡，车架大部分被泡	10.0%～30.0%
6	水淹高度超过车顶，汽车顶部被淹没	汽车所有零部件受损	25.0%～60.0%

6.3 非车辆财产损失的确定

6.3.1 第三者财产和车上货物的损失

（1）确定损失

财产损失应会同被保险人和有关人员逐项清点，确定损失数量、损失程度和损失金额。同一保险标的要注意避免重复赔偿。然后制作“机动车保险财产损失确认书”一式两份，由被保险人签字确认，保险人、被保险人各执一份。超过权限的应及时报上级进行定损或核损，经省公司同意可委托有资质的公估机构进行定损。

（2）财产损失的确定的注意事项

财产损失的确定应注意以下几点。

① 损失修复原则。第三者财产和车上货物的恢复以修复为主；无法修复和无修复价值的财产可协商折价进行赔偿。

② 确定物损数量。交通事故中常见的财产损失有普通公路路产、高速公路路产、供电通信设施、城市与道路绿化等。相关财产的品名和数量可参照当地物价部门列明的常见品名和配套数量。受损财物的数量确定还必须注意其计算方法的科学性与合理性。

③ 损失金额的确定。第三方在对财产损毁的赔偿方面往往提出远高于实际价值的要求，有些损失还包括间接损失以及处罚性质的赔偿，所以定损人员要在定损过程中识别间接损失和处罚性质的赔偿，予以剔除。对于出险时市场已不生产销售的财产，要依据原产品的主要功能和特性，使用市场上同类型产品替代。定损金额以出险时保险财产的实际价值为限。

④ 维修方案的确定。根据损失项目、数量、维修任务和维修工时及工程造价确定维修方案。对于损失较大的事故或定损技术要求较高的事故，可委托专业人员确定维修方案。

（3）常见财产损失处理办法

常见财产损失的处理办法如下。

① 市政和道路交通设施。如广告牌、电灯杆、防护栏、隔离桩、绿化树等。定损中按损坏物产的制作费用及当地市政、路政、交管部门的赔偿标准核定。

② 房屋建筑。了解房屋结构、材料、损失状况，然后确定维修方案，聘请工程专业人员根据维修方案制作预算，在合理预算的基础上，与损失方协商达成赔偿协议。

③ 道旁农田庄稼。在青苗期，按青苗费用加上一定的补贴即可，成熟期的庄稼可按当地同类农作物平均产量测算定损。

④ 家畜、牲畜。牲畜受伤以治疗为主。受伤后失去使用价值或死亡的，凭畜牧部门证明或协商折价赔偿，公路上散养的家畜不在赔偿范围之内。

⑤ 车上货物及其他货品。应根据不同的物品分别定损，对一些精密仪器、家电、高档物品等应核实具体的数量、规格、生产厂，可向市场或生产厂了解物品价格。另外，对于车上货物还应取得运单、装箱单、发票，核对装载货物情况，防止虚报损失。

6.3.2　施救费用的确定

施救费用是指当保险标的遭遇保险责任范围内的灾害事故时，被保险人或其代理人、雇佣人员等为防止损失的扩大，采取措施抢救保险标的而支出的必要、合理的费用，施救行为支出的费用应是直接的、必要的，并符合国家有关政策规定。一般包括：拖车费、吊车费和抢救打捞费。

① 被保险人使用他人（非专业消防单位）的消防设备，施救保险车辆所消耗的费用及设备损失可以赔偿。

② 保险车辆出险后，雇用吊车和其他车辆进行施救的费用，以及将出险车辆拖运到修理厂的运输费用，在当地物价部门颁布的收费标准内负责赔偿。

③ 在施救过程中，因施救而损坏他人的财产，如果应由被保险人承担赔偿责任的，可酌情予以赔偿。但在施救时，施救人员个人物品的丢失，不予赔偿。

④ 施救车辆在拖运受损保险车辆途中发生意外事故造成的损失和费用支出，如果该施救车辆是被保险人自己或他人义务派来抢救的，应予赔偿；如果该施救车辆是有偿服务的，则不予赔偿。

⑤ 保险车辆出险后，被保险人赶赴肇事现场处理所支出的费用，不予负责。

⑥ 只对保险车辆的施救费用负责。保险车辆发生保险事故后，涉及两车以上应按责分摊施救费用。受损保险车辆与其所装货物（或其拖带其他保险公司承保的挂车）同时被施救，其救货（或施救其他保险公司承保的挂车）的费用应予剔除。如果它们之间的施救费用分不清楚，则应按保险车辆与货物（其他保险公司承保的挂车）的实际价值进行比例分摊

赔偿。

⑦ 保险车辆为进口车或特种车，发生保险责任范围的事故后，当地确实不能修理的，经保险公司同意去外地修理的移送费可予负责，并在定损单上注明送修地点和金额。但护送车辆人员的工资和差旅费不予负责。

⑧ 施救、保护费用与修理费用应分别理算。当施救、保护费用与修理费用相加，估计已达到或超过保险车辆的实际价值时，可按推定全损予以赔偿。

⑨ 车辆损失险的施救费是一个单独的保险金额，但第三者责任险的施救费用不是一个单独的责任限额。第三者责任险的施救费用与第三者损失金额相加不得超过第三者责任险的责任限额。施救费应根据事故责任、相对应险种的有关规定扣减相应的免赔率。

⑩ 重大或特殊案件的施救费用应委托专业施救单位出具相关施救方案及费用计算清单。

6.4 定损操作规范

定损时，须按照理赔实务向客户提供标准化的定损服务。定价时应与客户进行充分的协商，尽量取得共识，达成一致意见。对不属于保险责任或应由客户自行承担的损失，定损人员须明确告知客户，并做好解释工作。

6.4.1 客户接洽

① 与客户见面，礼貌询问客户身份。

[参考话术]

“您好，请问您是 ×× 先生 / 小姐 / 女士吗？我是负责您这次事故的定损员 ××。”

② 礼貌地询问客户选择维修厂的意向，如客户未指定维修厂或者指定的维修厂是非合作厂的，仅提供善意的建议即可，态度要温和，不能强硬，严禁指定维修厂或强行推荐维修厂。

[参考话术]

再次告知：“您好，为了您这次事故个人利益不受损失，我们建议您的车辆去我们推荐的修理单位拆检和维修，避免出现质量问题和定损价格的差异，给您造成不必要的损失。如果确定在您选择的修理单位维修，请在我们定损完成后再进行修车，避免出现差价。”

③ 核对事故车辆受损情况

a. 要礼貌地请求客户提供证件。

[参考话术]

“请您提供一下您的驾驶证、行驶证……”（如果查勘人员已经采集，可以不要求客户再次提供。）

b. 核对车辆信息后，通过询问的方式，请客户再次确认损失部位。

[参考话术]

“您的车辆损失部位有以下……几个地方，请您核对。”

6.4.2　定损确认

① 请客户确认定损情况，并耐心解释定损依据。

[参考话术]

“这是您的车辆损失清单，麻烦您看看还有没有遗漏、需要补充的或者是不明白的？”

“请您在这里签字确认，谢谢！”

“维修厂如果有什么异议，请您联系我们，我们负责和他们协商沟通。”

② 客户对定损报价有异议时，或定损过程中需要特别向客户说明的事项，定损员应耐心向客户解释，取得客户的理解。

[常见案例]

客户认为应更换的配件，定损员不给予更换时，应细心分析客户担心的问题，并对问题做出相应合适的回答，争取消除客户的忧虑，获得客户的理解与信任。

[参考话术]

“您的心情我能理解，根据保险合同规定，车辆定损遵循以修为主的原则。××× 配件是可以修复的，修复后的配件在外观和使用性能上都能满足车辆安全行驶的要求。”

[常见案例]

客户根据自己习惯自行选择了修理厂，而客户认为我们定损的价格不能满足需求时，应耐心地引用合理的标准针对性地回答客户，争取得到客户的理解，或者单独与修理厂沟通消除客户的忧虑。对于高出定损的部分，提醒修理厂要自行承担。

[参考话术]

“我们的报价是按照市场情况确定的合理价格，保证有价有市，希望您再了解一下配件的价格，如果确实买不到，我们可以帮您提供供货渠道。”

“您可以自行选择修理厂，但是希望您能理解，我们定损价格是能保证修好您的车的，我们也可按这个价格推荐您到一些资质好的修理厂维修。”

[常见案例]

如车损较大，短时间内无法完成定损核价时，可先确定更换项目及修理工时费用，然后耐心向客户解释。

[参考话术]

“您的车辆损失较大，我们必须对您负责，保证报价会有价有市，为了不影响车辆维修的进度，车可以先做钣金维修，我们会尽快核定价格的。”

“您的车辆损失较大，更换维修项目较多，一旦确认了价格，我们会立即通知您。”

[常见案例]

划痕险案件的定损情况，定损员应当认真核实后，将划痕险赔付金额详细告知客户。

[参考话术]

“您的车辆划痕险已赔了 ×× 元，剩余赔付限额 ×× 元，超限额费用需您自行承担。”

[常见案例]

客户坚持要到异地维修，定损员应充分了解本地维修能力，如果本地确实无承修这种车的能力，则应协助客户到较近的有承修能力的地区维修，并与上级公司或当地公司沟通，协助客户定损维修；如果本地有承修能力，则应向客户解释，并推荐一些资质较好的合作修理厂供客户选择；本地有承修能力且推荐的修理厂也保证可以修好车辆，但客户仍坚持去异地维修的，则应明确告知客户产生的移送费用及扩大损失，以及超出定损价格部分，保险公司不予承担。

[参考话术]

“我们本地确实没有合适的修理厂修理您的爱车，我建议您去 ××（地区、修理厂）维修，我们可以安排专人陪同您处理事故或通知当地 ×× 协助您。”

“您的爱车在我们本地可以修好，如果去 ××（地区、修理厂），您来去也不方便。”

③ 定损结束后，定损员应与客户确认定损结果，详细告知索赔注意事项。出具车辆损失确认书单证，请求客户签字。

[参考话术]

“这是您的车辆定损单，麻烦您看一下，如果没有问题的话，请您在定损单上的被保险人签章处签字确认。”

④ 客户提出如需追加定损项目情况，应详细告知客户相关要求。

[参考话术]

“好的，您提出的增补项目，我们将尽快核实，核实后给您答复。”

⑤ 主动引导客户办理后续索赔。

[参考话术]

“您的损失定损已完成，请您及时将相关索赔资料提供齐全，便于我们尽快理算赔付。”

6.4.3 系统录入操作要点

系统录入操作要点如下。

(1) 定损方式选择

① 修复定损。修复定损是一般定损方式，选择“修复定损”需要进入第三方定损工具，损失确认单有更换项目和维修项目的明细。

② 协议定损。协议定损也需要进入第三方定损工具，无须录入具体更换项目和维修项目的明细，只需在工时费项下自定义项目名称及金额即可。

③ 推定全损。推定全损只录入总定损金额。选择“推定全损”不能进入第三方定损工具。

(2) 车辆信息的录入

①“车辆信息”一栏里的“损失类别”“交强险责任类型”“承保情况”会直接影响理算的计算，需要特别注意其选择录入的正确性。

② 注意核对“车辆信息”所对应的“车牌号”“损失方标志”，分清正在定损的标的是“主车”还是“三者车”。

(3) 定损修改

① 核赔通过之前，定损岗可以对定损进行修改。定损结束后，定损修改可通过“车辆定损”中选择“车辆定损修改处理”进行操作。

② 如果进行定损修改时，理算计算书已经处理完毕或者已经做暂存处理，必须在定损修改完成并核损通过后，在理算环节选择“理算刷新”提取定损修改结果重新进行理算。

③ 已经核损通过的任务要进行“定损任务注销”，必须先进行定损修改，使定损任务处于“定损修改”状态，才能进行“定损任务注销”。

④ 已经核赔通过的案件，可以在调度环节发起“追加定损”任务。

(4) 定损任务的结束

报价完成后将向定损岗返回一条确认定损结束的任务，定损员必须处理这个任务确认定损结束。所有定损任务结束后，才能发起理算任务。

6.5 定损新技术

6.5.1 远程移动定损

为了提高定损工作效率，利用当前移动网络技术，在手机上安装查勘定损软件，软件提供了配件数据支持，维修工时数据支持，超时提示、表单打印、影像支持、定损数据导出等各种功能，结合 GPS 定位信息，随时掌握查勘员当前的工作地点及其他信息，方便就近调度。应用远程定损系统可缩短理赔时限，提升理赔服务竞争力。

通过使用移动远程定损系统，保险公司的接报案受理时效明显提高，人员现场管控明显增强；配件工时可现场查询，价格水分明显减少，查勘定损效率快速提升；骗赔假案明显下降；现场打印定损单，服务规范可信度增强，客户满意率有效提升；查勘定损质量考核有依据，科学管理带动公司品牌价值提升。

6.5.2 智能定损

用人工智能模拟车险定损环节中的人工作业流程，帮助保险公司实现简单高效的自动定损，属于图像定损技术。蚂蚁金服、中国平安、中国人保和中国保信四家公司凭借科技从不同角度切入定损领域。其中，蚂蚁金服和中国平安将重点放在定损效率上，新推出的智能定损工具将目标放在大幅提升简易案件理赔效率上。简易案件的定损效率达到秒级，小剐小蹭案件修车无须等待。中国人保则研发和采购了多种事故车检测工具，想要免拆检就搞清楚车辆损失情况，重在理赔质量。中国保信则是凭借行业最完整的数据库，将重点放在反欺诈上，骗保发生的概率有望降低。

(1) 定损宝

“定损宝”是蚂蚁金服应用深度学习图像识别技术研发的，目标是做保险业的技术提供商。“定损宝”用 AI 充当定损员的眼睛和大脑，通过算法识别事故照片，与保险公司连接，几秒内就能给出定损结果，包括受损部件、维修方案以及维修价格，实现简单高效的自动定损，且准确率达到98%以上，预计可以减少查勘、定损人员50%的工作量。在车险定价“从人”因素引入上，“定损宝”通过采集车辆的运行数据引入的“车险分”，可以对车主进行精准画像和风险分析。

要达到图片识别定损的效果，需要机器学习海量历史车险事故照片。目前蚂蚁金服定损宝机器学习合作的是大地财险、太平财险等大中型保险公司，不同保险公司的车型以及照片拍摄规范有所差异，有的公司平拍比较多，有的俯拍比较多，有的强调细节拍摄，有的喜欢做标注。可以用各家保险公司的照片去“喂养”给机器学习，使定损宝能够覆盖所有车型，适应不同天气和不同拍摄方法下的照片。中国人保、中国平安和中国太保都在推进人工智能。

配件价格本地化问题。定损最重要的一环是确定维修价格，这就涉及全国各地区的配件价格、辅料和工时价格。作为互联网金融公司的蚂蚁金服，显然是不掌握这个数据的。“实质上定损宝不涉及这部分内容，定损宝只做前端的图片识别和损失确定，系统会自动将结果递交给保险公司。定价权还是在保险公司手上，每家保险公司根据自己的价格库确定价格，输出维修方案。”

道德风险问题。界面新闻采访到的一些资深理赔人员普遍表示没有看到定损宝的反欺诈功能，担心骗保分子利用这个漏洞，定损宝在配件间逻辑关系和事故真实性上有一些反欺诈的设计，用于判断事故的真实性，预警一些不符合配件损失逻辑的案件。不过，目前只能做到一些简单的反欺诈。“以后在这个方向上会继续深入，这是一个持续优化的过程。”

（2）AI 智能闪赔

这是由中国平安推出的智能定损工具。AI 智能闪赔也是利用图片识别技术，机器学习海量历史真实理赔图片数据训练，实现图片识别定损。中国平安自身拥有 19.83% 的财险市场份额，拥有海量历史车损图片数据的优势。AI 智能闪赔是目前唯一已投入真实生产环境运用的人工智能定损与风控产品。

其与定损宝的最大不同在于自动定价环节。定损宝的定价工作是回传给保险公司做，而 AI 智能闪赔则因背靠平安产险，构建了覆盖全国，精准到县市的工时配件价格体系，自己做定价。正因为如此，AI 智能闪赔是第一款集定损、定价于一体的智能工具。此外，其构建了从承保到理赔全量风险因子库，覆盖理赔全流程主要“个案”与“团伙”风险，对汽修厂的专业骗保拦截最有效，实现了对风险的事中智能拦截与事后智能筛查。

6.5.3 科技理赔工具

中国人保通过自主研发和合作开发，推出了多款理赔硬件产品。如自主研发的发动机连杆免拆测量工具，通过该工具的使用，被淹或涉水损坏的车辆不用拆解发动机就能在短时间内判断发动机连杆是否受损，既减少了等待维修时间，又能避免发动机的不当拆解，避免了维修单位为自身利益肆意拆解带来的损失。

此外，人保财险还定制了两款专属设备——电控系统诊断仪和云诊断设备。电控系统诊断仪用于日常电控系统定损工作，通过车载诊断端口能够迅速确定故障范围、判断故障类型、分析故障原因。云诊断设备则主要针对高端车辆，兼容众多进口及合资高端品牌车型原厂诊断，可以实现远程操控检测。例如，车子发动机缺缸或灯光不亮等故障，就可以在车载诊断端口插上这两款设备扫描一下，几分钟即可出结果。尤其是高端车辆，不用在汽修厂排队等检测，即可快速处理大额复杂案件尤其是高端车案件。

6.5.4 “定损云”

中国保信推出的“定损云”包括事故车定损系统、反欺诈系统、统计分析系统及其他应用系统。保险公司与中国保信合作使用“定损云”之后，可查询到车辆定型、配件点选、核损定价等数据。“定损云”的定位是车险理赔端的辅助作业平台和生态平台，是定损环节的补充工具，对全行业公司开放。

“定损云”的优势是在反欺诈方面的应用。以前各地保险数据使用的标准、数据格式都不统一，中国保信打破了地区和各家保险公司的数据壁垒，规范了 54 个反欺诈数据元的采集，统一了数据标准。基于对车险平台数据的运用，自建风险数据库，实现了保险欺诈线索

识别、欺诈风险预警、欺诈信息共享等功能，为公司打击骗保提供了信息数据支撑，特别是单一保险公司难以甄别的跨公司欺诈案件。

6.6 任务实施——事故车辆损失确定

（1）工作任务一

学生利用汽车保险模拟理赔估损软件（如图 6-14 所示）分组演练，每组四人，分别扮演客户、接报案和调度、查勘员、定损员。

场景模拟：一个 32 岁女性车主，驾龄 2 年，是某幼儿园教师。在通过一平交路口时为躲避一骑自行车的路人，因操作不当使自己的现代伊兰特轿车撞到路边的电线杆上，造成前保险杠、进气隔栅、右前大灯、前机盖、右前翼子板损坏，还造成电线杆损坏，构成保险责任，请求保险人定损。

工作任务要求：根据案情模拟完成报案、调度、查勘、定损等主要理赔环节，同时完成软件中相关表格的填写，最后由老师完成核损和工作完成情况的点评。

图 6-14　模拟理赔估损软件

（2）工作任务二

2017 年 8 月 11 日 6 时 30 分许，A 财产保险公司客户贺某驾驶冀 F21××69 捷达车在军校广场东方家园门口行驶时，由于操作不当与停放在路旁的刘某的冀 A8N××6 普桑车发生碰撞，致两车均有损坏。事发后，贺某当即报警，交警认定冀 F21××69 车负本起事故的全部责任，经核查该车于 2017 年 4 月 23 日在 A 财产保险公司投保了交强险和商业三者险。冀 A8N××6 于 2017 年 1 月 6 日在平安保险公司已投保了交强险。

经 A 财产保险公司现场查勘定损，冀 F21××69 车的损失项目为：①前保险杠；②左前角灯；③左前翼子板；④前保险杠卡子。以上项目需要更换，经报价询价，价格分别为：前保险杠 430 元，左前角灯 79 元，左前翼子板 320 元，前保险杠卡子 10 元。冀 A8N××6 车

需要维修的项目为：①左后翼子板；②左前门饰板；③左后门饰板及左裙边；④左倒车镜。上述项目需要整体油漆；工时费用总计人民币1100元，冀A8N××6车财产保险公司查勘定损后，总损失为人民币2800元。

工作任务要求：根据上述资料，填写标的车机动车辆损失情况确认书（见表6-1）。

任务要点与总结

本次任务一模拟保险公司处理一般事故的实际流程，各环节的操作都通过软件记录下来，要求学生接报案时准确填写各项信息并及时派工调度，查勘人员接到调度指令后及时与客户沟通并迅速到达现场，在排除道德风险的同时对本次事故的损失情况进行初步认定，并记录事故真实情况；定损人员根据查勘结果确定损失范围和修理方法，确定零件和工时费，要做到准确、合理，争取达到客户、保险人、修理单位三方满意。

任务二主要训练准确定损能力，熟悉定损表格的准确填写。

思考题

1. 事故车辆定损应遵循什么原则？
2. 发动机、变速箱拖底后主要损失有哪些？
3. 车辆发生保险事故后如何判断是否有修复价值？
4. 影响水淹车损失程度的因素有哪些？

练习

一、填空题

1. 全部损失包括车辆损毁或推定全损，推定全损是指保险车辆的修复费用与施救费用之和达到或超过______当时的______价值。实际价值是指______车辆市场新车购置价减去该车已使用期限______金额后的价格。

2. 车辆定损时应注意区分本次事故和非本次事故造成的损失，事故损失和正常维修保养的界限，对确定为事故损失的部位应坚持以______的原则。

3. 受损车辆未经保险公司和被保险人共同查勘定损而自行送修的，根据条款规定，保险人有权____________或______。在重新核定时，应对照查勘记录，逐项核对修理项目和费用，剔除其扩大修理和其他不合理的项目和费用。

4. 残值应______作价折归______，如协商不成，需要收回的按照“损余物资处理”工作流程处理。

二、判断题

1. 轿车多采用非承载式车身，而货车多采用承载式车身。（　　）

2. 承载式车身结构件可简单适用“弯曲变形就修，折曲变形就换”的原则。（　　）

3. 碰撞时如果有扭转力矩时汽车相对地面旋转，一定比不转对车辆本身的伤害小。（　　）

4. 根据条款规定，受损车辆未经保险公司和被保险人共同查勘定损而自行送修的，保险人有权重新核定修理费用或拒绝赔偿。（　　）

5. 事故车更换下来的残余物原则上划归被保险人所有，但在赔付额中应扣除这些费用。（　　）

6. 车损险对保险车辆因发动机进水造成的损坏不予赔偿。（　　）

三、单项选择题

1. 钣金工时费的计算公式是（　　）。

A. 工时费用 = 工时单价 × 标准工时定额 + 辅料费

B. 工时费用 = 工时单价 × 标准工作时间

C. 工时费用 = 工时单价 × 标准工时定额

D. 工时费用 = 工时单价 × 标准工时定额 × 材料费比例

2. 保险车辆遭受损失后的残余部分，应（　　）。

A. 归保险人所有

B. 协商作价，折归被保险人，并在赔款中扣除

C. 协商作价，折归被保险人，但不应在赔款中扣除

D. 按重置价格转让给保险人，并予以赔付

3. 下列属于施救费用的是（　　）。

A. 移送保险车辆的人的差旅费　　B. 交警事故停车场停车费用

C. 现场雇人看车费用　　D. 处理事故人员奔赴现场费用

4. 车险定损核价中对电线杆、防护栏、隔离桩、绿化树等市政和道路交通设施定损时应（　　）。

A. 聘请公估公司核定事故损失　　B. 按照市场价格确定

C. 让物价局对损失进行核定　　D. 以上均可

5. 一般承载式车身结构在发生碰撞后的损伤顺序中，最后出现的变形是（　　）。

A. 弯曲　　B. 扩宽　　C. 扭曲　　D. 褶皱

6. 有关碰撞力对车辆的影响，甲说：力的大小和方向会造成汽车不同程度的损坏。乙说：力越大对汽车的损毁越大。下列选项正确的是（　　）。

A. 甲正确　　B. 乙正确　　C. 都正确　　D. 都不正确

机动车保险人伤理赔

[导入案例]

2017 年 12 月 3 日晚，曹某沿道路正常行走期间，被张某驾驶的轿车撞倒不治身亡，经交警部门认定，张某应当承担事故的全部责任。后曹家人状告张某，要求赔偿人身损害相关费用。曹某死亡时 38 周岁，有一哥哥；曹某的妻子 1972 年 10 月生人；受害人之子出生于 2005 年 11 月 4 日；受害人之父 1944 年 12 月 28 日出生；受害人之母 1945 年 12 月 28 日出生；以上人员均为城镇户籍。要求赔偿如下。

死亡赔偿金：　　28249 元 / 年 ×20 年 =564980 元

丧葬费：　　56987 元 / 年 ×0.5 年 =28493.50 元

被抚养人生活费：受害人之父 19106 元 / 年 ×7 年 ÷2=66871 元

受害人之母 19106 元 / 年 ×8 年 ÷2=76424 元

受害人之子 19106 元 / 年 ×6 年 ÷2=57318 元

共计：794086.5 元

思考

1. 受害人家属要求的赔偿数额计算方法是否合理？

2. 被抚养人的生活费应如何计算？

案例启示

1. 人伤赔偿案件的赔偿涉及的项目多，计算复杂，且不同地区的赔偿数额相差很大，事后家属索赔时往往提出不合理的赔偿要求，准确地把握赔偿标准和计算是保证合理赔偿的关键。

2. 人伤赔偿案中，牵扯的受益人较多，相关证明对赔偿的结果有直接影响，在以往的事故处理过程中发现了许多受害人家属提供假证的情况，因此，该类案件应加强调查和跟踪，避免道德风险。

学习目标及要求

了解道路交通事故伤亡特点；了解常见损伤的医疗终结时间；了解常见损伤的最佳医疗鉴定时间；熟悉伤害程度和劳动能力丧失程度的划分原则；能熟练运用所学的原理方法对人身损害赔偿案件进行查勘；能够熟练对人身损害赔偿费用进行核定。

学习内容

车险理赔案件中，人伤赔款支出占车险总赔款支出的50%～60%，且随着人伤赔偿标准的不断提高和城镇化进程的不断加快，人伤案件的赔付将进一步上升，人伤案件的赔付质量直接关系到车险经营成果。理赔人员在处理理赔案件时，人员伤亡部分的损失核定复杂且难度大，在人员伤亡费用核定方面与被保险人易产生矛盾和纠纷，诉讼案件中85%以上为人伤案件，所以各公司都制定了严格的操作程序，建立了标准化、规范化、专业化和精细化的管理模式。学习人伤案件的处理方法，是提高人伤理赔质量，提高客户满意度，做好车险工作的重要基础。

7.1　车险人伤理赔概述

为保障公民人身权益，国家出台了《中华人民共和国侵权责任法》《最高人民法院关于审理人身损害赔偿案件适用法律若干问题的解释》《最高人民法院关于审理道路交通事故损害赔偿案件适用法律若干问题的解释》等相关法律法规，但这些法律法规原则上仅规定了人身损害赔偿的标准，各地法院在执行中对相关法律条文理解不同，导致赔偿项目和标准存在一定差距，这也增加了理赔处理的难度。制定人伤理赔操作规范，准确合理处理人伤事故，通过对人伤案件的科学管理和监控，有利于防范和化解风险，减少理赔中的“水分”，防止各种违法违规行为发生。

7.1.1　开展人伤理赔工作的目的

（1）提高车险服务品质，提高品牌信誉，提高客户满意度

法律知识的普及以及公民素质的提高，使得伤者在事故处理中维权意识增强。向被保险人提供全方位的优质服务，指导（协助）其处理涉及人伤的案件，开展人伤电话导航服务、小额人伤案件的快速处理及人伤案件主动调解服务，从根本上解决理赔难的问题，减少外部不利因素的影响，快速处理案件，从而提高车险服务品质，提高品牌信誉，提高客户满意度。

（2）防止人伤案件中的“水分”，提高车险经营效益

按照“提前介入，全程跟踪，突出重点环节”的原则，加强对医院、鉴定机构及交警等部门的协调和监督，防止人伤案件中“水分”的产生。加强人身伤亡案件的介入和管控，防范人伤案件的道德风险，提高车险人伤案件理赔质量，降低人伤赔付率。

（3）提升社会效益

通过协调与交警队、司法鉴定机构、医院、司法机关、社会保险等部门的关系，充分发挥保险公司的社会管理职能，快速处理案件，化解社会矛盾，提升车险的社会效益。

7.1.2　开展车险人伤理赔工作的方法和途径

（1）提前介入，全程跟踪

人伤事故的特点是治疗周期长，赔偿项目复杂，所需单证较多。因此，保险公司在接到报案后，应立即指派人伤跟踪人员与被保险人及伤者接触，了解事故经过、伤者个人情况、治疗医院及伤情，必要时应与经治医师见面，了解治疗方案，预估治疗费用，对每一治疗阶段的用药及治疗手段等进行跟踪；对伤者伤情轻微的案件，及时开展小额人伤案件的快速处理，加快理赔速度，提高客户满意度；对损伤轻微的案件（软组织损伤等）或不必住院治疗的案件（骨折可门诊治疗的案件等），可采取包干处理一次性解决的方式；对伤情较重的案件，主动与伤者接触，开展主动调解服务，主动为被保险人提供理赔服务，主动为客户（被保险人）排忧解难；并指导被保险人收集相关索赔单证，避免在结案后产生纠纷；通过主动跟踪调解，有效避免诉讼。

（2）事先告知，主动预防

在案件处理过程中，及时告知被保险人有关人伤案件处理的注意事项，避免被保险人过多地承担事故责任和赔偿责任；同时，通过事先告知与被保险人或其他当事人进行有效沟通，也可以减少理赔处理中的纠纷。

（3）积极联络外部单位

车险人身伤害赔偿通常涉及公安机关、医疗单位、相关鉴定机构、司法机关、行业协会、人民调解委员会等部门，对于伤亡者的赔偿往往是通过多方面的调查取证和沟通协商的结果，因此，保险公司应主动与相关部门加强联系，了解事故处理的全过程，尽量取得事故认定及费用核定的证据，保证在理赔时处于主动地位。重点联系司法厅（局），通过行政机关管控伤残鉴定机构；其次是联系公安交警确定合理的事故责任。

（4）联系实际，合理赔付

虽然国家已经制定了相对完善的法律法规作为处理人伤事故的依据，各省各地市还有相应的规定和办法，各级机构还应认真研究本地政府及公安部门处理此类事故的地方法规，了解当地实际情况，结合具体案情，合理处理赔案。

7.1.3　人身损害赔偿案件的特点

（1）案件涉及面广

交通事故的损害赔偿通常涉及保险人、被保险人、受害方（伤者）、致害方（肇事司机）、医疗机构、伤残鉴定机构、公安交通管理部门、司法机关等多方主体，在确定事故责任、赔偿标准以及费用标准等方面，涉及的法律规范范围较广，纠纷比较多。

（2）处理案件需要多方面的知识和能力

人身损害赔偿案件中，主要围绕人员伤亡展开理赔处理，其中除要求理赔人员具有医疗专业知识外，还需要懂得与人身损害赔偿相关的保险、法律法规等专业知识，同时需要具备洞察能力和沟通能力，能够妥善处理理赔纠纷。

（3）处理人伤案件涉及两个不同的法律关系

首先，被保险人（肇事方）与三者（受害人）之间的民事损害侵权关系，受民事相关法律法规约束；其次，被保险人与保险人之间的合同关系，受合同法、保险法的约束。法律关系不同，导致被保险人实际支付给受害人的赔偿及其可以从保险合同中获得的赔偿之间存在一定的出入，从而产生纠纷。

（4）案件处理周期普遍较长

人身损害案件涉及受害人的治疗和身体恢复过程，以及与受害方的损害赔偿协商过程，因此，从财产损失案件中对于财产损失鉴定的过程来看，人伤案件处理时间一般相对较长，一般会在 3~8 个月，有的会长达几年，甚至更长。

（5）同一损害事实，因相关赔偿因素不同而赔偿金额迥异

由于存在个体体质的差异及就诊医院的不同，医疗方案和医疗费存在不同；不同的户籍身份导致残疾者生活补助费、死亡赔偿金、被抚养人生活费的差异；不同的职业和收入造成误工费、护理费的差异；不同的出险地赔偿标准也不一样，等等。这些因素决定人伤案件损失的确定，不可能像车损、物损一样，通过一次或两次的查勘和跟踪就能明确下来。实际上，人伤案件损失的发生是一个动态的过程，从事故的发生到调解结案一直在不断地变化。

7.1.4　车险人伤案件理赔管理的重点工作

（1）人伤案件的过程管理

人伤案件的处理是一个动态的过程，从接报案开始就应该按照规定流程介入处理，全程跟踪，遵照审核规定开展工作，整个案件处理过程应该记录详尽、处理合理。根据人伤案件的特点，将人伤工作的流程分为不同的阶段，即接报案阶段、现场查勘阶段、住院探视阶段、后续跟踪调查阶段、案件审核阶段。现场查勘阶段重点是落实案件真实性、是否属于保险责任，小额人伤案件快速处理；住院探视阶段的重点是防止不合理的医药费、小伤大养、以伤养病、挂床住院等，掌握伤者及护理人员的基本信息、伤情等；后续跟踪阶段的重点是防止不合理的伤残评定，合理确定被抚养人生活费、残疾辅助器具费，开展主动调解服务；案件审核阶段的重点是按照车险案件审核的一般原则，审核人伤案件各种证明材料的真实性和合理性，防止虚假人伤赔案的产生和不合理赔偿。

（2）人伤案件分类管理

根据受伤人员损伤程度不同，分为门诊治疗案件、住院治疗案件、涉及评残案件、死亡案件四类，通常后三类人伤案件占人伤赔付的比重最大，所以这三类案件是管控的重点，人伤跟踪工作要由专人负责，跟踪人员要定期与被保险人和伤者沟通，做好人伤案件的跟踪工作。

（3）人伤大案的责任跟踪管理

在处理交通事故的过程中，事故责任比例划分不当会导致保险公司赔付增加，所以，对于损失金额较大的案件要做好案件责任的跟踪工作；对事故责任划分不合理的案件，要及时与被保险人沟通并锁定证据，共同做好事故责任的划分和复议工作；大案的追责是人伤案件管控的重点，这能从根本上解决案件赔付问题，提高破案的质量。

（4）人伤案件的专人负责制

各分公司应根据人伤工作人员配备情况及地域特点，对人伤跟踪人员及医疗审核人员进行区域分工，每个人负责一定区域，推行人伤案件管理的责任制，做到每一起人伤案件从一

开始就有专人负责，这个责任人负责整个案件的处理，直到结案。负责所辖区域人伤案件的首次跟踪、住院探视、后续跟踪、伤残跟踪、未决管理、估损的录入及调整、案件调查、主动调解、诉讼案件的会商、案件初步审核等。跟踪人员要建立跟踪台账，审核人员要做好审核台账的登记工作。

7.2 道路交通事故伤亡特点

7.2.1 道路交通事故创伤发生的特点

道路交通事故创伤发生的特点是：事故发生率高；伤情复杂，往往是多发伤、复合伤并存，表现为多个部位损伤或多种因素的损伤；发病突然，病情凶险，变化快，休克、昏迷等早期并发症发生率高；现场急救至关重要，往往影响着临床救治时机和创伤的转归；致残率高，对伤者的生活质量造成长期影响。现场急救人员、事故处理人员、医务人员等有关工作人员要根据交通事故创伤发生的特点尽最大努力争取抢救伤员生命，避免或减少并发症的发生。

由车辆和人之间交互作用而形成的道路交通事故人员创伤是特殊类型的损伤，机制复杂，伤情多变。其中最多见和最典型的是撞击伤。就撞击伤而言，由于受伤者所处的具体条件不同，伤情可能有很大差异。有关统计资料表明，受伤部位发生率较高的是头部和下肢，其次为体表和上肢。重伤的发生率较高，约占创伤的 40%，多为多发伤。创伤的性质以挫伤、撕裂伤、碾压伤和闭合性骨折最为多见。

7.2.2 不同受伤人员的伤情特点

道路交通事故所造成的人体损伤绝大多数属于机械性损伤。事故中人体遭受机械性冲击力作用，造成人体组织器官的损坏、移位或者功能障碍，其损伤的特征主要包括软组织损伤、骨骼损伤、颅脑损伤、胸腹部损伤。损伤程度和特征由致伤物、作用力和受伤部位三因素决定。同一致伤物作用人体的不同部位，可以造成不同的损伤，直接作用力和间接作用力对人体造成的损伤也不尽相同。交通事故中的致伤物主要是机动车及其车辆的不同部位，它们可以直接作用于人体，如撞击、碾压、挤压等，也可以间接作用于人体，如拖、擦等。

① 车内人员伤情特点。驾驶员与前排乘坐人员受伤发生率较后排人员高。机动车内人员受伤的基本机理是惯性作用所致，在车辆被撞击的瞬间，由于车辆的减速度大，驾驶员和乘客受惯性作用撞向方向盘、仪表台、挡风玻璃。驾驶员受伤部位较多发生于头面部、上肢，其次是胸部、脊柱和股部；乘客较多发生颈骨和肱骨的损伤；翻车事故会导致乘客被抛出致摔伤、创伤性窒息、砸伤等；发生车辆追尾事故时，乘客可受挥鞭伤，出现颈髓、颅内损伤等；困在车内的乘客经多次抛投、撞击、挤压，造成严重多发伤。

② 摩托车驾驶员的伤情特点。摩托车本身对驾驶员的保护有限，事故中极易受伤。搭乘人员多数是被抛出而摔伤。创伤致死者中，驾驶员中 80% 和搭乘人员中 90% 死于头颈部

创伤。

③ 自行车骑乘人的伤情特点。自行车行驶速度较慢，碰撞力不大，发生单方事故的创伤多较轻。当机动车撞倒骑车人，如头部先着地，则造成颅脑伤，其次是上肢和下肢损伤，或继而引发碾压伤，或受第一次撞击而造成腹部内脏损伤。

④ 行人的伤情特点。行人在道路交通事故中多是由机动车辆撞伤，其受伤的作用力一是撞击力，二是摔伤或碾压，受撞击时所处的位置和车辆类型造成伤情特点各异。轿车正面撞击行人的下肢或腰部，致其被弹至车体上方，撞到发动机罩、挡风玻璃、车顶而受伤，继而摔至地面，可发生头颅或软组织损伤，还可能遭受碾压；若侧面撞击，行人常先被抛出，后遭另外车辆碾压。大型车辆撞击时，多撞击行人的头部或胸腹部，易造成两手、两肋和头面部损伤。

7.3 常见损伤的医疗终结时间

人身受损伤后治疗及休息时间的期限称为医疗终结时间。确定医疗终结时间应该是受损组织愈合、伤者临床症状消失、临床体征消失或体征固定。明确医疗终结时间可以为赔偿医疗费、住院伙食补助费、护理费等提供科学依据。

人体受损组织修复与愈合的时间有一定的规律，这是判定医疗终结时间的基础。比如，创口一般在清创缝合后 7 天即可愈合、拆线，软组织挫伤一般在 2 ～ 3 周即可痊愈，骨折经 2 ～ 3 个月即可形成骨痂。各种损伤也可因感染、年龄、部位等因素而明显影响病程，事故中常见的颅脑和四肢损伤医疗终结时间见表 7-1 和表 7-2。

表 7-1　颅脑损伤医疗终结时间

损　　伤	医疗终结	备　　注
头皮外伤（开放、闭合）	1 ～ 5 周	头皮血肿需手术的延长医疗终结时间
头皮撕脱伤致头皮感觉障碍及头发不能再生	1 ～ 6 个月	如需二次植皮的延长医疗终结时间
闭合性颅盖骨折伴有脑实质损伤，有小量或无硬膜外、硬膜下出血的，无神经定位体征	2 ～ 4 个月	如需手术修补延长医疗终结时间
开放性骨折	3 ～ 6 个月	
颅底部骨折不遗有中枢及周围神经体征	2 ～ 6 个月	遗有脑脊液漏和面神经损伤、听神经损伤需手术者延长医疗终结时间。伴有严重颅脑损伤医疗终结时间为 6 ～ 14 个月
轻度颅脑损伤无神经定位体征	2 ～ 9 周	
脑挫裂伤及颜内血肿	5 ～ 12 个月	慢性血肿需二次手术的需延长医疗终结时间

表 7-2　四肢损伤医疗终结时间

损伤	医疗终结	损伤	医疗终结
手指缺失	1～3个月	髌骨骨折	3～5个月
上肢大关节以上缺失	4～8个月	胫腓骨骨折	4～6个月
手掌缺失	3～6个月	跗骨、跖骨骨折	4～8个月
指骨、掌骨及腕骨骨折	2～6个月	趾骨骨折	1～3个月
肱骨、尺骨、桡骨骨折	3～6个月	足趾缺失及跖骨缺失	3～6个月
上肢多发性骨折	4～8个月	足部缺失	4～8个月
肩胛骨、锁骨骨折	3～6个月	下肢大关节以上缺失	5～12个月
肩关节、肘关节、腕关节脱位	2～4个月	下肢大关节脱位	2～5个月
手指关节脱位	1～2个月	髌骨脱位	2～4个月
上肢大关节韧带挫伤或撕裂伤	2～6个月	足部小关节脱位	1～3个月
上肢小关节韧带挫伤或撕裂伤	1～3个月	下肢大关节韧带挫伤及撕裂伤	3～6个月
股骨颈骨折	6～10个月	足部小关节韧带挫伤及撕裂伤	1～3个月
股骨干骨折	4～8个月		

7.4 常见损伤的最佳医疗鉴定时间

为合理补偿受害者在事故中所受损伤及由此产生的组织器官功能障碍给受害者今后生活及工作带来困难和不便的经济损失，要对交通事故造成的损伤程度及伤残程度进行评定。与刑法、民法和治安管理处罚法中所规定的性质不同，交通事故的发生一般均为意外，非主观上有意去伤害他人，之所以对受害者的损伤进行法医学损伤程度及伤残程度鉴定，是因为组织器官功障碍轻重程度评定结果会直接影响到受伤者的经济利益和造成当事人伤害的赔偿数额。《道路交通事故受伤人员伤残评定标准》（GB 18667—2002）中有充分的说明，鉴定原则应依据人体损伤后治疗效果，结合受伤当时的伤情认真分析残疾与事故、损伤之间的关系，实事求是地评定。

伤残鉴定最佳时期应根据不同损伤的各自特点进行深入分析，不能一概而论。由于交通事故损伤极为复杂，个体差异的存在，各受损组织器官功能恢复所需时间也不尽相同，对于不同部位、不同性质及不同程度的损伤，在选择最佳鉴定时间时，应以损伤较重、最难以恢复、最易形成功能障碍的损伤部位进行鉴定，不能避重就轻而使伤残程度减轻。

各种交通事故损伤大多为复合性损伤，损伤的部位较为广泛，损伤的程度各不相同，各种损伤在不同时期有其不同的转归，因此，在不同时期进行鉴定可以产生不同的结果。由于鉴定时间不同而产生的分歧在实际处理交通事故中经常发生，为了能较为客观而准确地对损伤有一个认定，以使出具的法医鉴定能正确反映损伤程度、组织器官功能丧失程度，掌握和确定最合理的鉴定时间是能否对损伤程度及其所造成的组织器官功能障碍进行合理认定的基础。以事故中常见的颅脑和四肢损伤为例，一般最佳医疗鉴定时间见表 7-3 和表 7-4。

表 7-3　颅脑损伤最佳医疗鉴定时间

损　伤	鉴定时间
头皮撕脱、头皮软组织撕裂、头皮严重挫伤致使头皮供血不足坏死或无毛发，无颅内损伤及颅骨骨折，主要以治疗原损伤为主	2 ～ 4 周内
头部损伤造成软组织挫伤，确证有原发昏迷史，脑震荡诊断成立，根据损伤的轻重程度进行确定	2 周内
颅盖骨单纯线性骨折和颅盖骨凹陷性骨折不伴有脑实质及血管损伤，无须手术治疗	确定损伤后
开放性颅骨骨折	2 ～ 4 周
单纯颅底骨折不伴有相应的并发症	明确诊断后
颅前凹骨折伴有嗅神经损伤、脑脊液鼻漏及球后出血造成嗅觉丧失及眼球运动障碍的，鉴定时间应在治疗好转、病情相对稳定情况下进行	2 ～ 4 个月
颅中凹骨折伴有颞叶损伤症状及视神经受损萎缩而致使视力下降	4 ～ 6 个月
颅后凹骨折伴有小脑、脑干及其他颅神经损伤而致使相应功能障碍的，经治疗，短时间（6 个月）能治愈的在病情稳定的基础上鉴定，如损伤较严重，目前临床上仍无有效治疗方法的损伤	在损伤后进行或损伤后 2 ～ 3 个月
硬膜外及硬膜下出血量少不需手术清除的颅骨骨折	1 ～ 2 个月
硬膜外及硬膜下出血量大需手术清除的颅骨骨折	2 ～ 3 个月
脑实质出血及挫伤、挫裂伤但无神经系统阳性体征及症状的	1 ～ 2 个月
脑实质出血及挫伤、挫裂伤有轻微的神经系统体征但无肢体功能明显障碍的	1 ～ 3 个月
颅脑损伤致伤者智力低下的	3 ～ 6 个月
颅脑损伤致伤者出现器质性精神障碍的	4 ～ 6 个月
颅脑损伤致伤者出现癔症性精神失常的	3 ～ 4 个月
颅脑损伤造成伤者产生单瘫、偏瘫不能恢复的	症状稳定后
颅脑损伤造成伤者产生单瘫、偏瘫明显好转及恶化	4 ～ 6 个月
颅脑损伤合并颅内感染或脑脊液漏久治不愈的	不宜超过 6 个月
颅脑损伤造成伤者出现失读症、失语症、失用症、失写症、脑外伤后尿崩症、共济失调等较为特殊的情况	病情稳定后

表 7-4　四肢损伤最佳医疗鉴定时间

损　伤	鉴定时间
外伤致大关节脱位，经复位治疗关节复位，关节囊无严重撕脱伤，受损肢体无明显功能障碍	治疗后
外伤致大关节脱位，经复位治疗关节复位，对于存在关节腔出血、关节韧带严重撕裂及关节囊严重损伤的，受损肢体存在不同程度的运动障碍	治疗及功能锻炼 3 ～ 5 个月后
肢体损伤造成肢体离断或缺失无严重感染	损伤后
肢体损伤造成肢体离断或缺失，损伤后有严重感染，可能引起或加重损伤的	有效控制感染，病情稳定时
肢体骨折，对位对线好，骨折部位对关节无明显影响的	治疗后 1 ～ 3 个月
肢体骨折，年老体弱骨痂生长不良或骨折延迟愈合的	损伤后 3 ～ 5 个月
肢体骨折，因并发骨髓炎而致骨折愈合不良甚至造成骨不连的	一般不超过 10 个月
肢体骨折，个别情况确属骨不连，假关节形成，经治疗无明显效果的	不超过 12 个月
肢体骨折，伴有明显移位，经手法复位及手术固定仍对位不良，改变了受伤关节的解剖结构，致使受伤关节的活动功能受限或障碍的，在进一步治疗及功能锻炼后，受伤关节功能无明显改善的	3 ～ 5 个月

续表

损　伤	鉴定时间
肢体大血管的破损、断裂性损伤，在手术吻合成功	术后
肢体大血管的破损、断裂性损伤，造成较大血管血栓影响肢体功能的	6个月左右
肢体主要神经损伤	半年后

7.5 伤害程度和劳动能力丧失程度的划分

7.5.1 伤残划分原则

一般将道路交通事故中由损伤所致的受伤人组织器官功能障碍程度分成十个级别来进行评定，划分依据是受伤人在受损伤后组织器官的功能障碍的程度导致受伤人在日常生活中是否需要他人进行帮助、生命的维持质量、意识障碍的程度、各种活动的受限程度及受伤者今后的社交能力障碍程度等。不影响上述各种能力的损伤则不构成伤残。伤残等级划分依据见表7-5。

表7-5　伤残等级划分依据

等级	依据	等级	依据
Ⅰ级伤残	日常生活完全不能自理	Ⅵ级伤残	日常生活能力部分受限
	意识消失		各种活动能力降低
	各种活动均受到限制而卧床		不能胜任原工作
	社会交往完全丧失		社会交往狭窄
Ⅱ级伤残	日常生活需随时有其他人帮助	Ⅶ级伤残	日常生活有关的活动能力严重受限
	仅限于床上或椅子上的活动		短暂活动不受限，长时间活动受限
	不能工作		不能从事复杂工作
	社会交往极度困难		社会交往能力降低
Ⅲ级伤残	不能完全独立生活，需常有人监护	Ⅷ级伤残	日常生活有关活动能力部分受限
	仅限于室内的活动		远距离活动受限
	明显职业受限		能从事复杂工作，但效率明显降低
	社会交往困难		社会交往受约束
Ⅳ级伤残	日常生活能力严重受限，间或需要帮助	Ⅸ级伤残	日常活动能力大部分受限
	仅限于居住范围内活动		工作和学习能力下降
	职业种类受限		社会交往能力部分受限
	社会交往受限		
Ⅴ级伤残	日常生活能力部分受限	Ⅹ级伤残	日常活动能力轻度受限
	仅限于就近活动		工作和学习能力有所下降
	需要明显减轻工作		社会交往能力轻度受限
	社会交往贫乏		

7.5.2 劳动能力丧失程度评定原则

劳动能力的丧失，是指损伤或疾病所致原有劳动能力的下降或完全丧失，依据《中华

人民共和国国家赔偿法》，公民生命健康受到侵犯的，应按其劳动能力丧失的程度予以赔偿。损伤后劳动能力丧失程度评定结果不仅仅影响到受伤者的经济赔偿，而且关系到国家财产是否受到损害，因此对伤者损伤后致劳动能力丧失程度的评定是事故赔偿的关键。根据劳动能力丧失的时间可分为暂时劳动能力丧失和永久劳动能力丧失。暂时劳动能力丧失，是指损伤或疾病致使机体功能障碍，经一段时间的治疗痊愈后其劳动力可以恢复；永久劳动能力丧失，是指损伤造成的劳动能力下降或丧失，经相当长的时间治疗仍不能恢复或仅能部分恢复。劳动能力的丧失根据其表现的程度一般可分为以下四种。

（1）完全丧失劳动能力

损伤造成人体组织器官缺失、严重缺损或畸形，其受损伤的组织器官完全丧失或存在严重功能障碍而不能执行其应具备的功能，需有特殊的医疗依赖，需完全或大部分护理依赖，离开这种特殊的环境，受害者就会发生死亡或无法生活。例如，植物状态、高位截瘫、重症肌无力等。

（2）大部分丧失劳动能力

损伤或疾病造成组织大部分缺失或明显畸形，使受损器官功能中等程度以上障碍，需一般性医疗依赖及有时需要他人帮助，脱离这种环境有可能危及生命。例如，偏瘫、双眼低视力、中等度的智力低下、频发性的癫痫等。

（3）部分丧失劳动能力

外伤致人体解剖结构和生理功能损害，造成器官大部分缺失或畸形，伴有轻度功能障碍，生活能够自理，能参加一般性劳动，对医疗等无必需的依赖性。例如，一眼缺失、关节功能严重障碍等。

（4）小部分丧失劳动能力

外伤致人体解剖结构和生理功能损害，造成器官部分缺失或轻度畸形，轻度功能障碍或无功能障碍，无任何医疗依赖。生活完全能够自理，能参加大多数劳动、对某种专长劳动功能有一定影响。例如，一指缺失、踝关节功能轻度障碍、一耳听力下降、一眼低视力等。

劳动能力通常可分为一般劳动能力（日常生活、家务劳动等）、职业劳动能力（指本人从事各种职业及工作等）、专长劳动能力（专门从事一定工作的能力）。同样的损伤对不同人可能因事故造成丧失的能力有所不同，但严重损伤如脑外伤后呈植物状态的伤者则三种劳动能力均丧失。

在对损伤造成劳动能力丧失程度的评定中，应首先区分受检查者劳动能力丧失是过渡性的还是永久性的，是何种类型的劳动能力丧失，然后再进行综合分析，作出公正科学的鉴定结论。过渡性功能障碍不在劳动能力丧失评定的范围内，更不能按照损伤当时的情况进行评定。只有达到受伤人的生活和工作所受影响是长时间的或者永久的才予以评定，表现为受伤者在原损伤经过积极的治疗，经过一定时间的功能锻炼后，其功能障碍在相当长一段时间内无好转。

7.6 人身损害赔偿案件调查

车险人伤案件的调查工作是人伤案件处理的重要环节，对厘清保险责任、确定损失程度

有着十分重要的作用。做好车险人伤案件的调查取证工作有利于提高赔案质量、维护保险双方的合法权益。人员伤亡赔款支出占机动车辆保险总赔款支出的50%～60%，涉及欺诈成分的案件逐年增多，做好调查取证能有效控制不合理的医疗费用，防范医疗机构和被保险人的道德风险，杜绝假案。进行人伤调查是人伤案件理赔过程中最关键的一步。

7.6.1 人伤案件的调查原则

人伤案件调查主要针对伤员的住院治疗情况、受伤过程及对案件中可能要赔偿的被抚养人的生活费和误工费。在调查过程中主要应遵循以下原则。

（1）提前介入、控制重点环节原则

提前介入是指发生交通事故后对人伤案件可能涉及的赔偿项目，采取积极主动的措施清除各种“水分”，防止损失的进一步扩大。通过事前介入，可以防止出现被保险人在调解中承担的不合理费用得不到保险人认定的现象，避免双方在索赔时的纠纷，有利于提高客户满意度和保险公司的形象。控制重点环节是指在住院调查阶段重点防止不合理医疗的产生；在调解结案阶段重点防止不合理误工费、护理费、残疾赔偿费、残疾辅助器具费和被抚养人生活费等的产生。

① 在伤者住院期间，事前介入的重点是医疗费用的审核，对于滥用药品、滥行检查，小伤大养、以伤养病和挂床住院的现象，及时向有关部门（如当地卫生管理部门、当地医疗保险管理部门等）反映。

② 在伤者出院后至调解结案期间，事前介入的重点是伤残评定结论的合理性，出院证明中二次手术费、误工期限、护理人数的合理性，对不合理的结论，在调解以前要求重新认定。

（2）坚持过程跟踪、随访制度原则

发生交通事故伤者住院到结案所有涉及人伤赔偿的环节必须追踪了解伤者病情和进展，及时向被保险人反馈信息并提出指导意见，防范各环节中可能出现的漏洞。

① 在伤者住院期间，主要追踪了解伤者伤情并做出估损，医疗方案、医疗费用是否合理，视具体情况与医院进行有效的沟通，积极争取介入医疗方案；了解伤者和护理人员的工资收入情况；了解与抚养关系相关的家庭背景。

② 康复期间，追踪了解后续费用，包括二次手术费以及伤残评定的情况。

③ 在调解期间，将追踪获得的信息反馈给被保险人，并提出理赔指导意见。

随访制度主要是对诊断治疗方案和已发生的医疗费用进行分析，了解伤者康复情况，对不合理部分及时向主管医师或有关部门反映；同时向主管医师了解以后的治疗方案，并提出合理的建议；对病情轻微、“小伤大养”的伤者，积极与医院沟通，在不影响伤情的前提下，争取早出院或转入门诊治疗；对存在原发性或慢性疾病或“以伤养病”的伤者，应向其告知保险理赔知识和相关的法律法规，争取让医院分别治疗。

人身损害和物损不同，人体受伤时由于突然受到外力侵害，会出现昏迷、休克、大量出血等症状，一般来说，伤者在入院急救时期，调查工作只能做到对伤者情况进行初步了解，但随着急救处置的进行，伤情会稳定或缓解，因此，适时随访显得尤为重要。

（3）实行“三到”原则

“三到”原则是指到医院、到事故处理机关、到伤者单位。

（4）遵循“三了解、三确定”目标原则

“三了解、三确定”目标原则是指了解事故经过，确定保险责任；了解伤情，确定伤情

范围；了解治疗经过和费用，初步确定核损金额。

7.6.2 人伤案件的跟踪作业流程

为及时、有效地对交通事故中受伤或死亡人员（以下简称伤者）进行跟踪了解，掌握伤者伤情、治疗、用药、伤残以及身份、收入、家庭成员等各方面情况，及时介入诊疗方案、责任认定、伤残评定、假肢配置、协商调解等人伤案件各环节，控制不合理诊疗费用和赔偿标准，准确预估人伤赔偿项目及金额，为医疗审核和理算核赔工作打好基础。对人伤跟踪工作进行规范，保证人伤跟踪、人伤调解和系统录入过程在受控状态下进行，以满足客户需求和公司内控要求。

7.6.2.1 首次人伤跟踪

首次人伤跟踪一般通过电话完成，电话跟踪是人伤跟踪的重要环节，跟踪人员应在接到人伤跟踪任务24小时内电话联系被保险人，完成首次人伤跟踪任务。对于首次人伤跟踪未能了解到案件相关信息、信息不全面或因其他原因需要继续电话跟踪的案件，应在短期内再次电话跟踪，直到收集完成。对于查勘员到达现场后，受伤人员还在现场的案件，查勘员除查勘事故现场外，还要及时了解伤者的伤情和伤者的基本信息，根据伤情判断是否开展小额人伤快速处理。首次人伤跟踪工作主要包括以下内容。

（1）安抚客户

首先代表保险公司对客户表示关心和慰问，然后告知人伤理赔服务人员的姓名和电话，取得被保险人和伤者的联系电话等。

（2）收集案件信息

① 了解事故经过：了解事故发生的时间、地点、事故原因、事故责任等信息，区分伤者是三者还是车上人员，初步判断是否属于保险责任，如了解情况与报案不符，需面见驾驶员完成驾驶员询问笔录，确定案件真实性和是否属于保险责任。如仍有疑问，人伤案件跟踪人员需面见伤者，了解事故发生经过与驾驶员所述是否相符。

② 了解受伤程度：

a. 门诊案件需了解受伤人数、伤者姓名、性别、年龄、联系电话、职业、就诊医院、诊断结果、目前发生的医疗费用及后续可能发生的费用。

b. 急诊留观伤者，除了解伤者姓名、性别、年龄、联系电话、职业、目前发生医疗费用外，在首次跟踪48小时后再进行电话回访，如伤者住院则安排住院探视，否则按普通门诊案件处理。

c. 伤者住院治疗的案件重点了解受伤人数、伤者姓名、就诊医院、就诊科室床位号、诊断结果、是否需要手术治疗、目前发生医疗费用及预计发生费用等。人伤跟踪人员完成首次人伤跟踪后，应将案件信息提交给人伤住院探视人员，以便其开展住院探视工作。

d. 涉及人员当场死亡或者经短暂抢救无效死亡的案件，人伤首次跟踪人员在了解基本情况后，将案件提交到后续跟踪环节。

③ 履行告知义务：

a. 经过首次人伤跟踪后，被确定明显不属于保险责任的或客户同意放弃索赔的案件，要在车险理赔系统中简要录入相关信息和估损金额，然后再对车险人伤部分进行注销处理。

b. 经过首次人伤跟踪确定属于保险责任的案件，要主动向客户讲解交通事故处理、保险理赔的注意流程、理赔所需资料、赔偿的项目和标准等；提示客户，保险公司可以提供人伤

案件主动调解服务。另外提醒客户：为保护您的利益，在赔偿伤者前与保险公司联系确定赔偿事宜，避免您过高赔偿伤者，减少您的损失。

④ 系统录入和立案估损：根据跟踪结果，预估人伤损失金额，在车险理赔系统中分项录入医疗费用及其他赔偿费用的预估金额。所有门诊治疗的人伤案件还需在15个工作日内进行跟踪（电话跟踪），并根据跟踪信息调整原始估损金额。

⑤ 首次人伤跟踪完成后，非小额人伤快速处理的案件均应提交给后续跟踪处理人员，由其开展人伤后续跟踪工作。

7.6.2.2　住院探视

（1）接受调度

接受调度派工后仔细审阅保单抄件，核实保单起止日期、出险时间、报案时间、出险所属险别、出险地点等要素，初步判断是否属保险责任。

（2）联系客户

① 在规定时间内及时通过电话联系被保险人，了解是门诊还是住院案件，以及伤者的姓名、人数、所在医院、科室，并做相应的记录。根据伤者所在医院的区域分别归类，以便安排好案件查勘的行程，提高工作效率。

② 核实出险情况，了解伤者受伤情况、所属险种和相应的保险限额，以便进一步调查。

③ 向被保险人宣传理赔的基本原则，并将赔偿标准和需要提交的索赔资料告知客户。

（3）医院调查

① 确认救治医院是否符合有关事故处理法律法规的规定。

② 填写“车险人伤案件跟踪报告”（见表7-6）及理赔系统中要求的其他单证资料。

③ 准备好查勘要用的相关资料，包括介绍信和数码相机等设备。

④ 赶赴（或会同被保险人一起）医院调查。对于非急救伤者，在派工的2天内（节假日在4天内）赶赴医院；对于处于急救状况的伤者，可在其急救结束后及时前往调查。

⑤ 核对伤者的姓名、性别、年龄、身份证号码，核实事故经过，记录病房和床位号、住院号、主管医生及接待医生的姓名、联系方式。

⑥ 向主管医生了解伤者出险时的受伤情况、入院时的伤情（创伤部位、程度及并发或原有的病症），记录入院的具体时间（一般要求精确到小时）；了解入院后的治疗情况（治疗原则、治疗项目、贵重药品及进口药品的应用情况），需要动手术的还需了解手术项目、医疗器材的产地和档次及手术简要经过，陈述保险理赔范围和标准，如有可能，与医院共同制订治疗方案和用药范围；了解床位的级别、伤者经过治疗后的伤情恢复情况、目前已发生的医疗费；了解下一步治疗方案、后续医疗费用、是否存在转院可能及转院治疗的依据，确定下次查勘的时间（案件跟踪）；了解伤者是否需要营养费、康复费及标准，并详细记载。

⑦ 向伤者了解伤者的工作单位及工种、家庭情况（特别是伤者抚养义务方面）、伤者的既往病史等。

⑧ 向伤者和陪护人员了解护理人数、护理级别、护理人的姓名、工作单位及收入情况、护理时段、护理时间等，并进行详细记录。

⑨ 拍摄伤者伤情的相关照片。

⑩ 向伤者和陪护人员阐明保险理赔原则和理赔范围、标准，明确各自承担的费用部分，并以文字方式进行记录，尽可能由双方签字确认。告知伤者事故赔偿应注意的事项。

表 7-6 车险人伤案件跟踪报告

<table>
<tr><td rowspan="6">基本信息</td><td>车牌号</td><td></td><td>报案号</td><td colspan="3"></td></tr>
<tr><td>被保险人</td><td></td><td>驾驶人</td><td></td><td>报案人</td><td></td></tr>
<tr><td>出险地点</td><td></td><td>出险时间</td><td></td><td>联系方式</td><td></td></tr>
<tr><td>事故类型</td><td></td><td>标的责任</td><td colspan="3">□未裁 □全责 □主责 □等责 □次责 □无责</td></tr>
<tr><td>伤亡情况</td><td></td><td>涉案险别</td><td colspan="3">□交强险 □商三__万 □车责险__万 / 座</td></tr>
<tr><td>备注</td><td colspan="5">是否发放索赔告知书 是 否</td></tr>
<tr><td rowspan="4">伤者信息</td><td>姓名</td><td></td><td>性别</td><td></td><td>年龄</td><td></td></tr>
<tr><td>户籍地</td><td></td><td>户籍性质</td><td></td><td>常住地</td><td></td></tr>
<tr><td>工作单位</td><td></td><td>岗位 / 职务</td><td></td><td>月收入</td><td></td></tr>
<tr><td>联系方式</td><td></td><td>备注</td><td></td><td></td><td></td></tr>
<tr><td rowspan="5">救治信息</td><td>院前经过</td><td colspan="5"></td></tr>
<tr><td>住院信息</td><td colspan="5"></td></tr>
<tr><td>病情诊断</td><td colspan="5"></td></tr>
<tr><td>既往病史</td><td colspan="5"></td></tr>
<tr><td colspan="6">检查摘要、诊疗经过及医生反馈
检查摘要：
诊疗经过：
查勘时：
医生反馈：
查勘结论：</td></tr>
<tr><td colspan="7">综合评估</td></tr>
<tr><td colspan="2">伤情程度</td><td colspan="3">□轻微伤 □轻伤 □偏重伤 □重伤 □危重伤</td><td colspan="2">□多发伤 □复合伤</td></tr>
<tr><td colspan="2">并发症
后遗症</td><td colspan="5"></td></tr>
<tr><td colspan="2">判断伤残等级</td><td colspan="5"></td></tr>
<tr><td colspan="2">后续治疗</td><td colspan="5">□内固定取出 □整容手术 □牙齿修复或义齿 □义眼 □义肢 □支具或辅助器具</td></tr>
<tr><td colspan="2">判断伤残等级及标准</td><td colspan="5"></td></tr>
<tr><td colspan="2">已发生人伤费用</td><td colspan="5">住院押金： 已发生费用：</td></tr>
<tr><td colspan="2">预估人伤费用</td><td colspan="5"></td></tr>
<tr><td colspan="2">预后</td><td colspan="5">□好 □较好 □可 □略差 □差 □极差 □植物形状态或死亡</td></tr>
</table>

7.6.2.3 人伤案件后续跟踪

人伤案件后续跟踪是指人伤跟踪人员对涉及人伤的机动车保险事故进行后续（后续指伤者门诊治疗后、死亡后、住院伤者出院后）跟踪了解，目的是掌握案件和伤者的基本情况。通过对责任认定部门、被保险人、伤（死）者及家属等的后续跟踪可弥补前期跟踪的不足，及时调整估损；提前介入案件的处理，开展主动调解服务，缩短结案周期；减少诉讼案件数量，提高客户满意度，减少人伤案件中的“水分”，从而降低赔付率。

（1）人伤跟踪的准备工作

① 熟悉案情：根据首次跟踪和住院探视所掌握的情况，拟定本次跟踪的要点，对前期掌握的信息不再重复询问。

② 跟踪预约：对门诊治疗的伤者直接电话跟踪；对于已出院的伤者或死亡人员，人伤跟踪人员要主动与伤者或死者家属联系，获取所需信息，预约探视时间。

③ 探视准备：根据前期了解的情况，准备好探视所需相关资料和设备，包括厘米尺、照相机和录音设备等。

（2）人伤跟踪的方式

门诊治疗案件以电话跟踪为主，探视跟踪为辅，涉案金额较大的案件（住院治疗案件和死亡案件等）以面见为主，电话跟踪为辅。

（3）分类跟踪

① 对事故责任的跟踪：涉案金额较大的案件（住院治疗案件和死亡案件等），人伤跟踪人员（或查勘员）要通过办案民警（或武警、消防人员、安监部门人员等）和被保险人、驾驶员等对事故责任认定进行跟踪，及时了解责任认定情况，指导被保险人合理承担事故责任；已出具责任认定的案件，要初步判断责任认定是否合理，对认定不合理的，要及时向疑难案件调查岗和理赔中心负责人报告，协助被保险人向上级部门提起复议，避免发生相关部门为解决事故让被保险人承担较大责任的情况。

② 对被保险人的跟踪：人伤跟踪人员首先向查勘员了解现场查勘情况，结合驾驶员询问笔录等初步确定事故责任，然后向被保险人了解事故责任认定事宜，跟踪被保险人（或驾驶员）责任认定过程，对不合理的责任认定要及时指导被保险人提出复议，同时报告疑难案调查岗和理赔中心负责人，协助被保险人做好与责任认定部门的交涉工作。通过被保险人了解事故处理过程，为被保险人提供人伤和法律方面的支持，及时提出指导建议，或直接介入案件处理过程，开展主动调解，避免被保险人赔付过高的情况发生，减少被保险人的损失和降低保险公司赔付成本。

③ 对伤（死）者的跟踪：对伤（死）者的跟踪分为三类，即门诊治疗伤者的后续跟踪、死亡案件的后续跟踪、出院伤者的后续跟踪。

a. 门诊治疗伤者的后续跟踪：人伤跟踪人员向被保险人和伤者了解事故处理情况，参与案件的处理，争取快速结案，避免伤者为获得过高赔偿，故意住院治疗情况的发生；了解伤者后续是否住院治疗；对双方财产损失小的门诊治疗案件，要引导被保险人和伤者到保险公司解决事故，尽可能简化单证。

b. 死亡案件的后续跟踪：包括当场死亡人员的跟踪和经（抢救）治疗后死亡人员的跟踪。向被保险人介绍案件处理流程及要点，在责任认定中争取承担较小的责任，避免驾驶人员承担刑事责任；主全责案件争取不走刑事诉讼，与死者家属协商解决；向被保险人了解死者方是否申请财产保全、驾驶员是否被刑事拘留、案件处理有哪些问题、案件是否已解决、赔偿金额等，指导客户处理案件；向死者家属及知情人（死者居住地或户籍地群众）了解死者的户籍地、经常居住地、是农业户籍还是非农业户籍、有无被扶养人、共同扶养人人数、务工等情况；了解死者家属获得的赔偿金额；死亡案件处理避免久拖不决，避免诉讼，跟踪要及时。

c. 住院伤者出院的后续跟踪：不同伤情的跟踪开始时间不同，具体可参照表 7-1 灵活处理。跟踪是为了解伤者出院后治疗恢复状况，初步判断是否有评残可能，对住院探视环节没有确定的内容做进一步核实，锁定证据。对可能评残的伤者，要进行拍照取证；对四肢骨折的伤者。要对骨折部位相邻关节的活动度进行拍照；对有颜面部瘢痕的伤者，要在瘢痕附近放置厘米尺拍照；对颅脑损伤的伤者，要注意伤者四肢肌力情况，对伤者的坐立、行走拍照，还要注意伤者的智力和日常生活能力等；对器官缺失的伤者，局部拍照；对脊柱骨折的伤者，要注意检查伤者脊柱的活动能力等；了解伤者出院后治疗、护理及恢复情况。到伤者住处，首先代表保险公司慰问伤者，并询问出院后治疗、恢复、医疗费金额等情况，是否需

要护理及护理人员初步判断伤者是否有评残可能性；了解伤者务工情况和收入情况，共同扶养人人数及被扶养人情况；拍摄伤者身份证或户籍页（包括户口簿首页），在城市居住满一年的，要求其出示暂住证（或居住证）等居住证明、房屋租赁合同；在城市工作的，要求其出示劳动合同。医学资料的拍照取证：拍摄伤者出院后复查的 X 线片、CT 片、MR 片，拍摄检查报告单和门诊病历；拍摄伤者住院病历、费用清单、发票等。

（4）对可能涉残案件的跟踪

对人伤住院探视时发现的有可能评残的案件或伤者出院后评残的案件，人伤跟踪人员都要现场参与，并记录（拍照、录音）伤者恢复情况；对后期才发现伤者已评残的案件，要面见伤者核实伤残等级。

（5）对配置残疾辅助器具伤者的跟踪

在住院期间发现需配备残疾辅助器具的伤者，要及时告知与某假肢矫形器有限公司有协议；根据探视结果，请假肢装配机构出具适宜的残疾辅助器具类型（参照普通适用型）、价格、使用年限、维修费用的报告；在前期没有发现需配置残疾辅助器具的伤者，也可参照此方式处理。

① 对于伤者已经配备残疾辅助器具的，询问残疾辅助器具型号（具体名称）、原产地、使用年限、价格，同时拍照取证。

② 对于确需装配残疾辅助器具且有配备残疾辅助器具意愿的伤者，要推荐到与公司合作的残疾辅助器具生产单位。

③ 告知伤者赔付残辅器具的依据是《最高人民法院关于审理人身损害赔偿案件适用法律若干问题的解释》，标准为“普通适用型”。参照与某假肢矫形器有限公司协议中的标准和周期计算，参考表 7-7 执行，同时结合当地市场价格协商确定。

④ 告知伤者装配残疾辅助器具后护理依赖程度将大幅降低或不需护理。

⑤ 针对配置残疾器具后伤者的生活情况（坐立、行走等），确定伤者是否需要残后护理，跟踪人员要拍摄照片。

表 7-7　“普通适用型”辅助器具产品名录

项目		计价单位	支付标准（元）	使用年限（年）	保修年限（年）	产品配置	维修费用
假肢	假指（趾）	只	300	5	3 个月	硅胶材料，国产	5%/ 年
	部分手假肢	具	2800	5	3 个月	硅胶材料，国产	5%/ 年
	腕离断假肢	具	18000	6	2	PP 接受腔，肌电控制手头张合，硅胶手皮（保修 3 个月），国产	5%/ 年
	前臂假肢	具	19800	6	2	PP 接受腔，肌电控制手头张合，硅胶手皮（保修 3 个月），国产	5%/ 年
	肘离断假肢	具	24000	6	2	PP 接受腔，肌电控制手头张合，肘关节屈伸，硅胶手皮（保修 3 个月），国产	5%/ 年
	上臂假肢	具	28000	6	2	PP 接受腔，肌电控制手头张合，肘关节屈伸，硅胶手皮（保修 3 个月），国产	5%/ 年
	肩离断假肢	具	30000	6	2	PP 接受腔，肌电控制手头张合，肘关节屈伸，硅胶手皮（保修 3 个月），国产	5%/ 年
	足部假肢	具	4800	6	2	硅胶半足（保修 3 个月），国产	5%/ 年
	小腿假肢	具	15600	6	2	PP 接受腔，单轴踝，动踝脚，国产	5%/ 年

续表

项目		计价单位	支付标准（元）	使用年限（年）	保修年限（年）	产品配置	维修费用
假肢	膝离断大腿假肢	具	15800	6	2	PP 接受腔，四连杆膝关节，单轴踝，单轴脚，国产	5%/ 年
	大腿假肢	具	23000	6	2	PP 接受腔，四连杆气压膝关节，单轴踝，单轴脚，国产	5%/ 年
	髋离断假肢	具	26800	6	2	PP 接受腔，四连杆髋关节，四连杆膝关节，单轴踝，单轴脚，国产	5%/ 年

7.6.2.4 编制“机动车辆人伤查勘报告”

① 根据首次查勘情况当时完成“机动车辆人伤查勘报告”，见表 7-8，不能当日完成的，须当日在查勘备注中注明不能完成的原因并暂存。

② 将查勘结果录入系统内，一般要求查勘报告录入系统最迟不得超过查勒后的 24 小时。

表 7-8 机动车辆人伤查勘报告

人伤案件查勘记录表								
编号：		委托性质：人伤委托				查勘时间		
保单信息	承保公司			报案号				
	被保险人			涉及险种				
	保险单号	交强险	/	涉及保险限额	交强险	/万元		
		商业险	/		商业险	/万元		
	车牌号		出险司机		联系电话			
事故信息	出险时间		出险地点					
	标的责任比例		其他涉案车辆					
	经过：							
伤者	姓名		性别		年龄		联系方式	
	伤者性质		户籍类别		收入情况			
伤情信息	治疗医院		科室 / 床号		住院号			
	主管医生		科室电话		沟通方式			
	入院时间		治疗方案					
	伤情诊断							
	诊疗情况							
损失预估	已住院天数		仍需住院天数		出院后全休天数			
	已发生医疗费		仍需医疗费		后续医疗费			
	住院伙食补助费		护理费		误工费			
	伤残等级		残疾赔偿金		被抚养人生活费			
	医疗费项目合计		其他费用项目合计					
	人伤损失费用预估合计							
备注	1. 2. 3.							
查勘人			审核人					
保险公司评估意见						年　月　日		

7.7 人身损害赔偿费用核定

人伤案件审核是对医疗费用、住院伙食补助费、误工费、护理费、营养费、残疾赔偿金、残疾辅助器具费、丧葬费、死亡赔偿金、被扶养人生活费、交通费、住宿费、精神损害抚慰金等涉及人身损害赔偿的项目和费用进行审核，对事故是否属于保险责任，各项费用是否符合相关法律法规，是否符合保险条款约定范围进行审核。审核结果是决定和检验整个人伤理赔效果的关键，设立医疗核损的目的是控制赔付并提升服务，以提高人伤理赔的质量，剔除不合理的费用。

车险人伤案件审核应依据《道路交通安全法》《侵权责任法》《最高人民法院关于审理人身损害赔偿案件适用法律若干问题的解释》等国家法律法规，国务院卫生主管部门组织制定的《道路交通事故受伤人员临床诊疗指南》、保险条款的约定、国家基本医疗保险标准，各省 / 地市基本医疗保险标准，各省 / 地市道路交通事故人身损害赔偿标准（见表 7-9）进行。

表 7-9　河北省道路交通事故人身损害赔偿标准

年份		2011	2012	2013	2014	2015	2016	2017	2018
人均年可支配收入	城镇	16263	18292	20543	22580	24141	26152	28249	30548
	农村	5958	7120	8081	9102	10186	11051	11919	12881
人均年生活消费支出	城镇	10318	11609	12531	13641	16204	17587	19106	20600
	农村	3845	4711	5364	6134	8248	9023	9798	10536
职工年平均工资		32306	36166	39542	42532	46239	52409	56987	65266

7.7.1　人伤案件医疗审核的基本原则

（1）真实性原则

事故现场是否真实；撞击痕迹是否相符；伤者病历记载受伤时间、经过、受伤机理是否与报案时报案人所述事故经过相符；伤者病历记载受伤时间、经过、受伤机理是否与道路交通事故责任认定书（或其他责任认定书）认定事故经过相符；伤者病历记载受伤时间、经过、受伤机理是否与住院探视时受伤经过相符。人伤费用的各项单证应当真实有效。

（2）合规性原则

事故是否属于保险责任，各项费用是否符合相关法律法规，是否符合保险条款约定范围。

（3）必要性原则

人伤案件的各项费用的发生是否必要，评残是否必要，各项费用是否必要。

（4）合理性原则

人伤案件的各项费用是否与伤情相吻合，伤残等级是否合理，相关费用是否符合行业标准。

7.7.2　医疗费的核损

（1）单证材料审核要点

① 确认病历证明是否真实及是否符合医院规定；确认继续治疗或二次手术的合理性；

确认是否存在不属本次事故所致疾病的治疗情况。

② 确认医疗发票与费用清单，医疗发票应为伤者本人治疗发票（发票上的姓名应为受害人本人，在抢救期确因不知姓名而发票姓名为无名氏的，原则上应予以认可）；发票时间与病历证明一致；医疗发票应符合财务规定；手写发票金额需核算；住院医疗发票原则上均应提供费用清单或相关证明材料；医院费用清单应逐项审核，确认项目及收费的合理性，确认符合卫生部《道路交道事故受伤人员临床诊疗指南》和公安部《道路交道事故受伤人员救治项目评定规范》的规定，数额较大的应与医疗相关部门逐一对照；人伤赔偿项目符合人伤情况与查勘情况、人伤治疗恢复情况符合医学基本常理。

（2）医疗费用审核要点

① 医疗费用是否与《道路交通事故受伤人员临床诊疗指南》和国家基本医疗保险的同类医疗费用标准规定相符。若其中按医疗保险标准仍有不能确定的，可申请司法鉴定。

② 医疗费用只包括诊疗费、医药费和住院费三项。

③ 对费用过高的必要性和合理性有异议的可申请司法鉴定。

7.7.3 误工费的核损

（1）出院通知单及病休证明审核要点

① 确认证明是否符合医院规定。证明需有经管医生、病区主任签名并盖有医疗公章；病历首页、出院小结应如实反映住院、出院、病休情况。

② 确认病休证明是否符合医学常规。

③ 确认病休证明是否符合《人身损害受伤人员误工损失日评定准则》。

（2）误工证明及工资表复印件审核要点

① 确认单位出具的误工证明及出事前 3 个月工资表复印件是否真实。

② 工资表复印件内应有同一页码上同事的工资状况。

③ 超过国家规定的个人收入起征点的，要审核个人所得税的完税证明。

（3）户籍证明及年龄证明审核要点

① 确认证明是否真实。

② 审核证明是否与户籍资料电脑截屏照片上的内容一致。

（4）误工费用审核要点

① 确定误工时间。误工分 4 种情形：一是因受伤、治疗以及治疗结束后需要一段时间进行康复休息而误工；二是因伤残无法劳动到定残日这段时间而误工；三是受害人至死亡日这段时间而误工；四是死亡者亲属因办理丧葬事宜而误工。

a. 住院期间的误工时间严格按照实际住院的天数为准，但应剔除因转院而发生的住院时间的交叉重叠部分。如果认为医疗机构出具的证明时间过长，可申请法医进行误工时间的鉴定。注意受害人是否有挂床（家庭病床）治疗。因为住院收费收据上显示的出院日期其实是结账时间，所以，一定要对照病历中的入院、出院记录来核实实际住院天数。

b. 病休误工时间由出院通知单和病休证明确定，但不应超过公安部自 2005 年 3 月 1 日起实施的《人身损害受伤人员误工损失日评定准则》的标准；如果以病休证明、单位实际误工证明界定的，通常以时间短的为准。

c. 伤残误工时间应计算到定残日的前一天。如果医院误工证明不到定残日的，通常以时间短的为准；如果发现受害人故意拖延伤残鉴定的，可以将治疗终结后的一段合理时间作为

定残日，但具体时间要酌情确定。

d. 伤亡误工时间应计算到受害人死亡之日。

e. 亲属因办理丧葬而误工的时间应遵循合情合理的原则酌情确定。但一般以 2 人（特殊情况最多 3 人）为限，每人 3 天为宜。

② 确定误工收入

a. 受害人无劳动能力且无劳动收入的，原则上不支付误工费。

b. 受害人有固定收入的，必须由其单位出具收入证明，且只赔受害人实际减少的收入，而不是受害人的固定收入。固定收入不仅仅包括工资，还包括奖金及国家规定的补贴、津贴等。另外，企业经营者的经营利益损失不属于误工损失范围。

c. 受害人没有固定收入的，按照其最近 3 年的平均收入计算。若受害人难以证明自己最近 3 年平均收入的（如临时工、自由职业者等），可以参照受诉法院所在地相同或相近行业上一年度职工平均工资计算。

d. 定残后无须再支付误工费，只需支付残疾赔偿金。

e. 护理人员只赔付护理费而不赔付误工费。

f. 对办理丧葬事宜的亲属，若有固定收入的则按实际减少的收入计算。若无固定收入的则按其最近 3 年的平均收入计算。若不能举证证明其最近 3 年平均收入状况的，可以参照受诉法院所在地相同或相近行业上一年度职工平均工资计算。

g. 受害人为未满 16 周岁的人、在校学生，不予赔付误工费。但满 16 周岁不到 18 周岁，如果凭自己的劳动养活自己的，可以赔付误工费。

③ 特别注意

a. 受害人在受害期间虽然工资照发，但若能证明自己除了正常的工资外还可以获得其他收入的（如退休人员、寒暑假期间的教师等），可以赔付误工费。

b. 受害人有劳动能力但无劳动收入的，家庭主妇可以参照一般家庭服务人员或护工的平均工资标准进行赔偿（因为家庭主妇虽然没有在外挣钱，但是她们的劳动对于家庭其他人员的工作具有价值，能够支持和保障其他家庭人员获得收入）；无业人员可以比照没有固定收入的人进行赔偿（因为无业人员虽然暂时没有工作，但是他们仍有机会就业并获得收入，如果其人身受到损害，这种获得收入的可能性就会在一定时间内丧失）。

c. 受害人是没有劳动能力但有劳动收入的残疾人，若能证明自己有劳动收入，则应赔付误工费。

（5）赔偿计算

误工费 = 误工收入 × 误工时间。

7.7.4　护理费的核损

（1）单证材料审核要点

① 陪护证明。确认医院出具的陪护证明是否由主任医师签名和医务科盖章。

② 误工证明及收入证明

a. 确认护理人员单位出具的误工证明及收入证明是否真实。

b. 收入证明应附：护理人员在护理前 3 个月工资表复印件，且工资表复印件内应有同一页码上同事的工资状况。

c. 超过国家规定的个人收入起征点的，要审核个人所得税的完税证明。

（2）护理费用审核要点

① 护理的必要性审核。住院治疗期间、出院之后是否需要其他特聘人员陪护，应当根据实际护理需要确定。一般情况下，医院会在诊断证明或者病历中注明该受害人需要护理。若医院对需要护理有明确意见的，则予以确认，但医院出具的证明明显与事实、病情不符的，可申请鉴定机构鉴定；若医院没有注明是否需要护理或受害人没有住院治疗但已存在事实上护理人员的，需做前期的了解与证据收集，因为法院一般会酌情考虑给受害人护理费。根据现行医疗护理的分类，医务护理一般分为特级、一级、二级、三级共 4 个护理级别，三级护理的受害人生活可以自理，不需要陪护，只有二级以上护理的受害人才需要生活陪护。重症监护病房因有护工人员 24 小时服务而不用另加陪护。伤残评定后是否需要其他特聘人员陪护，应根据医院证明或伤残鉴定来确定。

② 护理期限的审核

a. 住院治疗期间的护理期限。应根据医嘱单确定，但住院期间不是当然的护理期限，一般仅限于住院二级护理以上期间，按日计算。

b. 出院之后的护理期限。应根据医院或鉴定机构的建议或者明示确定，但若专业机构没有给予明确的时间限定的，护理期限应该计算至受害人恢复生活自理能力时止。至于受害人什么时候可以恢复生活自理能力，就要看受害人恢复的情况，同时结合一般的医疗常识判断。

c. 伤残的护理期限。残疾评定前，有护理依赖的残者，陪护期限可以按照医院证明或法医鉴定计算至定残日前一天，按日计算。残疾评定后仍需长期护理的，应当根据残者的年龄、健康状况、恢复可能等因素确定合理的今后陪护期限，但最长不超过 20 年。如果在确定的护理期限或者 20 年之后还确定需要护理的，可以根据病情和其他情况继续延长 5 ～ 10 年。

③ 护理级别的审核。伤残评定后按照医院证明或法医鉴定仍需长期护理的，应当根据其护理依赖程度并结合配制残疾辅助器具的情况确定护理级别。

确定“护理依赖程度”和“配制残疾器具情况”可以参照最高人民法院、最高人民检察院、司法部、公安部、国家安全部联合制定的《人体损伤程度鉴定标准》和《职工工伤与职业病致残程度鉴定标准》进行。

④ 护理人数的审核。护理人员原则上为 1 人，但医院或鉴定机构有明确意见（如治疗后死亡或植物人），需日夜护理的，可以按专业机构的建议增加，但一般以 2 人为限。如果擅自增加护理人员的，理赔时增加人员费用不予考虑。

⑤ 护理人员收入的审核

a. 护理人员有固定收入的，则参照误工费的规定计算；若无固定收入的，则按当地护工从事同等级别护理的劳动报酬标准赔偿。

b. 伤残前的护理，根据实际护理时间按标准的 100% 计算护理费；伤残评定后的护理，一级护理的按 100% 计算，二级护理的按 90% 计算，其他的依此类推。护理费 = 护理人员的收入 × 护理人数 × 护理期限。

7.7.5 交通费的核损

（1）单证材料审核要点

① 审核交通费凭证是否为正式票据。正式票据不应该仅仅理解为正式的税务发票，而

汽车票、火车票、船票、出租汽车票等都可以作为正式票据。

② 审核交通费凭证是否与就医地点、时间、人数、次数相符合。

（2）交通费审核要点

① 审核原则。“据实赔偿”原则与“经济合理”原则相结合。

② 交通费的5种情形

a. 受害者去医院就医时的交通费用。

b. 受害人转院就医时的交通费用。

c. 护理人员的交通费用。

d. 伤残鉴定时的交通费用。

e. 亲属为受害人办理丧葬事宜时的交通费用。

③ 审核要点

a. 乘坐的交通工具的标准。乘坐的交通工具以公共汽车、硬座火车、三等舱轮船为主，特殊情况下可乘救护车、出租车、硬卧火车、软座、飞机经济舱等，但要求受害人说明其合理性。

b. 差旅费的标准。差旅费参照侵权行为地国家机关一般工作人员出差的差旅费标准计算。

c. 包车费用超过正常金额的部分不予认可。正常金额是指乘坐公共交通工具的费用，其中出租车费用一般仅限于市辖区域。

d. 连号（或连续相近号）交通费发票不合理的部分不予认可。不能说明其合理性的，原则上仅承担序号最小的票据。

e. 陪护人员交通费的计算以必要和合理为前提，原则上受伤人员住院期间不予赔偿。

f. 受害人及其陪护人员伤残鉴定时从住处到伤残鉴定机构之间的交通费用，去做鉴定的费用可以是受害人和必要的陪护人员2个甚至多个人员，领结果只能1人。

g. 办理丧葬事宜的亲属的交通费，一般以2人为限（特殊情况最多不超过3人），时间一般以3天为限，次数以每天3次为限。注意剔除3张以上的连号。交通费 = 实际发生的必要的交通费用。

7.7.6　住院伙食补助费的核损

（1）单证材料审核要点

① 审核出院通知书、出院小结或住院费收据，以确定实际住院天数。

② 审核外地治疗就医证明（如当地医疗机构出具的建议到外地治疗的书面文件或当地确实没有条件医疗而需到外地治疗的证据等），以确定受害人去外地治疗的必要性。

③ 审核“因客观原因不能住院”医院出具的相应证明，以确定不能住院治疗是否由于医院相关科室无床位或确需候诊且伤情不允许往返医院与住处等客观原因造成的，而不是受害人或其亲属等自身原因造成的。

（2）住院伙食补助费审核要点

住院伙食费的3种情形：本地住院治疗的住院伙食费；外地住院治疗的住院伙食费；外地非住院治疗的住院伙食费。

① 本地或外地住院治疗的，住院伙食补助费补助的是受害人本人，陪护人员不能成为“住院伙食补助费”的补助对象，因陪护人员有护理费，其中包括了陪护人员的生活费。

② 受害人到外地治疗而又不能住院的，住院伙食补助费的补助对象除受害人本人外还

应包括陪护人员。

③ 无论是“住院伙食补助费”还是在外地治疗非住院情况下需支付的“受害人本人及其陪护人员实际发生的合理的伙食费”，均参照当地国家机关一般工作人员出差的伙食补助费标准予以确认。

④“住院伙食补助费”的计算期间以受害人住院期间为限。在外地治疗非住院情况下的“伙食费”的计算时间以合理的治疗期间为限。

（3）赔偿计算

住院伙食补助费＝交通事故地国家机关一般工作人员出差伙食补助标准（每天）× 住院天数。

伙食费赔偿金额＝每天合理的伙食费 × 就医天数。

7.7.7　营养费的核损

（1）单证材料审核要点

审核治疗医院或法医出具的营养证明是否真实、合理。

（2）营养费审核要点

a. 医疗机构或法医没有出具意见的，营养费不予认可。

b. 医疗机构或法医出具意见的，应该明确说明需要增加营养的必要性及期限。需要根据受害人的病情并从治疗和康复的实际需要来酌情考虑。

c. 营养期间原则上仅限于住院治疗期间（一般不超过住院时间的 1/3 ～ 1/2），或治疗医疗或法医在营养证明中注明的营养期间。

d. 营养费的赔偿标准由法院酌情裁判，日标准可参照当地国家机关一般工作人员的出差标准支出。

7.7.8　残疾赔偿金的核损

（1）单证材料审核要点

① 伤残证明或伤残鉴定书

a. 确认伤残评定书符合《道路交通事故受伤人员伤残评定》的规定。

b. 确认伤残级别符合《道路交通事故受伤人员伤残评定》的规定。

c. 确认伤残评定的伤残情况与伤者实际受伤情况一致或存在明显的关联性。

② 身份证或户口簿

a. 审核受害人的身份，以确定是城镇居民还是农村居民。

b. 审核受害人的实际年龄。

（2）残疾赔偿金的审核要点

① 审核受害人身份。根据户籍确定是城镇居民还是农村居民。残疾赔偿金按受诉法院所在地上一年度城镇居民人均可支配收入标准或农村居民人均纯收入标准计算。

② 审核受害人实际年龄。残疾赔偿金自定残之日起按 20 年计算，但 60 周岁以上的，年龄每增加 1 周岁减少 1 年；75 周岁以上的，按 5 年计算。

a. 受害人在 60 周岁以下的，计算公式如下：

残疾赔偿金＝受诉法院所在地上一年度城镇居民人均可支配收入或农村居民人均纯收

入 ×20× 伤残赔偿指数。

b. 受害人在 60 ～ 74 周岁的，计算公式如下：

残疾赔偿金 = 受诉法院所在地上一年度城镇居民人均可支配收入或农村居民人均纯收入 ×［20−（受害人实际年龄 −60）］× 伤残赔偿指数。

c. 受害人在 75 周岁以上的，计算公式如下：

残疾赔偿金 = 受诉法院所在地上一年度城镇居民人均可支配收入或农村居民人均纯收入 ×5× 伤残赔偿指数。

（3）审核残疾等级

残疾赔偿金是依据受害人丧失劳能力的程度或伤残等级这个标准赔偿的，这两个等级均需要专门的鉴定机构进行鉴定才能得知。在实践中，这两个等级均可参照《道路交通事故受伤人员伤残评定》标准评定。伤残等级赔偿见表 7-10。

表 7-10 伤残等级赔偿表

伤残等级	10 级	9 级	8 级	7 级	6 级	5 级	4 级	3 级	2 级	1 级
赔偿系数	10%	20%	30%	40%	50%	60%	70%	80%	90%	100%

多处伤残者以最重的等级作为赔偿的主要依据，每增加一处伤残，则增加一定的赔偿比例，但增加的赔偿比例之和不超过 10%，伤残赔偿指数总和不超过 100%。

伤残评定明显不合理的，可申请重新评定。申请前可详细寻找受害人伤残评定时机、程序、评定依据的事实、评定依据的标准等方面的问题。

（4）特别注意事项

① 受害人受伤致残但实际收入没有减少（包括本来就没有劳动收入）的，残疾赔偿金应适当调低；另外，虽然伤残等级较轻但却造成职业妨害，严重影响受害人就业收入的（如乐器演奏家手指伤残），可以适当提高残疾赔偿金的数额。

②《最高人民法院关于审理人身损害赔偿案件适用法律若干问题的解释》第三十条第一款规定："赔偿权利人举证证明其住所地或者经常居住地城镇居民人均可支配收入或者农村居民人均纯收入高于受诉法院所在地标准的，残疾赔偿金或者死亡赔偿金可以按照其住所地或者经常居住地的相关标准计算。"

③ 根据最高人民法院民一庭《关于经常居住地在城镇的农村居民因交通事故伤亡如何计算赔偿费用的复函》规定："人身损害赔偿案件中，残疾赔偿金、死亡赔偿金和被扶养人生活费的计算，应当根据案件的实际情况，结合受害人住所地、经常居住地等因素，确定适用城镇居民人均可支配收入（人均消费性支出）或者农村居民人均纯收入（人均年生活消费支出）的标准。"如果是在城镇生活多年的农村居民，且在城镇有收入的，残疾赔偿金应当按照其经常居住地城镇居民人均可支配收入予以计算。

④《最高人民法院关于审理人身损害赔偿案件适用法律若干问题的解释》第三十二条规定："超过确定的护理期限、辅助器具费给付年限或者残疾赔偿金给付年限，赔偿权利人向人民法院起诉请求继续给付护理费、辅助器具费或者残疾赔偿金的，人民法院应予受理。赔偿权利人确需继续护理、配制辅助器具，或者没有劳动能力和生活来源的，人民法院应当判令赔偿义务人继续给付相关费用五至十年。"

7.7.9 残疾辅助器具费的核损

（1）单证材料审核要点

① 残疾辅助器具配制机构意见（伤残用具证明）

a. 确认残疾辅助器具配制机构出具的意见是否为合格义肢厂家的意见。民政部门的假肢与矫形康复机构，是从事辅助器具研究和生产的专业机构，可从事残疾辅助器具的鉴定和配制工作（包括对费用评估、更换周期、赔偿年限进行鉴定并出具鉴定意见）。

b. 确认意见是否合理。如果意见不合理，可申请另外的假肢配制机构出具配制意见书，以此作为反证向法院抗辩。

c. 确认意见是否符合交警部门颁布的义肢使用及费用标准。

② 残疾辅助器具的购买发票。确认购买发票是否符合交管部门颁布的义肢使用费用标准。

（2）残疾辅助器具费的审核要点

① 审核配置残疾辅助器具的必要性。根据医生的诊断确实残疾，而且必须有辅助器具的帮助才能够正常生活和工作时，才可以配制残疾辅助器具。

② 审核残疾辅助器具价格档次水平的普通性。残疾辅助器具的价格应按照普通适用器具的合理费用标准计算，即残疾辅助器具应按照“国产普通型”配置。如果受害人安装了豪华型的辅助器具，那么超出普通适用器具的差价部分，应当由使用人自己承担。

③ 审核更换周期、赔偿期限确定的科学性、合理性

a. 更换周期。更换周期关系到使用残疾辅助器具的受害人的切身利益，应当参照配制机构的意见确定，但要对配制机构意见的合理性进行审核，应了解整件更换和部件更换的不同周期。

b. 赔偿期限。费用支付期限取决于伤残人对残疾辅助器具年限及残疾辅助器具的更换周期。如果超过医疗机构认定的辅助器具费给付年限，而本人健在又确实需要继续配置辅助器具的，应当继续给付相关费用 5 ～ 10 年。

残疾辅助器具费 = 国产普通型器具价格 × 核定更换次数 + 器具的维护费用。

（3）特别注意事项

a. 可通过保险行业协会对安装假肢的价格进行公开招标。

b. 对于伤残等级高而不能配制残疾辅助器具的情形，应当给付较高数额的精神损害抚慰金；而对于伤残等级低却需要配制残疾辅助器具的情形，应当减少精神损害抚慰金的数额。

7.7.10 丧葬费及死亡赔偿金的核损

（1）单证材料审核要点

① 死亡证明。正常死亡的，必须由公安部门或县级以上医疗机构出具死亡证明；宣告死亡的，必须提供人民法院出具的宣告死亡证明文件；死因不明的，需向司法鉴定中心申请死因鉴定并提供法医的尸检证明。

② 户口注销证明。确认有公安部门出具的户口注销证明；确定死者属于城镇居民或农村居民、确定死者真实年龄，特别是 60 周岁以上的人员。

③ 火化证明。确认有殡葬部门出具的尸体火化证明。

（2）丧葬费及死亡赔偿金的审核要点

① 丧葬费的审核要点

a. 丧葬费采用定额赔偿办法，实行一次性给付赔偿。赔偿标准按受诉法院所在地上一年度职工月平均工资标准，以 6 个月总额计算丧葬费：受诉法院所在地上一年度职工月平均工资标准 ×6 个月。

b. 由于运尸费、寿衣费、尸体整容费、灵堂费用、火化费、骨灰盒费、骨灰存放费、参加办丧事的人员费用等均包含在丧葬费中，故不再另外计算。但受害人亲属办理丧葬事宜所支出的交通费、住宿费和误工损失等合理费用仍应赔偿，不过应当有人员数量和天数的限制，一般以 2 人为限（特殊情况下最多不超过 3 人），3 天处理时间。

c. 死者不管来自农村还是城镇，也不论他们生前社会地位有何不同，如果在同一法院进行审理，其丧葬费的赔付标准是相同的。

d. 无名尸体的丧葬费也应予赔偿，赔偿对象为处理机构。

② 死亡赔偿金的审核要点

a. 审核受害人的身份。根据户籍注销证明确定是城镇居民还是农村居民。死亡赔偿金按受诉法院所在地上一年度城镇居民人均可支配收入标准或农村居民人均纯收入标准计算。但如果是在城镇生活多年的农村居民，且在城镇有收入的，死亡赔偿金应当按照其经常居住地城镇居民人均可支配收入予以计算。

b. 审核受害人的实际年龄。死亡赔偿金自定残之日起按 20 年计算，但 60 周岁以上的，年龄每增加 1 周岁减少 1 年；75 周岁以上的，按 5 年计算。

若受害人在 60 周岁以下的，计算公式如下：

死亡赔偿金 = 受诉法院所在地上一年度城镇居民人均可支配收入或农村居民人均纯收入 ×20。

若受害人在 60 ～ 74 周岁的，计算公式如下：

死亡赔偿金 = 受诉法院所在地上一年度城镇居民人均可支配收入或农村居民人均纯收入 × 纯收入 ×［20-（受害人实际年龄 -60）］。

若受害人在 75 周岁以上的，计算公式如下：

死亡赔偿金 = 受诉法院所在地上一年度城镇居民人均可支配收入或农村居民人均纯收入 ×5。

（3）特别注意事项

① 受害人在选择赔偿标准时，有权在户籍所在地、常住地及事故发生地选择。常住的鉴定，原则上以一年以上为准，可依暂住证、长期劳动合同、长期租房合同等作为参考依据。失地农民提供失地证明的也可以按城镇标准计算。

② 如果受害人可以举证证明其住所地（户籍所在地）或者经常居住地城镇居民人均可支配收入或者农村居民人均纯收入高于受诉法院所在地标准的，死亡赔偿金可以按照其住所地或者经常居住地的标准计算。

7.7.11　被抚养人生活费的核损

（1）单证材料审核要点

① 抚养证明

a. 确认抚养证明的合法性，即确认抚养人及被抚养人的身份证明、户籍证明、亲属证

明、抚养关系证明是否真实。

b. 确认抚养关系是否符合常理。

c. 确认被抚养人有无其他生活来源，无劳动能力者需提供劳动或民政部门的证明。

d. 通过家庭是否“分立”情况的证明，确认受害人与被抚养人之间的抚养关系以及被抚养人与其他的抚养义务人的情况。

② 调解书或判决书。通过调解或起诉的案件，需提供调解书或判决书。

（2）被抚养人生活费的审核要点

① 审核受害人的劳动能力

a. 受害人仅限于死亡或伤残才需赔偿被抚养人生活费。

b. 受害人生前或残疾前必须具有劳动能力时才需赔偿被抚养人生活费。男性 60 周岁以上、女性 55 周岁以上的可视为无劳动能力。

c. 原则上，保险人只对受害人达到 5 级以上（含 5 级）残疾时才赔偿被抚养人生活费。因为伤残并不意味着受害人劳动能力的丧失，死亡或一级伤残属于完全丧失劳动能力，2 ～ 4 级伤残视为丧失劳动能力，但有的地方按伤残等级作为计算标准时，可参照《道路交通事故受伤人员伤残评定》的标准评定，但不能机械地套用。例如，受害人的伤残等级评定为 10 级，为最轻的一等级，这并不意味着这个等级一律按 10% 赔偿系数计算，而要综合考虑是否因伤残导致实际收入减少等情况来确定受害人丧失劳动能力的程度。

② 审核被抚养人的范围

a. 夫妻有互相抚养的义务。

b. 受害人作为父母，对未成年的（但已满 16 周岁且以自己的劳动收入为主要生活来源的除外）或不能独立生活的子女承担抚养义务，但夫妻俩应共同承担。

c. 受害人作为子女，对无劳动能力或生活困难的父母承担抚养义务，但其兄弟姐妹应共同承担。

d. 受害人作为有抚养能力的祖父母、外祖父母对于父母已经死亡或父母无力抚养的未成年的孙子女、外孙子女承担抚养义务，但义务人应共同承担，计算时需注意。

e. 受害人作为有抚养能力的兄、姐对于父母已经死亡或父母无力抚养的未成年的弟、妹承担抚养义务。

f. 受害人作为有抚养能力的弟、妹对既缺乏劳动能力又缺乏生活来源的兄、姐承担抚养义务，但必须以受害人由兄、姐抚养长大作为条件。

g. 子女包括非婚生子女、养子女、有抚养关系的继子女，对于受害人在受损时尚未出生的胎儿，如果出生后死亡的则不予认可，但为了避免胎儿出生后的再次主张权利以及由此带来的找不到加害人的风险，法院通常会判决赔偿义务人将胎儿的抚养费提存到法院，胎儿出生时如果是活体的，法院将该笔抚养费支付给胎儿的母亲保管；胎儿出生时不是活体的，法院将该笔抚养费返还给赔偿义务人。

h. 原则上不赔付配偶父母的生活费。但如果受害人生前及残前承担了其配偶父母的主要赡养义务，在提供相应的能证明其尽到主要赡养义务的证据后，可以赔付其配偶父母的生活费。但 60 周岁以上的，年龄每增加 1 岁减少 1 年；75 周岁以上的，按 5 年计算。

③ 审核赔偿期

被抚养人为未成年人的，计算至 18 周岁；被抚养人无劳动能力又无其他生活来源的，

计算 20 年。

④ 审核赔偿标准

a. 一般按照受诉法院所在地上一年度城镇居民人均消费性支出和农村居民人均年生活消费支出标准计算。但如果被抚养人可以举证证明其住所地或者经常居住地城镇居民人均可支配收入或者农村居民人均纯收入高于受诉法院所在地标准的，被抚养人生活费可以按照其住所地或者经常居住地的相关标准计算：

被抚养人生活费 = 城镇居民人均消费性支出或农村居民人均年生活消费支出 × 赔偿期限 ÷ 共同承担抚养义务的人数 × 赔偿系数。

b. 根据最高人民法院民一庭《关于经常居住地在城镇的农村居民因交通事故伤亡如何计算赔偿费用的复函》的规定："人身损害赔偿案件中，残疾赔偿金、死亡赔偿金和被抚养人生活费的计算，应当根据案件的实际情况，结合受害人住所地、经常居住地等因素，确定适用城镇居民人均可支配收入（人均消费性支出）或者农村居民人均纯收入（人均年生活消费支出）的标准。"如果是在城镇生活多年的农村居民，且在城镇有收入的，残疾赔偿金应当按照其经常居住地城镇居民人均可支配收入予以计算。

c. 对于赔偿份额，受害人是唯一抚养人的，赔偿义务人应承担被抚养人的全部生活费；如果还有其他抚养人的，赔偿义务人只赔偿应由受害人本人所承担的部分；如果被抚养人有数人且既有城镇居民又有农村居民的，按各自的身份状况分别适用城镇和农村标准，但年赔偿总额累计不应超过上一年度城镇居民人均消费性支出额或者农村居民人均年生活消费支出额。

d. 如果被抚养人在交通事故发生后、赔偿前死亡的，那么被抚养人生活费不再给付，但对被抚养人在这段时间内的生活费要给予一定的补偿。

7.8 车险小额人伤案件快速处理

对道路交通事故保险车辆造成第三者人员受伤且责任明确、交强险在同一公司投保，有条件在事故现场快速协商处理的人伤案件或责任明确，伤者经过一次性门诊治疗，主张或同意快速处理的人伤案件，通过简化车险小额人伤案件的索赔环节和理赔流程，加快理赔速度，可提高客户服务满意度，同时通过快处快赔进一步从总体上控制人伤理赔费用，降低人伤案件赔付成本。

7.8.1 小额人伤案件快速处理应具备的条件

① 保险事故经交警处理，责任明确（包含无责任，无责任案件医疗费限额为人民币 1000 元），事故与伤情的因果关系成立。

② 事故当事人双方均在现场，同意现场快赔处理或伤者经过门诊检查后，当事人双方同意立即快赔处理。

③ 伤者自行判断伤情轻微，正常活动仅轻微或不受影响，该类伤情多为胸、背、四肢的软组织损伤，如皮下血肿、皮肤擦伤、轻度软组织损伤、肌肉拉伤等。

7.8.2 快速处理各环节工作内容

（1）调度环节

① 统一受理车损人伤案件出险报案工作，提醒客户向公安交警部门报案，对所有涉及人伤报案都必须发起现场查勘任务，同时发起人伤跟踪任务。

② 对报案时没有提及人伤，查勘员在现场查勘中了解到保险事故涉及人伤需及时向调度反馈，发起人伤跟踪任务。

③ 确定交强险在本公司投保，并对客户报案时就能够判断伤者损伤轻微并有快速处理条件的，向报案人告知小额人伤案件快速处理流程，如事故双方都同意进行快速处理，则及时联系查勘员，并告知案件的承保和报案情况。

④ 调度专线接到伤者经过一次性门诊治疗，事故双方均同意快速处理的案件，应立即通知查勘员进行快速处理。

（2）查勘环节

① 查勘员在接到调度通知的人伤案件信息后，及时联系报案人员，确认事故当事人所在位置和案件处理情况，并提醒向公安交警部门报案，对有条件在现场等待并快速处理的案件，告知估计到达时间。

② 伤者需赴医院治疗，但被保险人和标的车在现场的，查勘员应赴事故现场进行查勘工作（同车险现场查勘），同时告知人伤案件理赔处理相关注意事项。

③ 伤者需赴医院治疗，且无条件进行现场查勘的案件，查勘员应电话告知人伤案件处理和理赔相关注意事项，如伤者一次性门诊治疗后，事故双方均同意快速处理的，要通过调度处理。

④ 查勘员现场处理小额人伤案件，应遵循下列操作：

a. 常规现场查勘，核对交警责任认定书，排除保险事故免责情况，确定人伤事故属于保险责任范围。

b. 录取事故双方对事发经过的简单笔录，驾驶人不是被保险人（或实际车主）的，应电话联系被保险人，对车辆使用情况进行确认。

c. 拍摄事故现场、伤者本人及伤者损伤部位照片。

d. 在现场与伤者和被保险人进行沟通协商，在小额人伤案件快速处理标准范围（见表7-11）内达成快速处理的赔偿协议，并由三方在现场快速处理单上签字。

e. 查勘员见证被保险人按协议支付赔款给伤者，并在快速处理单中注明；如事故双方同意保险公司直接把赔款支付给伤者，应提供伤者账户信息。

f. 查勘员在现场应完成下列单证的收集工作：拍摄驾驶证和行驶证，收集事故责任认定书、伤者身份证明、小额人伤案件快速处理确认书、被保险人和伤者的银行账户，如伤者有门诊检查和治疗的，需收集伤者医疗费用发票、病历等资料原件；无法收集伤者病历本原件，需拍摄病历首页及有诊疗记录的页面。

g. 小额人伤案件快速处理尽可能在现场完成资料收集工作，查勘员资料收集完成后应在24小时内上传到理赔系统中，并在小额人伤快速处理界面严格准确录入伤者姓名、身份证号码等相关信息，提交医疗费用审核，并把相关资料移交综合岗资料收集人员。

h. 对已经达成快速处理协议，但因客观原因致部分材料无法收集的案件，查勘员在收集现有材料后，告知被保险人提交材料的方式，并在系统中备注说明，其他操作与上述

相同。

⑤ 小额人伤快速处理案件查勘员注意事项：

a. 提醒事故当事人向公安交警部门报案，出具事故责任认定书。

b. 勘查事故现场，排除事故免责情况，针对有醉酒驾驶、无有效驾驶证、行驶证或故意造成交通事故等嫌疑的交通事故，不能进行小额人伤案件快赔处理。

c. 赔款支付方式、客户放弃索赔等相关信息应在“小额人伤案件快速处理确认书”赔款金额及支付方式备注栏中进行明确说明，并签字确认。

d. 客户与伤者当场完成支付手续的，伤者应在“小额人伤案件快速处理确认书”赔款金额及支付方式备注栏备注已收到金额并签字确认，可不再单独签署赔款收据。

表 7-11　小额人伤案件快速处理标准

伤　　情	是否发生医疗费用	赔偿限额（元）
伤者无明显体表特征、仅口头描述伤处不适的	否	500
有明显体表特征的软组织损伤、挫伤或多发伤，如皮肤裂伤在 10cm 以下或瘀血、擦伤、挫伤在 20cm 以下的	否	1000
有明显体表特征的软组织损伤、挫伤或多发伤如皮肤裂伤在 10cm 以上或瘀血、擦伤、挫伤在 20cm 以上的	否	2000
经检查无阳性体征，门诊病历无后续治疗或休息等遗嘱的，除已发生医疗费外	发生一次	200
经检查有阳性体征，或门诊记录上有需后续治疗或全休天数 7 天以下等医嘱的，除已发生医疗费外	发生一次	1000
门诊记录上有阳性体征，且门诊记录上有需要清创、拆线等手术或需要住院治疗，或全休天数在 7 天以上等医嘱的，除已发生医疗费外	发生一次	2000
已发生部分 1000 元以下（无须医疗审核）	已发生	全额赔付
经医疗审核人员同意，已发生费用在 1000 ～ 2000 元的案件	已发生	全额赔付
标的车无责的车险人伤案件	已发生	1000

（3）医疗审核环节

① 对于已经签订小额人伤案件快速处理协议的案件，医疗审核人员在费用审核时仅进行上传资料和录入信息的复核，不再对人伤赔偿项目金额进行审核和修改。

② 对已签署小额人伤案件快速处理协议，但存在资料不全的案件，医疗审核人员在进行费用审核处理时，应电话联系被保险人补交材料，并协助查勘员收集和上传资料，待资料完整后进行费用审核。

③ 医疗审核人员在人伤快速处理案件费用审核结束时，对案件的处理质量进行评价和打分。

7.8.3　小额人伤案件快速处理注意事项

① 医疗审核岗应定期在系统中提取小额人伤案件快速处理案件相关数据并进行分析排查，查看是否有异常数据，对同一伤者多次出险的，应提交反欺诈调查岗进行调查，防范骗赔等虚假案件的发生。

② 伤者进行门诊检查治疗后，虽然接受快速调解处理但对一次性赔偿费用限额有异议的，查勘员应联系医疗审核岗，准确告知伤者的损伤治疗和索赔请求，根据医疗审核岗意见

进行调解，如达成调解协议的，查勘员在系统中进行留言备注，该案件作为一般调解案件进行流程处理。

③ 事故涉及多人受伤的，每名伤者处理标准参照表 7-11，但总金额不应超过有责 / 无责交强险医疗费限额或人伤赔偿限额。部分伤者同意快速处理的，系统上不进行快速处理操作，收集好现场单证后，对快速处理成功的伤者信息和金额进行系统留言，系统处理按正常人伤案件操作，优先赔付快速处理人员金额，费用审核不得调整协议金额。

④ 被保险人为单位，或被保险人与驾驶人不是同一人的，协议可由驾驶人签署。

⑤ 案件赔款必须支付到被保险人或受害人账户，不得支付到其他第三人账户，对于招标业务，如赔款需要支付到被保险人以外的第三人账户，则需要提供加盖被保险人单位公章的付款委托书，同时必须提交省级公司审核确认。

7.9 任务实施——机动车保险人伤理赔

事故情况：2017 年 4 月 23 日 20 时 30 分，王某驾驶冀 F××740 帕萨特标的车［该车投保了交强险、车损险（实际价值）、商业第三者责任险 50 万元、附加不计免赔率特约险］与相向行驶的李某（男，35 岁）骑行的电动自行车发生碰撞，造成李某重伤，后经抢救无效死亡，交管部门认定王某负事故的全部责任。该事故中死者的抢救费用 20000 元，标的车修理费 23000 元，电动自行车全损 1200 元。死者李某是农村居民，有一哥哥，生前共同赡养父母，另有两个女儿，一个儿子。具体情况：①李父 61 岁；②李母 60 岁；③长女 11 岁；④次女 6 岁；⑤儿子 3 岁。

任务一：请根据 2017 年河北省道路交通事故赔偿标准计算被抚养人生活费。

任务二：请分别填写下列交强险和商业险的赔款理算书，见表 7-12 和表 7-13。

表 7-12 机动车交通事故责任强制保险赔偿计算书

案件编号		保险单号	
被保险人			
车牌号码		厂牌型号	
保险期间		出险时间	
事故责任			
计算：			
赔款合计		已预付赔款	
查勘费		代查勘费	
诉讼费		律师费	
仲裁费		其他理赔费	
赔款合计	（大写）		（小写）
缮制人		复核人	

表 7-13　机动车辆保险赔款计算书

<table>
<tr><td>被保险人</td><td colspan="2"></td><td>案件编号</td><td></td></tr>
<tr><td>保险单号</td><td colspan="2"></td><td>车牌号码</td><td></td></tr>
<tr><td>保险期间</td><td colspan="2"></td><td>出险时间</td><td></td></tr>
<tr><td colspan="5">计算：</td></tr>
<tr><td>其他项目支出</td><td colspan="4"></td></tr>
<tr><td>赔款合计</td><td colspan="2">（大写）</td><td colspan="2">（小写）</td></tr>
<tr><td>已预付赔款（小写）</td><td></td><td>实付赔款（小写）</td><td colspan="2"></td></tr>
<tr><td>中支（部）审批意见</td><td colspan="2"></td><td colspan="2"></td></tr>
<tr><td>分公司审批意见</td><td colspan="2"></td><td colspan="2"></td></tr>
<tr><td>总公司审批意见</td><td colspan="2"></td><td colspan="2"></td></tr>
</table>

任务要点与总结

1. 计算前先确认抚养证明的合法性，即确认抚养人及被抚养人的身份证明、户籍证明、亲属证明、抚养关系证明是否真实；确认抚养关系是否符合常理；通过家庭是否“分立”情况的证明，确认受害人与被抚养人之间的抚养关系以及被抚养人其他的抚养义务人的情况。然后根据河北省道路交通事故人伤赔偿标准进行计算。

2. 事故赔偿要确定各项损失在哪个险种中赔偿，在对应险种下，根据各项损失金额、事故责任比例、免赔率、残值扣除等内容计算赔款。按照交强险、车辆损失险、第三者责任险以及各种附加险分别计算赔偿金额。

思考题

1. 人伤案件与哪些险种有关？可能会发生的费用项目有哪些？
2. 在人伤案件处理过程中，医疗终结时间和损伤的最佳医疗鉴定时间有何意义？
3. 简述符合什么条件的人伤案件适用快速处理程序。
4. 开展人伤理赔工作的目的是什么？

练习

一、填空题

1. 人伤跟踪岗人员应在接到人伤跟踪任务________小时内，电话联系被保险人。
2. 人伤后续跟踪主要包括________、________和________。
3. 丧葬费是按照受诉法院所在地上一年度职工月平均工资标准，以________个月工资总额计算。
4. 残疾辅助器具按照________的合理费用标准计算。
5. 护理费是根据护理人员的________、________和________计算。
6. 因受害人故意造成的交通事故的损失，属交强险________责任。
7. 伤残等级达到________级以上，才能赔偿被抚养人抚养费。

二、判断题

1. 残疾辅助器具按照普通适用器具的合理费用标准计算。就是说，残疾辅助器具应当按照“国产普通型”配置。原则上残疾辅助器具费赔偿至受害人 80 周岁止。（　　）

2. 对于被保险人未能一同前往探视伤者的，要将探视了解的情况及预估医疗费用等信息 1 小时内通知被保险人，谨慎告知其在案件处理中应该注意的事项。（　　）

3.《车险小额人伤案件快速处理办法》规定，查勘员在小额人伤案件快速处理协议签订后 24 小时内，把收集的理赔资料全部上传到理赔系统中，提交医疗审核，并跟踪案件的处理情况。（　　）

4. 丧葬费按照受诉法院所在地上一年度职工月平均工资标准，以 6 个月总额计算。（　　）

5. 因交通事故产生的仲裁或者诉讼费用，保险公司应该在交强险范围内赔偿。（　　）

6. 受害人有固定收入的，误工费按照实际收入计算，无固定收入的按照其最近 3 年的平均收入计算。（　　）

7. 小额人伤案件现场快赔无须伤者受伤部位照片。（　　）

8. 受害人无固定收入的，按照其最近 2 年的平均收入计算。（　　）

9. 对于涉及人员伤亡的案件，可以通过发起预赔任务先行支付部分赔款。（　　）

10. 如死者年满 76 周岁，则死亡赔偿金按 4 年计算。（　　）

11. 两处（种）以上损伤的人身损害受伤人员误工损失日不能简单相加，一般应以较长的损伤情况确定。（　　）

12. 对被保险人依照法院判决或者调解承担的精神损害抚慰金，原则上在其他赔偿项目足额赔偿后，在死亡伤残赔偿限额内赔偿。（　　）

13. 被抚养人有数人的，年赔偿总额不超过上一年度城镇居民人均消费性支出或者农村居民人均年生活消费支出额。（　　）

14. 医疗费索赔须提供门诊及住院医疗费收款凭证，但不必提供医疗费清单。（　　）

15. 受害人死亡后其亲属办理丧葬事宜时的交通费，应该由保险公司负责。（　　）

三、单项选择题

1. 理算人员收到客户交来的材料时，按照条款及实务有关的规定，认为有关的证明和资料不完整的，应当（　　）通知投保人、被保险人或者受益人补充提供。

A. 及时　　B. 及时一次性　　C. 一次性　　D. 随时

2. 医疗费根据（　　）机构出具的医药费、住院费等收款凭证，结合病历和诊断证明等相关证据确定。

A. 省级以上医疗机构　　B. 市级以上医疗机构

C. 县级以上医疗机构　　D. 乡镇级以上医疗机构

3. 以下（　　）项目不在交强险医疗费用赔偿限额项下赔偿。

A. 住院伙食补助费　　B. 护理费　　C. 后续治疗费　　D. 医药费

4. 伤者已发生一次性门诊医疗费用，门诊记录上有阳性体征，且门诊记录上有需要清创、拆线等手术或需要住院治疗，或全休天数在 7 天以上等医嘱的，除已发生医疗费外，一次性结案金额在（　　）元以内。

A. 300　　B. 500　　C. 1000　　D. 2000

5. 受害人因伤致残持续误工的，误工时间可以计算至（　　）。

A. 定残日前一天　　B. 定残日后一天　　C. 定残日当天　　D. 以上都不对

6. 以下交通费用中，（　　）是不可赔付的。

A. 受害人转院就医时的交通费用

B. 受害人调解前到保险公司咨询的交通费用

C. 护理人员（陪护人员）的交通费用

D. 受害人死亡后其亲属办理丧葬事宜时的交通费用

7. 下列不属于交强险死亡伤残赔偿项目的是（　　）。

A. 死亡补偿费　　B. 康复费　　C. 护理费　　D. 营养费

8. 在我国，从事辅助器具研究、生产，并从事残疾辅助器具的鉴定和配制的专业机构，是（　　）的假肢与矫形康复机构。

A. 民政部门　　B. 医疗部门　　C. 卫生部门　　D. 公安部门

9. 交通事故中，假定第三者于 2009 年 3 月不幸死亡，该死者出生日期为 1947 年 2 月，则死亡赔偿计算时限为（　　）年。

A. 17　　B. 18　　C. 19　　D. 以上结果均不对

10. 老王因交通事故受伤住院 20 天，出院医嘱休息 30 天，假设老王月工资为 1500 元，此时保险公司在赔付其误工费用时，下面正确的做法为（　　）。

A. 直接赔付 2500 元

B. 直接赔付 1500 元

C. 因未提供误工证明，不予赔付

D. 到老王单位核实收入后，根据实际情况进行赔付

赔款理算与核赔

[导入案例] 

甲车投保交强险、足额车损险、机动车第三者责任险 50 万元；乙车投保交强险、足额车损险、机动车第三者责任保险 100 万元。两车互碰，甲车承担 70% 责任，车损 5000 元；乙车承担 30% 责任，车损 4500 元。

思考 

1. 甲、乙两车能获得多少交强险赔款？
2. 交强险赔款不足部分是否由商业保险赔足？

案例启示 

1. 赔款理算要交强险先行。
2. 交强险赔偿理算主要看有无责任，商业险理算要看责任大小。

学习目标及要求

了解赔款理算的工作流程；能初步执行一般案件的赔款理算；掌握人身损害赔偿标准的应用；了解核赔的岗位职责；掌握单证的分类和填写要求。

学 习 内 容

8.1 赔款理算流程

为保证赔款计算的准确无误，保险公司制定了严格的理算流程，见表 8-1。

表 8-1　理算流程

顺序	流程	主要内容
1	接受索赔资料	清点赔案资料，并核对签名、签章是否齐全有效，审核单证的真实性、合法性和合理性。主要单证：行驶本正本和副本复印件；肇事司机驾驶证正本和副本复印件；交通事故处理单原件或单方事故证明；报案表（代抄单）；损失确认书（定损单）；现场勘查报告；修理发票；维修清单；机动车交通事故快速处理协议书原件
2	确定保险责任及赔偿比例	确定保险责任。审阅事故责任证明、现场勘查记录、报案记录等，了解出险原因及经过，根据投保情况对照保险条款确定保险责任。 确定事故责任比例、赔偿比例。根据保险条款及相关法规、保险事故责任证明，确定事故责任比例；核实是否足额投保，不足额的进行比例分摊；核实施救费用是否涉及比例分摊；确定免赔率或免赔额度
3	进行赔款理算	确定各项损失在哪个险种中赔偿，在对应险种下，根据各项损失金额、事故责任比例、免赔率、残值扣除等内容计算赔款。按照交强险、车辆损失险、第三者责任险、全车盗抢险以及各种附加险分别计算赔偿金额
4	核对清算内容	核对内容主要包括理算单价；费用估算；折旧，依照条款约定的《折旧率表》执行；对于拖车费、停车费、吊装费以及损坏路面、护栏、路标、草坪、绿地、苗木等的赔偿标准，按照财政局、物价局的规定和补偿标准赔偿
5	缮制赔款计算书	计算书须有理算人、核赔人签章。缮制人员对赔款计算应在理算平台处理，根据案件的损失情况直接录入损失金额、责任比例、各种免赔信息等相关因素，然后系统将自动计算并生成赔款计算书
6	上报核赔	整理赔案资料，填写赔案流转表，将赔案资料移交核赔岗

8.2 交强险赔款理算

《道路交通安全法》第七十六条规定，“机动车发生交通事故造成人身伤亡、财产损失的，由保险公司在机动车第三者责任强制保险责任限额范围内予以赔偿；不足的部分，按照下列方式承担赔偿责任：（一）机动车之间发生交通事故的，由有过错的一方承担责任；双方都有过错的，按照各自过错的比例分担责任。（二）机动车与非机动车驾驶人、行人之间发生交通事故，非机动车驾驶人、行人没有过错的，由机动车一方承担赔偿责任；有证据证明非机动车驾驶人、行人有过错的，根据过错程度适当减轻机动车一方的赔偿责任；机动车一方没有过错的，承担不超过百分之十的赔偿责任”。这就要求在赔款计算顺序上，要求交强险先行理算，交强险的赔款理算结果，将影响到商业机动车保险赔款理算。

交强险对有责和无责均设定了死亡伤残、医疗费用、财产损失 3 类赔偿限额，理算前应分清有无责任，再分项计算。

8.2.1 赔款计算

（1）理算的基本要求

① 对没有有效的交强险保单只有商业车险的车辆，视同已投保交强险进行理算，商业车险仅负责对在交强险项下获得赔偿以外的部分进行赔偿。

② 理算应参照我国法律法规确定的标准。人伤案件的医疗费用依据国务院卫生主管部

门制定的《交通事故人员创伤临床诊疗指南》和国家基本医疗保险标准进行，人身伤残核定主要依据《道路交通事故人身伤残评定标准》等标准进行。

③ 无责方车辆对有责方车辆损失应承担的财产损失赔偿金额，由有责方在本方交强险无责财产损失赔偿限额项下代赔。

④ 对被保险人依照法院判决或者调解承担的精神损害抚慰金，原则上在其他赔偿项目足额赔偿后，在死亡伤残赔偿限额内赔偿。

⑤ 机动车辆保险的理算，应按保险事故的损失和所保险种的情况，在对应险种范围内，将交强险、商业第三者责任险和车损险等险种的财产损失、人身伤亡费用、医疗费用分别对应理算，避免交叉、重复和缺漏。

（2）基本计算公式

保险人在交强险各分项赔偿限额内，对受害人死亡伤残费用、医疗费用、财产损失分别计算赔偿：

总赔款＝∑各分项损失赔款＝死亡伤残费用赔款＋医疗费用赔款＋财产损失赔款

各分项损失赔款＝各分项核定损失承担金额，即：

死亡伤残费用赔款＝死亡伤残费用核定承担金额

医疗费用赔款＝医疗费用核定承担金额

财产损失赔款＝财产损失核定承担金额

各分项核定损失承担金额超过交强险各分项赔偿限额的，各分项损失赔款等于交强险各分项赔偿限额。

（3）当保险事故涉及多个受害人时

① 基本计算公式中的相应任务表示为：

各分项损失赔款＝∑各受害人各分项核定损失承担金额，即：

死亡伤残费用赔款＝∑各受害人死亡伤残费用核定承担金额

医疗费用赔款＝∑各受害人医疗费用核定承担金额

财产损失赔款＝∑各受害人财产损失核定承担金额

② 各受害人各分项核定损失承担金额之和超过被保险机动车交强险相应分项赔偿限额的，各分项损失赔款等于交强险各分项赔偿限额。

③ 各受害人各分项核定损失承担金额之和超过被保险机动车交强险相应分项赔偿限额的，各受害人在被保险机动车交强险分项赔偿限额内应得到的赔偿为：

被保险机动车交强险对某一受害人分项损失的赔偿金额＝交强险分项赔偿限额×［事故中某一受害人的分项核定损失承担金额/（∑各受害人分项核定损失承担金额）］。

案例1：A车肇事造成两行人甲、乙受伤，甲医疗费用11500元，乙医疗费用9000元。设A车适用交强险医疗费用赔偿限额为18000元，则A车交强险对甲、乙的赔偿计算为：A车交强险赔偿金额＝甲医疗费用＋乙医疗费用＝11500+9000=20500元，大于适用的交强险医疗费用赔偿限额，赔付18000元。

甲获得交强险赔偿：18000×11500÷（11500+9000）＝10097.6元

乙获得交强险赔偿：18000×9000÷（11500+9000）＝7902.4元

（4）当保险事故涉及多辆肇事机动车时

① 各被保险机动车的保险人分别在各自的交强险各分项赔偿限额内，对受害人的分项损失计算赔偿。

② 各方机动车按其适用的交强险分项赔偿限额占总分项赔偿限额的比例，对受害人的各分项损失进行分摊。

某分项核定损失承担金额＝该分项损失金额 ×［适用的交强险该分项赔偿限额 /（∑ 各致害方交强险该分项赔偿限额）］

③ 肇事机动车均有责任且适用同一限额的，简化为各方机动车对受害人的各分项损失进行平均分摊：

对于受害人的机动车、机动车上人员、机动车上财产损失：某分项核定损失承担金额＝受害人的该分项损失金额 ÷（N−1）

对于受害人的非机动车、非机动车上人员、行人、机动车外财产损失：某分项核定损失承担金额＝受害人的该分项损失金额 ÷N

（注：a. N 为事故中所有肇事机动车的辆数。b. 肇事机动车中应投保而未投保交强险的车辆，视同投保机动车参与计算。）

④ 初次计算后，如果有致害方交强险限额未赔足，同时有受害方损失没有得到充分补偿，则对受害方的损失在交强险剩余限额内再次进行分配，在交强险限额内补足。对于待分配的各项损失合计没有超过剩余赔偿限额的，按分配结果赔付各方；超过剩余赔偿限额的，则按每项分配金额占各项分配金额总和的比例乘以剩余赔偿限额分摊；直至受损各方均得到足额赔偿或应赔付方交强险无剩余限额。

案例 2：A、B、C 三车相撞，A 车和 B 车同等责任，C 车无责，造成 A、B、C 三车各项损失为 100 元、2000 元、3000 元，计算如下：

A 车财产损失承担金额＝（2000+3000）×［2000÷（2000+2000）］＝ 2500 元＞财产损失赔偿限额＝ 2000 元；

B 车财产损失承担金额＝（100+3000）×［2000÷（2000+2000）］＝ 1550 元

案例 3：A、B 两机动车发生交通事故，两车均有责任。A、B 两车车损分别为 2000 元、5000 元，B 车车上人员医疗费用 7000 元，死亡伤残费用 6 万元，另造成路产损失 1000 元。设两车适用的交强险财产损失赔偿限额为 2000 元，医疗费用赔偿限额为 1.8 万元，死亡伤残赔偿限额为 18 万元，则：

（一）A 车交强险赔偿计算

A 车交强险赔偿金额＝受害人死亡伤残费用赔款＋受害人医疗费用赔款＋受害人财产损失赔款＝ B 车车上人员死亡伤残费用核定承担金额 +B 车车上人员医疗费用核定承担金额＋财产损失核定承担金额

1. B 车车上人员死亡伤残费用核定承担金额＝ 60000÷（2−1）＝ 60000 元

2. B 车车上人员医疗费用核定承担金额＝ 7000÷（2−1）＝ 7000 元

3. 财产损失核定承担金额＝路产损失核定承担金额＋ B 车车损核定承担金额＝1000÷2+5000÷（2−1）＝ 5500 元

超过财产损失赔偿限额，按限额赔偿，赔偿金额为 2000 元。

其中，A 车交强险对 B 车车损的赔款＝财产损失赔偿限额 ×B 车车损核定承担金额 ÷（路产损失核定承担金额＋ B 车车损核定承担金额）＝ 2000×［5000÷（1000÷2+5000）］＝1818.18 元

其中，A 车交强险对路产损失的赔款＝财产损失赔偿限额 × 路产损失核定承担金额 ÷（路产损失核定承担金额＋ B 车车损核定承担金额）＝ 2000×［（1000÷2）÷（1000÷2+

5000）] = 181.82 元

4. A 车交强险赔偿金额 = 60000+7000+2000 = 69000 元

（二）B 车交强险赔偿计算

B 车交强险赔偿金额 = 路产损失核定承担金额 + A 车车损核定承担金额 = 1000÷2+2000÷（2−1）= 2500 元

超过财产损失赔偿限额，按限额赔偿，赔偿金额为 2000 元。

8.2.2 赔款计算注意事项

① 受害人财产损失需要施救的，财产损失赔款与施救费累计不超过财产损失赔偿限额。

② 主车和挂车在连接使用时发生交通事故，主车与挂车的交强险保险人分别在各自的责任限额内承担赔偿责任。

若交通管理部门未确定主车、挂车应承担的赔偿责任，主车、挂车的保险人对各受害人的各分项损失平均分摊，并在对应的分项赔偿限额内计算赔偿。

主车与挂车由不同被保险人投保的，在连接使用时发生交通事故，按互为三者的原则处理。

③ 被保险机动车投保一份以上交强险的，保险期间起期在前的保险合同承担赔偿责任，起期在后的不承担赔偿责任。

8.3 商业险理算赔款

8.3.1 机动车损失理算赔款

（1）被保险机动车发生全部损失时

全部损失分为实际全损和推定全损。实际全损是指被保险机动车发生事故后灭失，或者受到严重损坏完全失去原有形体、效用，或者不能再归被保险人所拥有的；被保险机动车发生事故后，认为实际全损已经不可避免，或者为避免发生实际全损所需支付的费用超过实际价值的，为推定全损。

被保险人已从第三方获得的赔偿金额是指被保险人从所有三者以及三者保险公司已经获得的赔偿金额，车损与施救费分开计算。

机动车损失保险赔款 =（车损赔款 + 施救费用赔款）− 绝对免赔额

车损赔款 =（保险金额 − 被保险人已从第三方获得的车损赔偿金额）×（1− 免赔率之和）

施救费赔款 =（核定施救费 − 被保险人已从第三方获得的施救费赔偿金额）×（1− 免赔率之和）

其中，核定施救费 = 合理的施救费用 × 本保险合同保险财产的实际价值 / 总施救财产的实际价值。

（2）被保险机动车发生部分损失时

保险人按实际修复费用在保险金额内计算赔偿。机动车损失保险赔款 =（车损赔款 + 施救费用赔款）− 绝对免赔额

车损赔款 =（实际修复费用 − 交强险应赔付本车车损金额）× 被保险车辆事故责任比

例 ×（1- 免赔率之和）

施救费赔款＝（核定施救费 - 交强险应赔付本车施救费金额）× 被保险车辆事故责任比例 ×（1- 免赔率之和）

其中，核定施救费＝实际施救费用 × 本保险合同保险财产的实际价值 / 总施救财产的实际价值，最高不超过机动车损失险的保险金额。

因自然灾害引起的不涉及第三者损失的车损案，不扣减事故责任免赔率。

案例 4: A、B 两车均在某保险公司投保了交强险并按实际价值投保了车损险、商业三者险 500000 元，车损险保险金额均为 80000 元。两车发生严重交通事故，交警认定 A 车主责，定损时被保险公司推定为全损，残值 3000 元，商业三者险赔偿 B 车 54600 元;B 车次责，维修费 25000 元，残值 500 元，商业三者险赔偿 A 车 23400 元。计算各车获得的车损险赔偿:

A 车车损赔款＝（实际修复费用 - 交强险应赔付本车车损金额）× 被保险车辆事故责任比例 ×（1- 免赔率之和）＝（80000–2000）×70%×（1–0%）＝ 54600 元

B 车车损赔款＝（实际修复费用 - 交强险应赔付本车车损金额）× 被保险车辆事故责任比例 ×（1- 免赔率之和）＝（80000–2000）×30%×（1–0%）＝ 23400 元

8.3.2 机动车第三者责任保险理算赔款

① 当（依合同约定核定的第三者损失金额－机动车交通事故责任强制保险的分项赔偿限额）× 事故责任比例等于或高于每次事故赔偿限额时：

赔款＝每次事故赔偿限额 ×（1- 免赔率之和）

② 当（依合同约定核定的第三者损失金额－机动车交通事故责任强制保险的分项赔偿限额）× 事故责任比例低于每次事故赔偿限额时：

赔款＝（依合同约定核定的第三者损失金额 - 机动车交通事故责任强制保险的分项赔偿限额）× 事故责任比例 ×（1- 免赔率之和）

案例 5: A、B 两车均投保了交强险、车损险和第三者责任保险，两车在行驶中不慎发生严重碰撞事故，其中 A 车车损险保险金额为 30000 元，新车购置价为 50000 元，第三者责任险限额为 50000 元; B 车车损险保险金额为 80000 元；保险价值为 80000 元，第三者责任险限额为 50000 元。经交警认定，A 车严重违章行驶，是造成本次事故的主要原因，应承担本次碰撞事故的主要责任，负担本次事故损失费用的 70%。B 车措施不当，负本次事故的次要责任，负担本次事故损失费用的 30%，经 A、B 双方保险公司现场查勘定损核定损失如下:

A 车：车损为 20000 元，驾驶人住院医疗费 10000 元，按规定核定其他费用（护理费、误工费、营养费等）2000 元。

B 车：车损为 45000 元，驾驶人死亡，按规定核定费用为 25000 元（含死亡补偿费、被抚养人生活费），一乘车人受重伤致残，其住院医疗费为 20000 元，按规定核定其他费用为 25000 元（护理费、误工费、营养费、伤残补助费及被抚养人生活费），以上两车总损失费用为 147000 元，按交通事故处理机关裁定。

A 车应承担赔偿费用为: 147000×70% ＝ 102900 元

B 车应承担赔偿费用为: 147000×30% ＝ 44100 元

试计算双方保险公司按保险责任应支付的保险赔款。

解:（1）A 车承保公司应支付 A 车赔款

① 车损险保险赔款＝车辆核定损失 × 按责任分担的比例 ×（保险金额 / 保险价值）×（1－免赔率）＝ 20000×70%×（30000÷50000）×（1－0%）＝ 8400 元

② 第三者责任保险赔款，A 车应承担 B 车的赔偿费用为

（45000+25000+20000+25000）×70% ＝ 80500 元

因其已超过第三者责任保险赔偿限额，所以 A 车承保公司应付 A 车的第三者责任保险赔款数为：

保险赔款＝赔偿限额 ×（1－免赔率）＝ 50000×（1－0%）＝ 50000 元

③ 总计应支付 A 车赔款为：8400+50000 ＝ 58400 元

（2）B 车承保公司应支付 B 车赔款

① B 车车损险保险赔款＝ 45000×30% ＝ 13500 元

② 第三者责任险保险赔款，B 车应承担 A 车赔偿费用为

（20000+10000+2000）×30% ＝ 9600 元　保险赔款＝ 9600×（1－0%）＝ 9600 元

总计应支付 B 车赔款为：13500+9600 ＝ 23100 元

8.3.3　机动车车上人员责任保险理算赔款

① 对每座的受害人，当（依合同约定核定的每座车上人员人身伤亡损失金额－应由机动车交通事故责任强制保险赔偿的金额）× 事故责任比例高于或等于每次事故每座赔偿限额时：

赔款＝每次事故每座赔偿限额 ×（1－免赔率之和）。

② 对每座的受害人，当（依合同约定核定的每座车上人员人身伤亡损失金额－应由机动车交通事故责任强制保险赔偿的金额）× 事故责任比例低于每次事故每座赔偿限额时：

赔款＝（依合同约定核定的每座车上人员人身伤亡损失金额－应由机动车交通事故责任强制保险赔偿的金额）× 事故责任比例 ×（1－免赔率之和）。

8.3.4　附加险理算赔款

（1）绝对免赔率特约条款

保险人按照主险的约定计算赔款后，扣减本特约条款约定的免赔。即：

主险实际赔款＝按主险约定计算的赔款 ×（1－绝对免赔率）

（2）车轮单独损失险

赔款＝实际修复费用－被保险人已从第三方获得的赔偿金额

在保险期间内，累计赔款金额达到保险金额，本附加险保险责任终止。

（3）新增设备损失险

赔款＝实际修复费用－被保险人已从第三方获得的赔偿金额

说明：新增设备“实际修复费用”是指保险人与被保险人共同协商确定新增设备的修复费用。如涉及施救费，在车损险项下计算赔付。

（4）车身划痕损失险

赔款＝实际修复费用－被保险人已从第三方获得的赔偿金额

在保险期间内，累计赔款金额达到保险金额，本附加险保险责任终止。

（5）发动机进水损坏除外特约条款

因发动机进水后导致的发动机的直接损毁，保险人不负责赔偿。

（6）修理期间费用补偿险

全车损失，按保险单载明的保险金额计算赔偿；部分损失，在保险金额内按约定的日补偿金额乘以从送修之日起至修复之日止的实际天数计算赔偿，实际天数超过双方约定修理天数的，以双方约定的修理天数为准。

保险期间内，累计赔款金额达到保险单载明的保险金额，本附加险保险责任终止。

（7）车上货物责任险

① 被保险人索赔时，应提供运单、起运地货物价格证明等相关单据。保险人在责任限额内按起运地价格计算赔偿；

② 发生保险事故后，保险人依据本条款约定在保险责任范围内承担赔偿责任，赔偿方式由保险人与被保险人协商确定。

（8）精神损害抚慰金责任险

本附加险赔偿金额依据生效法律文书或当事人达成且经保险人认可的赔付协议，在保险单所载明的赔偿限额内计算赔偿。

① 法院生效判决的应由被保险人或其允许的驾驶人承担的精神损害赔偿责任，在扣除交强险赔偿的精神损害赔款后，未超过责任限额时：

赔款＝（应由被保险人承担的精神损害赔偿责任－交强险对精神损失的赔款）

② 应由被保险人或其允许的驾驶人承担的精神损害赔偿责任在扣除交强险赔偿的精神损害赔款后，超过约定的每次事故责任限额或每次事故每人责任限额时：

赔款＝责任限额

（9）法定节假日限额翻倍险

保险期间内，被保险人或其允许的驾驶人在法定节假日期间使用被保险机动车发生机动车第三者责任保险范围内的事故，并经公安部门或保险人查勘确认的，被保险机动车第三者责任保险所适用的责任限额在保险单载明的基础上增加一倍。

（10）医保外医疗费用责任险

根据被保险人提供的由具备医疗机构执业许可的医院或药品经营许可的药店出具的、足以证明各项费用赔偿金额的相关单据。保险人根据被保险人实际承担的责任，在保险单载明的责任限额内计算赔偿。

8.4 核赔概述

保险核赔是指保险公司专业理赔人员对保险赔案进行审核，确认案件是否赔付、赔偿方式或拒赔的业务行为。核赔是通过对理赔过程中的定责、定损、理算等环节的审核和监控实现的。核赔管理是通过对上述过程中可能出现的偏差和风险，通过一定制度加以控制和防范，以便主动、迅速、准确、合理地处理赔案，充分发挥保险的补偿职能。

8.4.1 车险案件所需单证

车险案件所需单证有一部分是每个赔案都需要的必要的基本单证（见表 8-2），但根据赔案性质、受损标的、出险险种等因素的不同所需其他单证也有所不同。

表 8-2 保险事故车辆索赔案件所需单证

案件类型	所需单证
无法找到第三方的事故	1. 保险单正本或保险单正本复印件（应核对相符） 2. 出险地属道路，提供管辖交警部门出具的事故原因及事故责任证明。出险地属非道路，提供管辖派出所的事故原因及事故责任证明 3. 机动车辆保险出险报案表（第一联）、机动车辆保险索赔申请书（第二联） 4. 机动车辆保险损失情况确认书、修理项目清单、零部件更换项目清单 5. 汽车维修业正式专用发票 6. 肇事驾驶员的机动车驾驶证复印件、保险事故车辆的行驶证复印件 7. 机动车辆保险事故现场查勘记录或机动车辆保险事故现场查勘询问记录 8. 车辆损失照片 9. 赔款通知书
道路交通单、双方事故和涉及人员伤亡、车上货损以及造成第三者财产损失的案件	1. 保险单正本或保险单正本复印件 2. 出险地交警出具的事故责任认定书或简易事故处理书、事故调解书、出险事故原因证明（如属单方事故，保险公司人员已赴现场查勘的可不提供该材料，如不属单方事故则需提供该材料） 3. 汽车维修业正式专用发票 4. 肇事驾驶员的机动车驾驶证复印件、保险事故车辆的行驶证复印件 5. 机动车辆保险损失情况确认书、修理项目清单、零部件更换项目清单 6. 机动车辆保险出险报案表、机动车辆保险索赔申请书 7. 机动车辆保险事故现场查勘记录或机动车辆保险事故现场查勘询问笔录（适用于盗抢险赔案、疑难赔案和没有第一现场的赔案） 8. 机动车辆保险事故现场查勘草图、车辆损失照片 9. 赔款通知书 涉及车上货损的还需要提供货运单（包括货运清单及单价）、机动车辆保险财产损失确认书或车上货物损失赔偿协议、货损照片。 涉及人员伤亡的还要提供：（1）县级以上医院出具的诊断证明、出院小结、医疗费报销凭证（须附处方及治疗、用药明细单据）；（2）伤者、护理人员、参加事故处理人员的误工证明及收入情况证明（收入超过纳税金额的应提交纳税证明）；（3）残者须提供法医伤残鉴定书、亡者须提供死亡证明；（4）被抚养人证明材料、户籍派出所出具的受害者家庭情况证明；（5）交通费报销凭证、住宿费报销凭证；（6）机动车辆保险伤残人员费用管理表（由查勘、探视人员填写）。 造成第三者财产损失的还要提供财产损失造价、程度证明；财产损失恢复的工程预算；机动车辆保险财产损失确认书或财产损失赔偿协议书及财产损失照片；购置、修复受损财产的有关费用单据
非道路交通单、双方事故和涉及人员伤亡事故以及造成第三者财产损失的案件	1. 保险单正本或保险单正本复印件 2. 管辖派出所或保卫部门出具的事故证明以及其他能使保险公司理赔人员确定事故性质、原因、损失程度的证明材料（保险公司现场查勘人员能明确区分责任的可不提供，但涉及人员伤亡的必须提供管辖派出所事故原因及责任证明） 3. 机动车辆保险损失情况确认书、修理项目清单、零部件更换项目清单 4. 汽车维修业正式专用发票 5. 机动车辆保险出险报案表、机动车辆保险索赔申请书 6. 肇事驾驶员的机动车驾驶证复印件、保险事故车辆的行驶证复印件 7. 机动车辆保险事故现场查勘记录或机动车辆保险事故现场查勘询问笔录 8. 机动车辆保险事故现场查勘草图及车辆损失照片 9. 赔款通知书 涉及人员伤亡的还需要提供：（1）县级以上医院出具的诊断证明、出院小结、医疗费报销凭证（须附处方及治疗、用药明细单据）；（2）伤者、护理人员、参加事故处理人员的误工证明及收入情况证明（收入超过纳税金额的应提交纳税证明）；（3）残者须提供法医伤残鉴定书、亡者须提供死亡证明；（4）被抚养人证明材料、户籍派出所出具的受害人家庭情况证明；（5）交通费报销凭证、住宿费报销凭证；（6）机动车辆保险伤残人员费用管理表 造成第三者财产损失的还需要提供财产损失造价、程度证明；财产损失恢复的工程预算；机动车辆保险财产损失确认书或财产损失赔偿协议书及财产损失照片；购置、修复受损财产的有关费用单据

续表

案件类型	所需单证
全车盗抢事故	1. 保险单正本或保险单正本复印件 2. 机动车行驶证 3. 机动车来历证明（如购置发票） 4. 车辆购置附加费缴费收据和凭证或车辆购置税完税证明和代征车辆购置税缴税收据或免税证明 5. 出险县级以上公安刑侦部门出具的盗抢案件立案证明 6. 机动车登记证书 7. 机动车保险出险报案表（第一联）、机动车辆保险索赔申请书（第二联） 8. 机动车辆保险事故现场查勘询问笔录 9. 机动车辆保险权益转让书 10. 赔款通知书
车辆发生火灾事故	1. 保险单正本或保险单正本复印件 2. 公安、消防部门出具的火灾原因证明 3. 机动车辆保险出险报案表、机动车辆保险索赔申请书 4. 机动车辆保险损失情况确认书、修理项目清单、零部件更换项目清单 5. 汽车维修业正式专用发票 6. 肇事驾驶员的机动车驾驶证复印件、保险事故车辆的行驶证复印件 7. 机动车辆保险事故现场查勘记录或机动车辆保险事故现场查勘询问笔录 8. 车辆损失照片 9. 赔款通知书
简易赔案	1. 保险单正本或保险单正本复印件 2. 机动车辆保险出险报案表 3. 机动车辆保险简易案件赔款协议书 4. 机动车辆保险索赔申请书 5. 机动车辆保险事故现场查勘记录 6. 机动车辆保险损失情况确认书、修理项目清单、零部件更换项目清单 7. 保险车辆事故现场草图及车辆损失照片 8. 赔款通知书
保险车辆在外埠出险的事故，以及代查勘、定损案件	1. 机动车辆保险出险报案表、索赔申请书 2. 保险单正本或保险单正本复印件 3. 出险地公安、交警部门出具的事故责任认定书或简易事故处理书、事故调解书、出险事故证明（如属单方事故，保险公司人员已赴现场查勘的可不提供该材料，如不属单方事故，则需提供该材料） 4. 代查勘公司出具的代查勘报告、定损复函 5. 车辆损失确认书、修理项目清单、零部件更换项目清单、委托（联系函） 6. 机动车辆保险财产损失确认书或调解协议书 7. 事故车辆和受损财产的照片、代查勘费收据 8. 肇事驾驶员的机动车驾驶证复印件、保险事故车辆的行驶证复印件 9. 汽车维修业正式专用发票 10. 赔款通知书 11. 委托经办人对代理案件审核意见材料 12. 涉及人员伤亡和造成第三者财产损失还需提供事故相同类下的材料

续表

案件类型	所需单证
保险车辆遭受暴风、暴雨等自然灾害	1. 保险单正本或保险单正本复印件 2. 气象部门出具的证明材料 3. 机动车辆保险出险报案、机动车辆索赔申请书 4. 机动车辆保险事故现场查勘记录或机动车辆保险事故现场查勘询问笔录 5. 机动车辆保险事故现场车辆损失照片 6. 机动车辆保险损失情况确认书、修理项目清单、零部件更换项目清单 7. 汽车维修业正式专用发票 8. 肇事驾驶员的机动车驾驶证复印件、保险事故车辆的行驶证复印件 9. 赔款通知书

注：涉及代位追偿的案件除需提供相关类型案件所需证明、单证以外，还需提供车辆损失赔偿通知书和机动车保险权益转让书。

8.4.2 车险案件审核的基本要求

① 按照赔案时效处理要求进行赔案审核，并提出审核意见。

② 对于不符合要求的案件应及时退回，并一次性提出整改意见，不得多次提出不同问题。

③ 认真按照核赔时效及时完成本职工作，对每日新增案件及时审核，不得积压，保证案件核赔时效。

8.4.3 车险案件审核的方法步骤

（1）审核单证资料

对赔案单证进行审核，主要有以下几项：审核所有索赔单证是否严格按照单证填写规范填写；审核确认被保险人按规定提供的单证、证明及材料是否齐全有效，有无涂改、伪造；审核各理赔经办人员是否规范填写赔案有关单证并签字，必备单证是否齐全；重要信息涂改是否加盖修正章；签章是否齐全，赔案单证是否按规定次序摆放；对不齐全、不合格的单证提出补充、整改、调查意见。

（2）审核保险责任

对保险责任进行审核，主要任务有：确定被保险人是否有可保利益；确定出险标的是否与保险标的符合；出险原因是否属保险责任；出险时间是否在保险期限内；事故责任划分是否合理；赔偿责任是否与承保险别相符；有无涉及违反被保险义务或特别约定规定的情况；是否涉及代位追偿。

（3）审核核损金额

审核核损金额是否合理的主要任务有：财产损失核定是否合理；更换任务是否合理；配件价格是否合理；施救费用确定是否合理；残值确定是否合理，未确定的是否按规定回收；人员伤亡费用核定是否合理；其他费用核定是否合理。

（4）审核赔款计算的准确性

审核赔款计算的准确性包括通过核损平台审核核损金额是否正确；通过配件系统审核更换配件价格是否合理；残值是否扣除；赔偿比例确定是否正确；责任比例确定是否正确；免赔率（额）使用是否正确；计算公式是否正确；计算结果是否正确；理算报告是否规范。

8.5 任务实施

8.5.1 赔款理算实施

案情：甲车在 A 保险公司投保了机动车辆损失险、交强险、50 万元商业三者险；乙车在 B 保险公司投保了机动车辆损失险、交强险、100 万元商业三者险；丙车在 C 保险公司投保了机动车辆损失险、交强险、50 万元商业三者险。发生多方互碰交通事故。经交警认定，甲车 70% 责任，乙车 20% 责任，丙车 10% 责任；甲车损失 4000 元，乙车损失 10000 元，丙车损失 5000 元，事故中无人受伤，无其他财产损失。甲车申请代位求偿，乙、丙车未申请代位求偿，经与乙、丙车协商，甲车申请甲保险公司直接将其交强险、商业三者险赔款支付给乙、丙车。

任务：1. 试对 A、B、C 三保险公司的赔付情况进行计算。

2. 计算甲、乙、丙三车各自得到的赔款金额。

3. 计算甲、乙、丙三车的赔款差额是多少。

任务要点与总结

应按交强险、车辆损失险、第三者责任险及车辆附加险分别计算赔款数额。赔款理算是理赔工作的关键、重要一步，为达到训练效果，本次理算首先手工计算，然后通过模拟软件的理算环节再计算一次，对比两个计算结果，如结果不同则找出问题。为保证理算的公正、合理、准确，目前各公司均规定理算必须通过车险理赔系统中的理算平台处理，理算人员根据案件的损失情况直接录入损失金额、责任比例、各种免赔信息等相关因素，然后系统自动计算，生成赔款计算书。理算书上要有理算人、核赔人签章。

8.5.2 核赔实施

分析案例完成核赔工作：2020 年 9 月 20 日，某物流公司为其所有的大型货车（核定载重 8 吨）向保险公司投保车损险，约定新车购置价为 38 万元，车损险保险金额为 18 万元，同年 12 月 26 日，保险车辆发生单方事故造成车辆严重受损，实际修理费为 13 万元，根据车辆初次登记日期，该车已使用 73 个月，按营运车折旧率 1.2%，折旧后的实际价值应为新车购置价的 20%，即 7.6 万元。被保险人向保险公司申请索赔，保险公司以该车的实际价值 7.6 万元赔付车损险，且支付赔款后保险合同自动终止。但被保险人认为修理费为 13 万元，未超过车损险的保险金额，所以要求保险公司按 13 万元赔偿标的车损。

请对标的合规性确认、可保利益核定；对标的损失、三者车物身份确认，对三者车物损失确定；计算交强险、商业险赔付金额。

任务要点与总结

（1）合规性确认、可保利益核定

保险合规是指保险公司、保险中介机构、保险代理机构及其员工的行为应符合法律法规、监管规定、自律规则、市场惯例、公司内部管理制度以及诚实守信的道德准则。主要查验承保阶段各环节的单证是否齐全、内容填写是否规范、承保条件是否合理合规。

可保利益核定主要通过验证保险单载明被保险人是否与受损失的人相符。此外，核实保险事故是否发生在保险单有效期内，杜绝倒签单。还要对各方行驶证有效性、行驶证车主、三者车物所有人或管理人进行确认。

（2）各种损失核定

对标的损失主要审核结案类型、损失照片、赔偿金额、施救费、核价意见、检验费、公估、诉讼等费用、责任系数、责任免赔率、足额系数、绝对免赔额、指定驾驶员、行驶区域、多次绝对免赔率加扣、迟报案、违章装载情况、出险时车辆使用性质、其他加扣免赔率。

三者车物的损失通过三者物损损失照片、物损核损意见、三者车物损总损失、三者机动车承保情况、事故责任、无责代赔信息、互碰自赔信息几个方面进行。

（3）赔款金额审核

赔款审核通过核损平台实施，审核配件更换、配件价格是否合理；残值是否扣除；审核赔偿比例、责任比例、免赔率（额）使用是否正确；计算公式、计算结果是否正确；理算报告是否规范。

思考题 

1. 如何处理主车和挂车在连接使用时发生交通事故后的保险赔款问题？
2. 事故汽车修复费用主要由哪些组成？
3. 做好核赔工作有何意义？
4. 实际全损和推定全损有什么区别？

练习 

一、填空题

1. 交强险对有责和无责均设定了________、________、________三类赔偿限额。

2. 对被保险人依照法院判决或者调解承担的精神损害抚慰金，原则上在其他赔偿项目足额赔偿后，在________内赔偿。

二、单项选择题

1. 保险车辆的修复费用达到或超过出险当时的实际价值，那么该损失是（　　）。

A. 推定全损　　B. 实际全损　　C. 部分全损　　D. 假设全损

2. 合理的施救、保护费用的最高赔偿金额为（　　）。

A. 保险车辆的市场价值　　B. 保险车辆的投保金额
C. 保险车辆的保险价值　　D. 保险车辆的保险金额

3. 特种车保险条款规定，特种车在作业中由于震动、移动或减弱支撑造成的财产、土地、建筑物的损毁及由此造成的人身伤亡，应按（　　）。

A. 在三责险保险限额内赔付
B. 在三责险保险限额内，加扣 50% 免赔后赔付
C. 不属保险责任，不予赔付
D. 以上都不对

4. 对属于保险责任的交强险赔偿案件，被保险人索赔单证齐全的，保险公司应当在被保险人提出索赔申请后不超过（　　）内给付保险金。

A. 3 日　　B. 5 日　　C. 7 日　　D. 10 日

5. 停驶损失险约定的赔偿天数最长为（　　）。

A. 30 天　　B. 60 天　　C. 90 天　　D. 180 天

6. 发生赔款后不自动恢复保险金额的有（　　）。

A. 车上货物责任险　　B. 车辆损失险

C. 商业第三者责任险　　D. 修理期间费用补偿险

7. 对于核损环节，以下说法不正确的是（　　）。

A. 核损员可以修改定损价格

B. 核损员不能修改定损价格，只能填入核损金额

C. 核损员可以对定损员的工作质量评分

D. 核损员可以录入协议金额

机动车保险欺诈的识别与预防

[导入案例] 

2015 年 5 月，王某从石家庄过户了一辆宝马牌汽车，花费数十万元。同年 8 月，该车保险到期，王某没有及时续保。8 月底，他带朋友外出游玩返回保定时，由于路况不熟和疲劳驾驶，在一转弯处操作失误把车开到了路下面，当时车子四轮翻倒，所幸他和朋友没有受伤。王某请朋友把车弄到黎某（王的朋友）的汽车修理厂，估算了一下修理费近 20 万元。黎某为他提供了一条“计策”：先去买保险，然后再制造个假的事故现场，找保险公司负责修理费用。王某答应了黎某，当天去太平洋保险购置了交强险和车损险等。半个月后的一个晚上，王某接到汽修厂的电话说现场已经做好，王某赶到现场发现路边下方两米多深的农田里，自己的车正躺在那里，地面有车辆翻滚的痕迹。随后，黎某告诉王某：“交警已到现场，也打了保险公司的电话。事故处理正在进行。”随后王某离开现场。查勘人员在现场发现没有刹车痕迹，气囊打开的时间与事发当日不符，更有说服力的证据是，查看不远处一个路口的录像时，发现一部拖车拖来一辆白色宝马车来到这里。黎某一看事情不好，赶紧打电话给王某，要他撤案。但保险公司接到王某的撤案电话时告诉他，由于索赔的数额较大，不能电话撤案，并要求他 2 个工作日内到保险公司疑案处理组当面签订撤案文书，但王某没有去。4 天后的一个下午，王某到宝马 4S 店询问维修事宜时，被公安人员带走，后黎某也于当月落网。

思考 

1. 在什么情况下容易发生保险欺诈？
2. 怎样预防保险欺诈事件的发生？

案例启示

1. 现场取证中要注意各种细节，不能放过任何蛛丝马迹，要结合各种查勘手段和物证来印证事实，不给欺诈者留有机会。

2. 要配合公安机关做好欺诈事件的处理，建立事后的追责制度，通过法律震慑和媒体宣传减少欺诈案件的发生。

学习目标及要求

了解汽车保险欺诈的形成原因；理解汽车保险的欺诈防范措施；掌握典型案例分析方法；会运用保险欺诈的知识解决车险中的道德风险问题。

学习内容

9.1 机动车保险欺诈的识别

保险欺诈是保险投保人、被保险人不遵守诚信原则，在承保阶段故意隐瞒有关保险标的的真实情况，或者故意制造或捏造保险事故造成保险公司损害，以谋取保险赔付金的行为。不管是发达国家还是发展中国家，车险都是保险欺诈的“重灾区”。与人身险相比，车险领域欺诈的特点鲜明，而且隐蔽性越来越强，识别难度逐渐加大，主要体现为个案风险差异化、主体风险的专业化以及团伙欺诈的职业化。

9.1.1　机动车保险欺诈的危害

① 车险欺诈导致车险承保利润下降，加大了车险理赔成本。除了正当的出险理赔外，骗赔已成为车险亏损的一大重要因素。

② 车险欺诈增加车险费用成本。大量骗赔案件的出现使保险公司疲于应对，增加查勘人力投入、设立奖励以及与职能部门联合打假等行为，都无疑增加了保险公司经营车险的费用成本。与此同时，由于大量精力被牵扯，也降低了保险公司理赔效率和服务质量。

③ 车险欺诈影响保险公司社会形象。车险骗保给保险公司甚至整个保险业的社会形象带来损害，影响保险行业的公信力，进而影响车险业务的发展。

9.1.2　机动车保险欺诈的特征

现将车险诈骗的主要特征总结如下。

（1）表现形式多样、参与主体复杂

机动车使用中面对的风险因素多样，发生各种风险事故的概率很大。这不仅使车辆本身和车外财产受损，也会使驾乘和车外人员身体受伤害。因此机动车保险欺诈较其他财产保险欺诈相比，出险方式多，欺诈者为了实现骗保的目的，使用各种方式、采取各种手段制造骗赔机会，甚至伪造保险事故。

从诈骗主体看，主要是3类：第一是机会型欺诈者，通常是车主、伤者等保险赔偿对象；第二是兼业型欺诈者，通常是提供车险相关服务的保险中介、4S店和汽车修理厂等；第三是职业型欺诈者，通常是以诈骗保险赔款为生的团伙，对理赔业务经验丰富，与保险从业人员内外勾结，作案的案件数量也很大。

（2）识别难度大

车险业务量大、理赔时限短，要求查勘定损人员尽量快速处理业务，但随着车险知识的普及，诈骗案数量有增多趋势，特别是数额较大的骗赔案给车险经营造成了很大损失，骗保者通常会联合汽车修理企业、查勘定损人员、事故处理人员（交警、医生等）共同伪造证据、材料，甚至结成犯罪团伙，有组织、有预谋，专业分工明确。主要策划者往往精通汽车维修专业知识和熟悉保险理赔业务和流程，专找法律和制度的空子钻，在骗保前做了大量的伪装工作，所以识别难度在加大。

（3）社会危害大

车险欺诈对保险公司的经营效益和广大投保人购买保险的支出都会造成较大影响，危害了保险制度或保险秩序，同时也严重侵害了整个社会财富。每一起机动车保险欺诈的成功都会刺激一些潜在的有骗赔想法的人不惜铤而走险，这是对社会诚信体系的挑战。

9.1.3　机动车保险欺诈的成因及表现形式

（1）机动车保险欺诈的成因

机动车保险是财产保险也是责任保险，具体险种也较多，所以欺诈的因素来自多个方面，主要有以下几个方面。

① 经济因素的影响。保险欺诈的目的是骗取保险金，所以机动车保险欺诈出现的首要也是最重要原因是经济因素。保费收入是保险人的盈利来源，而当保险事故发生时，保险人将赔偿被保险人比保费高出许多倍的费用。因此在高额赔偿金的诱惑下，某些道德缺失或经济困难的人把欺诈目标锁定在机动车保险行业，铤而走险以获得额外利益。同时一些汽修厂为了自身企业的利益，利用自己熟悉保险知识和汽车构造的优势，在维修事故车辆时与被保险人相互勾结，偷梁换柱，共同向保险公司转嫁高额维修费用，以达到牟利的目的。

② 社会因素的影响。有些人的保险意识还不强，对保险业的认识存在误区和偏差，甚至认为对保险人的欺诈是可以原谅的错误，往往仅从个人投资与回报的角度看待保险，认为投保得不到赔偿是一种吃亏的行为，通过欺骗保险公司，骗取赔偿金仅是拿回自己多年来交给保险公司的保险费的一种手段，并不是违法犯罪行为。这种社会认识，无疑对保险欺诈活动起到了推波助澜的作用。具体表现在有的人往往愿意帮助欺诈者做伪证，为欺骗案提供帮助。

③ 保险公司自身原因。机动车保险欺诈案件日趋增多，与保险公司自身也有着很大关系。

a. 有些财产保险公司只重视业务数量，对如何有效防止保险欺诈重视不够。

b. 随着保险欺诈的隐蔽性提高，要求保险公司的专业查勘理赔人员要有足够的专业知识和丰富的查勘经验，但目前这方面人才缺乏，致使很多情况下无法识别机动车保险欺诈分子及其团伙的骗保伎俩并有效制止。

c. 理赔查勘人员素质参差不齐，鱼龙混杂。部分查勘人员经不住金钱、人情等诱惑，监守自盗，同骗保者内外勾结，共同骗取赔偿金。

d. 利用先进科技处理现场勘查事务方面研究投入不够；与相关部门（如交警部门、医院等）沟通不畅，不能够信息共享，从而为机动车保险欺诈行为留下了可乘之机。

e. 保险公司对某些被识破的欺诈行为的处理方式过于宽松，往往仅满足于追回被骗保险金或不承担赔偿责任，并未追究骗保者的法律责任，导致骗保者的犯罪成本过低，从而助长了保险欺诈行为的进一步发生。

④ 法律层面的原因。我国保险业相关法律法规还不完善。公众法治观念淡薄，对于保险欺诈的危害性和严重性认识不足，认为保险欺诈可以原谅。我国《保险法》《刑法》中有

对保险诈骗犯罪的处罚规定，但保险人对这方面的宣传不到位，同时即使保险公司发现骗保行为，因保险人没有侦查权和执法权，若想维护自身权益，只能选择向公安机关报案或是向法院起诉来解决。但是公安机关立案又受涉案金额的限制，而通过法院诉讼的，从法院立案到调查取证再到结案宣判，费时费力。即使保险公司胜诉，所付出的诉讼成本也相当高。

⑤ 社会征信体系不完善。与发达国家相比，我国目前社会征信体系不完善，因此即使被保险人骗保被发现，对其今后的生活造成的影响有限，客观上也造成了被保险人在骗保时有恃无恐。

（2）机动车保险欺诈的表现形式

从近些年的车辆保险欺诈案件统计情况看，超过 90% 的案件的欺诈形式集中在故意制造保险事故、提供虚假理赔材料、编造保险事故、夸大事故损失、先出险后投保 5 种欺诈形式。

① 故意制造保险事故。一类是专门制造小事故，如单方碰撞固定物、与无责方车辆碰撞等，此类案件的特征是本车事故起数多，单次事故多为小额赔付案件。因作案方式隐蔽，不易引起保险公司关注。另一类是制造赔款额较大的单方或双方事故，一般本车为宝马、奔驰等高档二手车，单方事故形态多为水淹、火灾，造成车辆全损，双方事故形态多为碰撞大型车辆，这类案件一般是保险公司工作人员与汽修人员相互勾结，利用修理与保险理赔的工作便利实施欺诈。

这种案件一般在保险人掌握相关证据后，通过公安机关立案调查侦破。

② 提供虚假理赔材料。对属于保险公司责任免除范围的事故，骗保者通过提供虚假理赔材料隐瞒事故真相欺骗保险公司。如车辆出险时存在酒后驾车、无证驾驶、超速驾驶等违反交通法规的情形，但当事人不及时报案，使保险公司无法在第一时间掌握出险时的真实情况。还有的修理厂骗赔者往往利用在修车辆，通过套牌一险多赔、摆假现场、假事故证明、假发票等形式，向保险公司骗取保险赔偿金。

③ 编造保险事故。这类事故大多牵扯保险公司工作人员、汽车修理厂，他们通过对没有发生保险事故的车辆制造假事故现场，谎称发生险情。因事故通常需要证人来做伪证，或制造虚假事故现场及证明材料，因此具有团伙成员交叉作案特征，有的车辆频繁出险或参与者多次出现在不同案件中，一般事故现场偏远，事故发生时间在深夜。因为伪造现场的状态不符合事故发生的客观规律，通常也会露出一些蛛丝马迹，通过合理性分析和现场复勘可以揭穿谎言。

④ 夸大事故损失。投保车辆保险事故发生后，为获得超额赔偿，被保险人通过制造伪证，多报修理费等损失。如有些车辆投保人对非保险事故的车辆损坏部分不处理，一旦车辆出险，谎称本次事故所致，通过勾结定损人员或维修人员，擅自扩大修理范围，将不属于保险事故的修理费用纳入保险损失中。但这种欺诈手段在保险公司核损时容易被发现。

⑤ 先出险后投保。当车辆发生保险事故时投保人尚未投保，出险后才去投保，通过运用一些手段和途径，伪装成投保期内出险，以达到获取保险赔偿金的目的。其显著特点是出险时间与保险起保日特别接近，骗保人通常采用两种手段：一是伪造出险日期。利用关系，由相关单位出具假证明或伪造、篡改事故证明；二是单车事故出险后不报案，待投保后再按正常程序向保险公司报案索赔，这类事故通常很难发现，需要查勘人员到现场后仔细调查和走访，必要时利用先进技术手段进行侦破。

9.2 机动车保险欺诈的预防

9.2.1 防范机动车保险欺诈的方法

（1）受理报案过程中发现问题

保险公司在受理投保人报案时，应规范接报流程。接听人员应详细、全面地记录报案人描述的出险情况，要有电话录音以备查询。电话录音不仅可以防止接听人员在记录时遗漏部分信息，同时对于试图进行机动车保险欺诈的不法之徒也能够起到很好的震慑作用。

对疑点案件要对投保动机进行分析；要将相关时间联系起来分析，即分析投保时间、出险时间、报案时间之间的内在联系；有疑点的地方，接听人员应作出标记，并在向查勘人员转交报案材料时给予提醒，引起查勘人员的注意。

（2）加强各部门之间的联系与沟通

各保险公司之间，以及各保险公司与交警、公安、医疗、消防等部门之间应随时保持密切联系和沟通。长期以来，各保险公司出于自身利益考虑，在理赔上几乎没有任何合作，基本处于各自为战的状态，相互之间信息不畅通，这无疑为骗保者留下了可乘之机。有的被保险人在一家保险公司骗保未遂后，转而投保另一家保险公司，继续实施骗保行为。同时，保险公司不能盲目相信由客户提供的交警、公安、医疗、消防等主管部门的证明，如果发现疑点，保险公司应派员赴出具证明的部门查看原始材料，力争掌握关于保险事故的最翔实和最真实的信息。

京津冀三地保险行业协会建立区域车险反欺诈机制值得全行业借鉴，三地设立车险反欺诈案情线索搜集汇总及会商机制、重大欺诈案件预警机制、警保联动机制和行业重大案件联合督办机制，并围绕加强理赔数据共享信息化建设，探索建立全损车和黑灰名单信息库、行业反欺诈专家库、“高风险客户”及“高风险从业人员”资料库等各类行业共享数据库。

（3）建立反欺诈专业组织

在防范保险欺诈的体系中，保险公司通常通过内部和外部两种反欺诈途径来实现，内部反欺诈通常通过理赔调查部门或专门的反保险欺诈组织（special investigation unit，简称 SIU）来实现，外部的则一是通过公权力，即公检法司等部门来实现，二是通过民间的保险调查组织来实现，即所谓的“保险调查公司”。

保险公司要通过招聘、内培、外引等多条渠道逐步组建反欺诈专业队伍。挑选政治素质过硬、打假业绩突出的车险查勘员作为骨干，让反欺诈工作从被动接受线索到主动发现。

利用第三方公司调查时要注意其定位的特殊性带来的一系列法律问题，这个问题制约着“保险调查公司”的发展。绝大多数第三方调查公司存在的形态是“企业顾问公司或咨询公司”，而从事保险欺诈调查的工作内容，应当属于民事事务调查的范畴，类似于“私人侦探”。企业顾问公司或咨询公司虽然具有合法的营业执照，但是，从保险调查的内容来看，在行使调查权时，往往会涉及投保人或被保险人的隐私。

（4）加强现场查勘工作，全面深入调查

现场查勘是车辆保险理赔的关键和保证。事故现场遗留有大量能够真实反映事故本质和真相的信息，但这些信息容易受到自然的破坏或人为的篡改。因此案发后，查勘人员应及时赶赴现场，掌握一切记录现场原始信息的资料，从而对揭露诈骗起到证据作用。要克服保险

人“轻查勘，重定损”的问题，做到“有险必出、有案必查”。查勘人员到达现场后，应及时与交警、公安、医疗、消防等部门取得联系，认真调查事故经过。一方面，应围绕出险事故，向投保人、被保险人、受益人和目击者进行调查，对事故发生经过、原因、损失情况及投保人经营状况、个人品行、近期情况等进行详细询问，并做好记录。另一方面，与负责事故处理或鉴定的部门紧密联系，及时了解事故处理情况，提出涉嫌诈骗的疑点，争取相关部门的技术支持，同时对于现场情况应拍照或录像并存档。

要将现场痕迹物证及有关证据结合起来分析。重点分析两个方面：一是将现场痕迹物证与保单、原始记账凭证进行对比，分析现场标的物及损失数目与书面凭证记载的内容是否相符；二是将现场痕迹物证与有关证据进行对比，相互质证，辨明真伪。通过分析证据与事实、证据与证据之间的相互关系，识破诈骗者惯用的伪造、变造有关证明材料的伎俩。

（5）规范代理维修企业

汽车维修企业由于长期与保险公司存在业务往来，因此熟悉保险公司的流程和规范，加之其对汽车构造相当了解，部分修理厂为自身利益，会夸大损失，易产生多赔或骗赔案件。因此必须认真研究、规范修理厂代理索赔、代理定损和代理报案等情况，防止车主与修理厂串通或修理厂虚报维修费用。同时保险公司在选择代理维修企业时，应尽量选择规模较大、制度正规的修理厂。对于有不规范行为、存在骗保嫌疑的修理厂，一经发现并核实，应立即取消其代理资格，终止与其的合作关系。

（6）建立专业的理赔队伍

高素质的从业人员，是做好理赔工作，杜绝保险欺诈的基本条件。当今汽车工业迅猛发展，各种新技术、新工艺层出不穷，这就要求理赔人员必须紧跟时代步伐，及时掌握最新技术、工艺和方法，不断提高自身素质。同时各保险公司应定期邀请一些高校和企业人员，加强对理赔人员的在职培训。

（7）加大监管和宣传力度

监管层在反欺诈中要起到引领的作用，利用好自身信息优势及时预警。利用好中国保险信息技术有限公司的技术优势，探索建立多险种的反欺诈信息管理平台，充分发挥大数据平台集中管理优势，为保险行业欺诈风险的分析和预警监测提供支持。

公众法律意识在保险欺诈中是决定因素。因此各级司法部门应加大司法宣传力度，增强公民的法治意识，使广大公民认识到保险欺诈不是简简单单的经济问题，而是刑事问题，涉案金额巨大时将受到法律制裁，最终给骗保者带来牢狱之灾，得不偿失。同时保险公司应通过短信、邮件、定期开展宣传教育活动等形式，使广大投保者充分认识到保险不是福利事业，纠正公众对保险的误解，在全社会形成一个诚信、良好的经营环境。

9.2.2　车险反欺诈新技术的应用

我国多家险企正逐步通过大数据、人工智能等新技术手段在甄别欺诈案件、开展理赔等环节进行风险控制。

（1）建立车险反欺诈信息系统

科技改变保险。2016 年，中国保监会发布了《中国保监会关于印发车险反欺诈数据规范的通知》，从顶层设计的角度，为车险反欺诈数据规范和采集工作指明了方向。中国保险信息技术管理有限责任公司将按照统一的数据规范，向全国各保险公司采集车险反欺诈数据，建设“车险反欺诈信息系统”，并于 2016 年底完成该系统全国推广上线。2017 年，中国

保信共向 68 家财产保险公司下发账号，用户共登录系统 50 余万次，应用自主查询功能 184 余万次，月均查询量近 16 万次，最高超过 21 万次。据统计，保险公司借由车险反欺诈信息系统调查，全年挽损金额 1.17 亿元。该系统在打击一险多赔、车损碰瓷、人伤碰瓷、伪造事故等欺诈行为中，起到了显著作用，挽回了大量经济损失。通过可疑线索跨公司串并，车险反欺诈信息系统也使其他公司间接挽损。

同时，在保监会和公安部联合开展的打击保险欺诈专项工作——“安宁行动”中，中国保信应用车险平台数据提供疑似欺诈线索，各地保监局和保险公司与各级公安部门建立密切合作机制，完成线索核查和案件侦破。在保监会的统筹领导下，中国保信向各地监管部门、行业协会、保险公司及公安部门提供疑似欺诈线索，协助串并职业欺诈团伙作案信息，直接参与重大保险欺诈案件的侦破工作。

保险欺诈手段日益“狡猾”，也就需要反欺诈工作不断升级手中的“武器”。自车险反欺诈信息系统上线以来，中国保信根据各类用户意见建议，已完成了优化配置用户权限、优化查询功能、丰富统计功能、修正数据抓取规则等；丰富并再次清洗了静态风险信息库，完善了动态风险数据抓取规则；同时，与试点保险公司合作开发高风险信息推送功能，风险信息推送，是通过车险反欺诈系统，将行业内欺诈风险较高的案件、存在不诚信索赔记录的人或车的信息，在理赔环节实时提供给保险公司，起到风险预警作用。目前，车险平台已对接各保险公司核心系统，这就为风险信息推送提供了条件。反欺诈系统风险信息库按照人员、车辆等维度构建高风险信息库，保险公司报案上传车险平台后，可自动获取事故中的人和车与高风险信息库对照结果。保险公司若收到风险提示，可继续借助反欺诈信息系统查询详细信息。目前设计的功能为在报案、查勘、定损核、赔案重开 4 个理赔环节向保险公司推送风险信息。

结合各地监管、行业协会和保险公司的反馈意见和业务需求，车险反欺诈信息系统还将持续进行以下优化工作：一是落实引入“反合谋欺诈模型”应用，通过人、车的关联关系分析，快速准确地发现团伙欺诈和职业欺诈线索，精准打击车险领域的有组织犯罪活动。二是推动影像功能上线，实现保险公司间的第一手资料如事故照片及单证的共享。三是增加全损及已盗抢车辆查询功能，有效杜绝恶意投保动机。四是完善黑灰名单库，协助各地共享和披露违法犯罪案件的人员信息。

（2）“保险智能风控实验室”

它由金融壹账通“智能保险云”作为技术支持，研究建立多险种的智能化反欺诈系统，充分发挥大数据、人工智能、云计算等技术优势，为保险业欺诈风险的分析和预警监测提供支持。如使用图像识别、人脸识别微表情等技术。

如何识别欺诈风险应贯穿在险企经营活动的每一个环节，大数据的应用必不可少，规模大的公司可以输出科技能力，或与中小公司联盟抱团，把数据能够用好；保险欺诈识别应从人变成科技，用科技的手段提升效率；此外，通过云技术、区块链技术解决数据孤岛现象。

9.3 任务实施——保险欺诈的识别

案情：马某是保定一机械厂的青年工人，他为自己的轿车在某保险公司购买了交强险和

车辆损失保险等，保险期限为 2014 年 11 月 1 日至 2015 年 11 月 1 日。2015 年 1 月 9 日上午 9：00，保险公司接到马某的报案称：1 月 8 日，马驾驶轿车夜间 11：50 在市区三环路行驶时前部与一集装箱货车追尾，货车因自己损失不大已开走，但不能提供牌照和车主相关信息，目前被保车辆已在郊区某修理厂。1 月 9 日上午 9：00，保险公司委派查勘定损人员赶到修理厂，发现该轿车前部受损，需更换保险杠、左右大灯、左右转向灯、左右雾灯、散热器、冷凝器等部件，预计费用 8000 元；经修理厂对该车做进一步拆检后发现，发动机因过热已严重损坏，需更换活塞、缸体、曲轴、连杆等发动机零部件，这部分修理费用为 4.2 万元。

任务：1. 该案有无时间和地点方面的疑点，如何查验？

2. 客户描述的事件有无可疑之处，如何验证？

3. 车损的结果是否合理？推断形成损坏结果的过程。

4. 如何赔付？案件对你有何启示？

任务要点与总结

本次任务中，应结合保险到期时间和出险时间分析疑点，另发生事故的时间点在远郊，难以找到目击证人，货车的逃走是不合理的，轿车损伤的零部件不应是与集装箱货车碰撞的结果，可以通过恢复现场来比对损伤部位，这是案件的突破口。发生碰撞事故后如果只是车辆外观件损伤，如果车上人员没有受到特别伤害，司机会关闭发动机，即使水箱漏水也不至于损坏发动机内部造成主要零件的损毁，有理由怀疑损坏是在事故发生前。

不管查勘员对现场有怎样的认识，取得证据是关键，要下结论不能只靠推断，要靠证据，但实务中由于各种因素的影响，不可能每项都去证明，只需对关键部分证明就可以，如本案中可以找一集装箱货车通过重新在原地摆放现场就能证明事件发生的真实性，发现骗保事实，作出拒赔处理决定。

思考题

1. 汽车保险欺诈的形成原因有哪些？
2. 目前保险公司采取了哪些汽车保险的欺诈防范措施？
3. 汽车保险欺诈的主要形式有哪些？

练习

一、填空题

1. 保险欺诈是保险投保人、被保险人故意隐瞒有关保险标的的________，诱使保险人承保，或者利用保险合同内容，故意制造或捏造________，造成保险公司损害，以谋取________的行为。

2.________是保险骗赔的行为产生的社会根源。

二、判断题

1. 汽车保险是保险欺诈的“重灾区”。（　　）
2. 车险欺诈具有“金额大、次数多、发现难”的特征。（　　）
3. 欺诈保险公司不是犯罪行为，即使被识破，也是一种可以原谅的过错。（　　）
4. 分析投保时间、出险时间、报案时间的内在联系是发现保险欺诈的重要方法。（　　）

三、多项选择题

1. 以下哪些时间条件是易发生保险欺诈的敏感条件，应特别警惕（　　）。

A. 投保时间与出险时间接近　　B. 出险时间与保单责任终止时间接近

C. 出险时间与报案时间接近　　D. 出险时间与报案时间间隔较长

2. 一险多赔是汽车保险理赔中常见的现象，这种诈骗案有（　　）类型。

A. 一次事故多险索赔

B. 一次事故先由事故责任者赔偿，后又向保险公司索赔

C. 一次事故向多个保险人索赔

D. 一个保险周期某险种多次向保险人索赔

3. 投保人保险欺诈可能的原因是（　　）。

A. 想通过汽车保险欺诈实现发财梦

B. 由他人提醒，偶然产生欺诈念头

C. 认为买保险后如果没索赔就等于钱白花

D. 欺诈成功就是赚的，不成功也无所谓

4. 车险中的“移花接木”索赔方式有（　　）。

A. 无证或酒驾发生事故找人顶替驾驶人的

B. 正常维修车辆换上损坏零件假冒原车件

C. 现场无损坏的物品更换成损坏的物品

D. 索赔过的车，更换牌照后再次索赔

参考文献

[1] 张忠义，邵增兵 . 机动车辆保险现场查勘摄影要求和技巧 [N]. 中国保险报，2010-05-10.

[2] 赵桂芹，吴洪 . 机动车保险中的道德风险分析——来自动态续保数据的分析 [J]. 金融研究，2010（6）.

[3] 陈立辉，李晴，张艳华 . 车险欺诈原因分析与对策探析 [J]. 河北金融，2011（6）.

[4] 张彤 . 机动车保险和理赔 [M]. 北京：清华大学出版社，2010：73-76.

[5] 贾喜君 . 机动车保险与理赔 [M]. 哈尔滨：哈尔滨工业大学出版社，2013：165-194.

[6] 曾鑫 . 汽车保险与理赔 [M]. 第 2 版 . 北京：中国工信出版社，2018：49-58.

[7] 肖俊涛，王秀丽 . 汽车保险理赔精要与案例解析 [M]. 成都：西南财经大学出版社，2015：123-146.

[8] 白建伟，吴友生 . 汽车碰撞分析与估损 [M]. 北京：机械工业出版，2017：110-124.

[9] 彭国平 . 汽车保险与理赔 [M]. 长春：吉林大学出版社，2017：53-67.